查账实务速查手册

高频问题、实用技巧与实战案例

袁小勇 袁梦月◎主编

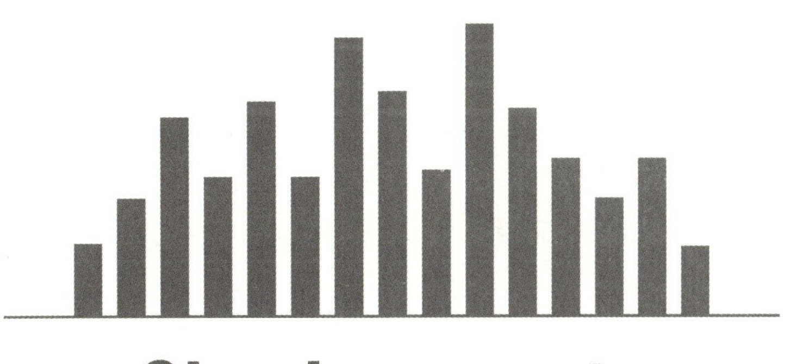

Checkaccounts

人 民 邮 电 出 版 社

北 京

图书在版编目（C I P）数据

查账实务速查手册 ： 高频问题、实用技巧与实战案例 / 袁小勇，袁梦月主编. -- 北京 ： 人民邮电出版社，2021.10
ISBN 978-7-115-56778-9

Ⅰ. ①查… Ⅱ. ①袁… ②袁… Ⅲ. ①会计检查一手册 Ⅳ. ①F231.6-62

中国版本图书馆CIP数据核字(2021)第153458号

内 容 提 要

本书汇集了查账工作中经常出现的实务问题及相关法律法规，结合作者多年的实践及教学经验，与读者分享查账工作中的要点和诀窍。本书首先介绍了查账的基础知识与方法，然后根据企业的不同业务分别介绍了在查账时需要关注的事项和技巧，最后介绍了经济责任审计的相关内容。全书以问题词条的形式展开，每一章的内容都辅以实操方法及实战案例，将侧重点放在日常的工作业务内容上，即查即用，实用性强，能迅速提高企业查账人员的业务操作水平、解决查账工作中遇到的许多难题。

本书内容全面，深入浅出，理论与案例相结合，操作性强，通俗易懂，适合财务会计、审计以及企业管理人员阅读和使用。

◆ 主　　编　袁小勇　袁梦月
　责任编辑　刘晓莹
　责任印制　彭志环
◆ 人民邮电出版社出版发行　　北京市丰台区成寿寺路 11 号
　邮编　100164　　电子邮件　315@ptpress.com.cn
　网址　https://www.ptpress.com.cn
　涿州市京南印刷厂印刷
◆ 开本：787×1092　1/16
　印张：18.5　　2021 年 10 月第 1 版
　字数：350 千字　　2021 年 10 月河北第 1 次印刷

定价：88.00 元

读者服务热线：(010)81055296　印装质量热线：(010)81055316
反盗版热线：(010)81055315
广告经营许可证：京东市监广登字 20170147 号

前言

查账是一门学问，是企业财务人员、内部审计人员、纪检工作者及企业高层管理者必备的一种技能。查账需要一定的理论知识和实践经验，但并非高不可攀，通过学习，没有基础的人一样能够学会查账。目前，在图书市场上，介绍此类知识的书籍不少，但真正能够为企业提供“如何把握审阅法的审阅技巧”“如何查找会计重记与漏记错弊”“如何查找会计凭证中的数字颠倒错弊”“如何收集电子证据”“什么是网络公证”“如何捕捉账目疑点”“什么是‘奇异的数字’”“如何查证招标采购环节中的错弊”“如何查处小金库”等方面知识，真正与企业查账实务贴近、反映查账工作中的难点与热点问题的书籍并不多。

为此，我们编写了这本《查账实务速查手册》，一方面，希望此书能够为刚刚走上查账工作岗位的朋友提供指导，为已经从事查账工作多年的朋友更深入地了解查账工作、更新查账知识提供帮助；另一方面，希望此书的出版能够起到抛砖引玉的作用，吸引更多的同行来探讨“如何做好查账工作”这一“大文章”，从而使我国的查账工作上一新台阶。

本书汇集了查账工作中经常出现的实务问题，不但能迅速提高企业查账人员的业务操作水平、解决查账工作中遇到的许多难题，而且对于没有会计、审计基础的普通读者轻松、系统地掌握查账知识也非常有益。本书最大的特点是内容全面，由简入深，层层推进，理论与案例相结合，操作性强，通俗易懂。本书共十章。

第 1 章 查账的基础知识

第 2 章 查账方法与技巧

第 3 章 销售业务的审查

第 4 章 采购业务的审查

第 5 章 生产业务的审查

第 6 章 投融资业务的审查

第 7 章 现金管理业务的审查

第 8 章 资产管理业务的审查

第 9 章 其他日常业务的审查

第 10 章 经济责任审计专题

其中，前两章为查账的基本原理与方法，后八章为查账实务。

本书由袁小勇、袁梦月主编，张国强、徐小琴副主编。参加编写的人员主要有袁小勇（首都经济贸易大学会计学院案例研究中心主任，北京审计学会企业委员会委员、理事）、袁梦月（民生证券投资银行事业部业务经理、稽核分析师、中国社会科学院技术经济与管理博士）、张荣生（北京财贸职业学院会计学教授）、张国强（北京北汽恒盛置业有限公司审计部部长）、徐小琴（浙江省人才开发协会副秘书长）、孙浩然（北汽集团产业投资公司审计部）等。北京联合大学邵军教授和李春玲博士为本书的写作方案与内容设计提供许多思路，首都经济贸易大学的段文哲、刘雨桐、李佳琪、李琪宁、张蕾等也为本书的资料收集和文献整理工作提供许多帮助，在此表示感谢。

在写作本书过程中，作者得到了许多同行和出版社编辑的大力帮助与支持，在此表示衷心的感谢。尽管作者和编辑认真工作，本书可能还会存在一些疏漏与不足，对于您所提出的批评与建议我们将虚心接受并表示深深的感谢！

袁小勇

2021 年春

目录

第1章 查账的基础知识

第2章 查账方法与技巧

第3章

销售业务的审查

第4章

采购业务的审查

第7章

现金管理业务的审查

第 8 章

资产管理业务的审查

第 9 章

其他日常业务的审查

第 10 章

经济责任审计专题

第1章

查账的基础知识

本章主要包括查账的内容、原则及其与内部控制的关系，会计错误、会计舞弊的概念及其与会计政策、会计估计的关系等。

01 哪些人需要去查账？

查账是一种管理需求。社会需要分工，经济越发展，分工越细化；分工越细化，信任越重要。然而信任是有条件的。信任包括对能力的信任与对品德的信任。只要利益合作者对另一方的能力或品德产生疑虑，就需要查账。从广义上来讲，小至生产工人，大至集团负责人，都会有对某种事项审查的需要。采购主管，根据采购清单来盘查货物，这是查账；销售主管，根据销售的产品清单来盘查销售数量，这是查账；会计主管，根据提供的报表来盘查记账的正确性，这是查账；税务部门，根据提供的会计科目和汇总表，来企业盘查，这是查账。凡是具有可查和审核需要的人，都需要去查账。

02 查账与审计是一回事吗？

很多人认为查账就是审计，查账与审计是一回事。这种认识是错误的。

查账与审计的关系十分密切。查账是审计的重要手段，审计是查账技术得以发挥作用的重要领域。很多审计项目都是通过查账发现线索，使问题得以揭露的。所以，审计离不开查账。

但查账与审计又有很大区别。

首先，审计与查账的主体不同。审计的主体是独立的审计人员，审计人员必须是与委托人和被查对象相对独立的第三者，具有独立性和权威性；而查账则不同，它可以由企业的会计人员、稽核人员，或财政、税务、银行等经济监督机构的人员执行，他们受所从事的专业性质限制，不像审计人员那样是独立的第三者，因而独立性、权威性较差。

其次，审计与查账的范围不同。审计是对被审查单位经济活动的全面审查，不仅包括对会计的账簿、凭证的审查，还包括对企业的内部控制制度的设计与执行、人员分工等情况的审查；而查账仅限于对会计的账簿、凭证的审查，范围要比审计的范围窄。

最后，审计与查账作用不同。审计不仅仅要对被审查单位经济活动的真实性、合法性、有效性与可行性进行审查，而且还要对被审查单位经济活动和经济效益进行鉴证；而通过查账，只是查证被审查单位会计资料的真实性、合法性，促进被审查单位建立完善的内部控制机制，加强会计基础工作的执行力度，维护财经纪律。

03 查账主要查什么？

查账主要是查被审查单位的全部经济活动或部分经济活动。被审查单位可以是全民企事业单位，也可以是合资企业、股份制企业、租赁承包企业、集体企业和个人企业等。其具体内容依据查账单位和查账目的的具体情况不同而有所不同，但一般查账包括的内容有以下几个方面。

第一，企业的经济管理状况。企业的经营管理水平直接关系到企业生命力的强弱，企业只有制定完善的经济管理机制，才能保证其在激烈的市场竞争中生存、发展下去。为此，查账人员应该检查企业管理职能机构和其有关制度是否健全、有效，决策、计划、组织、指挥、协调、控制、考核以及事前预测、事中监督、事后分析等是否科学有效，人、财、物是否各尽其用。

第二，会计错弊情况。会计错弊是查账的重点，因为会计工作忠实地记录了企业整体经营情况和资金运转情况。通过对会计凭证、账簿、报表的审查，确定会计资料的正确性和合法性。对那些通过涂改会计凭证、账簿等弄虚作假、营私舞弊或擅自扩大开支范围，滥发奖金、津贴，请客送礼、挤占挪用公家钱财、为个人牟私利的行为予以查处。

第三，财产、物资的保管情况。通过对会计账簿的审查，掌握了会计账目上的数字后，还有必要检查一下财产、物资的保管情况。这一环节很重要。有的单位由于管理不严、手续不清，长期不进行库存物资的清点，存在许多盘亏、盘盈问题，致使账上数字失控，领导做出的决策有误，为跑、冒、滴、漏等丑恶现象提供了滋生的温床，为违法犯罪人员提供了做假账、做错账的机会。因此，对企业财产、物资的保管状况的审查也是查账人员的工作内容之一。

04 查账工作的基本原则是什么？

要进行查账工作，必须遵循查账的原则，它是查账工作的行动准则和行为规范。查账原则具体内容如下。

（1）客观性原则。查账必须根据真实、正确的客观事实下结论，不得违背事物发展的客观规律。查账人员取得证据，必须深入实际，以事实为依据，不能旁听偏信。

（2）合法性原则。查账人员必须遵循国家制定的方针、政策、法律、法令，这是做好查账的前提。查账人员在工作过程中始终要贯彻以事实为依据、以法律为准绳的思想，在没有明确的法律规章制度的情况下，查账人员要共同研究，根据形势发展和存在的客观事实，做出比较公正、合理的判断。

（3）群众性原则。查账是一个应用比较广泛的经济活动监督方法，不仅有专门的查账机关，如审计部门、会计师事务所、审计师事务所，还有银行、税务、纪检及内部稽核等部门的一般性的查账。它涉及面广、情况复杂，特别需要群众的关心和支持。

以上这三项原则是相互联系、相辅相成的，客观性原则是前提，合法性原则是行动规范，群众性原则是保证，只有将这三项原则有机地结合起来，会计查账才能真正起到监督的作用。

05 查账与内部控制有什么关系？

内部控制（Internal Control）中的英文“Control”，不仅意指控制，还有管理、核实、检验、调节、监督指导等含义，所以一般称之为监控，即规范与监督企业的经营活动，其目的是完成设定的目标。因此，“控制”应代表“有效率与有效能地经营企业”，有“激励”及“绩效衡量”的含义。而中文中所指的“控制”，有检讨或限制之意，即检验事物的实际发展是否符合预期的状况。据此，我们所指的内部控制，并非必须要求企业具有成文规定的具体制度（如果有，那是指内部控制文件化或书面化，具有标准化的执行、审计轨迹，是比较完善的内部控制制度，也是企业最基本的要求），而是在企业组织规划、管理办法以及各种作业程序中，应用内部控制原则、技术、方法，以贯彻实施既定政策。

内部控制制度是现代企业内部管理的一个重要组成部分，是管理者对企业相关业务活动进行组织、制约、考核和调节的重要手段。所谓内部控制是指企业为了保证经济业务活动的有效进行，确保资产的安全完整，防止、发现、纠正会计错误与舞弊，保证会计资料的真实性、合法性与完整性而制定和实施的一系列方法、程序、制度等所形成的一种自我检查、自我调整和自我制约的系统。

内部控制制度的有无、好坏与查账工作存在着密切联系，与查账风险有着直接关联，因此企业管理者查账时应从内部控制角度入手，提高查账工作的效率与效果。

一般来说，查账风险由三部分组成，即固有风险、控制风险和检查风险。

固有风险是指单位自身会计、统计和业务核算中存在错弊的可能性，这种风险需要通过建立内部控制制度予以降低。

控制风险是指单位对其存在的固有风险不能通过内部控制制度加以防范、发现和纠正的可能性，这种风险需要通过查账予以揭露。

检查风险是指查账人员对控制风险未能通过既有的查账程序加以查处的可能性。

三者存在的关系是：

查账风险 = 固有风险 × 控制风险 × 检查风险

由此可见，内部控制制度的有无、好坏与查账工作风险呈因果关系。内部控制制度越是有效，就越能及时地发现会计错弊。查账人员可以根据对企业内部控制制度的了解与评价，确定固有风险和控制风险，进而控制检查风险，以此相应减少查账工作量。所以，建立一个健全而有效的内部控制制度对企业查账工作具有重要的意义。

06 内部控制的五大基本要素是什么？

内部控制的五大基本要素包括内部环境、风险评估、控制活动、信息与沟通、内部监督。

（1）内部环境是影响、制约企业内部控制制度建立与执行的各种内部因素的总称，是实施内部控制的基础。内部环境主要包括治理结构、组织机构设置与权责分配、企业文化、内部审计机制、人力资源政策、企业文化、反舞弊机制等内容。

（2）风险评估是及时识别、科学分析影响企业战略和经营管理目标实现的各种不确定因素并采取应对策略的过程，是实施内部控制的重要环节和内容。风险评估主要包括目标设定、风险识别、风险分析和风险应对。

（3）控制活动是根据风险评估结果、结合风险应对策略所采取的确保企业内部控制目标得以实现的方法和手段，是实施内部控制的具体方式和载体。控制活动结合企业具体业务和事项的特点与要求制订，主要包括职责分工控制、授权控制、审核批准控制、预算控制、财产保护控制、会计系统控制、内部报告控制、经济活动分析控制、绩效考评控制、信息技术控制等。

（4）信息与沟通是及时、准确、完整地收集与企业经营管理相关的各种信息，并使这些信息以适当的方式在企业有关层级之间进行及时传递、有效沟通和正确应用的过程，是实施内部控制的重要条件。信息与沟通主要包括信息的收集机制及在企业内部和与企业外部有关方面的沟通机制等。

（5）内部监督是企业对其内部控制制度的健全性、合理性和有效性进行监督检查与评估，形成书面报告并作出相应处理的过程，是实施内部控制的重要保证。内部监督主要包括对建立并执行内部控制制度的整体情况进行持续性监督检查，对内部控制的某一方面或者某些方面进行专项监督检查，以及提交相应的检查报告、提出有针对性的改进措施等。企业内部控制自我评估是内部监督工作中的一项重要内容。

内部控制五要素的相互关系如图 1-1 所示。

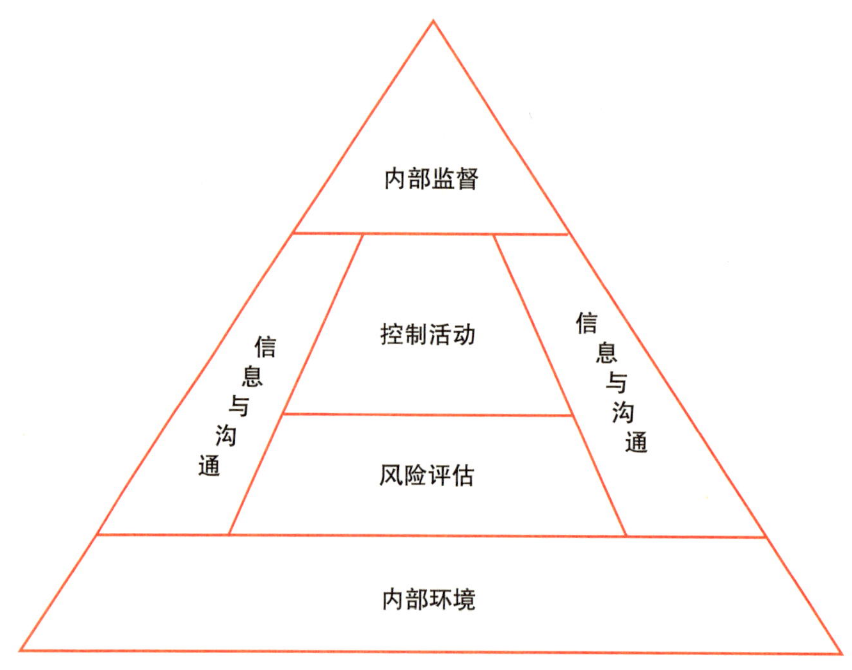

图 1-1　内部控制五要素的相互关系

从图 1-1 可以看出，内部环境是基础，是企业建设内部控制（以下简称“内控”）

的土壤，是一切内控制度、流程、控制点得以实施的根本条件。评价一个企业内控的好坏，首先应该对其内部环境进行评价，如果内部环境不好，就需要更仔细和深入地进行建设。换句话说，如果环境建设得好，具备良好的风险意识和内控文化，即使在一些小方面存在控制不足，也容易改进。

风险评估、控制活动、信息与沟通是内部控制体系的三个核心环节。风险评估是内部控制建设的依据或者向导。建立健全企业内部控制，并不是说企业任何业务环节都需要管控，都需要使用无比烦琐的流程进行防范。内部控制体系强调成本效益原则，注重企业经营效果、效率，就必须注重风险评估，以风险为导向建设内部控制体系，对于非重大风险可以酌情简化，但是对于重大风险就需要认真将制度、流程和控制环节建设好。控制活动是内部控制体系的核心环节，应该嵌入业务流程当中得以保证实施，并应该注意留下控制痕迹以供检查监督。信息与沟通包括信息传递和信息系统两个部分。信息传递指的是企业部门之间、上下级之间、各管理级次之间是否存在良好的沟通渠道。信息系统主要包括信息系统基础环境、总体控制和应用层面控制三部分。

内部监督是使企业内部控制成为闭环的重要组成部分。内部监督方式包括自我评价和独立评价，从实施频率来分可以分为日常监督和专项监督。缺乏这个环节，内部控制工作就不是一个 PDCA 循环[1]，或者说就不能不断优化和提升，体系就是静态而非动态的。

总的来说，内部环境是基础，风险评估是依据，控制活动是手段，信息与沟通是载体，内部监督是保证。

07 有效的内部控制有哪些基本特征？

有效的内部控制通常具有以下基本特征。

（1）全面性。内部控制是对企业组织一切业务活动的全面控制，而不是局部控

1　PDCA 循环又叫戴明环，是美国质量管理专家休哈特博士首先提出的，由戴明采纳、宣传，获得普及，所以也被称为“戴明环”。它是全面质量管理应遵循的科学程序。PDCA 由英语单词 Plan（计划）、Do（执行）、Check（检查）和 Action（处理）的第一个字母组成，PDCA 循环就是按照这样的顺序进行质量管理，并且循环不止地进行下去的科学程序。P（plan）计划。对方针和目标的确定，以及活动规划的制订。D（design）设计：根据已知的信息，设计具体的方法、方案和进行布局；再根据设计和布局，进行具体运作，实现计划中的内容。C（check）检查：总结执行计划的结果，分清哪些对了、哪些错了，明确效果，找出问题。A（action）处理：对检查的结果进行处理，对成功的经验加以肯定，并予以标准化；对于失败的教训也要总结，引起重视。对于没有解决的问题，应留到下一个 PDCA 循环中去解决。

制。它不仅要控制考核财务、会计、资产、人事等政策计划执行情况，还要进行各种工作分析和作业研究，并及时提出改善措施。

（2）经常性。内部控制不是阶段性和突击性工作，涉及各种业务的日常作业与各种管理职能的经常性检查考核。

（3）潜在性。内部控制行为与日常业务和管理活动并不能明显地割裂开来，而是隐藏与融汇在其中。不论采取何种管理方式、执行何种业务，均有潜在的控制意识与控制行为。

（4）关联性。企业的任何内部控制彼此之间都是相互关联的，一种控制行为成功与否均会影响到另一种控制行为。一种控制行为的建立，均可能会导致另一种控制行为的加强、减弱或取消。

08 什么是会计错误？会计错误包括哪些情形？

会计错误是指会计人员或有关当事人在计算、记录整理、制证及编表等会计工作或与会计有关的工作中，由于客观因素所造成的行为过失。

《中国注册会计师审计准则第 1141 号——财务报表审计中对舞弊的考虑》第五条规定：“错误是指导致财务报表错报的非故意行为，主要包括：（一）为编制财务报表而收集和处理数据时发生失误；（二）由于疏忽和误解有关事实而作出不恰当的会计估计；（三）在运用与确认、计量、分类或列报（包括披露，下同）相关的会计政策时发生失误。”也就是说，会计错误主要包括以下五种情形。

（1）原始凭证错误。

（2）记账凭证错误。

（3）会计账簿错误。

（4）会计估计错误。

（5）会计政策运用错误。

09 什么是会计舞弊？会计舞弊的基本特征有哪些？

会计舞弊是指行为人以获取不正当利益为目的，有计划、有针对性和有目的地故意违背真实性原则，违反国家法律、法规、政策、制度和规章规范，导致会计信息失真的故意行为。依据《中国注册会计师审计准则第 1141 号——财务报表审计中对舞弊的考虑》的解释，舞弊是指被审计单位的管理层、治理层、员工或第三方使用欺骗手段获取不当或非法利益的故意行为。会计舞弊主要包括两类：编制虚假财务报告和侵占资产。

会计舞弊的基本特征如下。

（1）会计舞弊形成的动机是主观的，其行为人存在主观打算，怀有违法的不良动机和目的。

（2）会计舞弊性质上属于违法犯罪行为。

（3）会计舞弊行为人一般都是单位内部人员，既有一人单一行动的，也有几人合伙作案的，甚至上下沟通、内外勾结，以使国家、单位受损。

（4）会计舞弊形式具有隐蔽性，发生后一般不易被察觉，必须通过有关专门技术和方法才有可能查明。

（5）会计舞弊手段具有预谋性和恶劣性。

（6）会计舞弊后果具有严重危害。这是会计舞弊的最本质特征，也是认定经济犯罪的根本依据。

（7）会计舞弊表现形式越来越多样化和复杂化。

10 会计舞弊与会计错误的主要区别是什么?

会计舞弊强调的是出现不实反映的故意行为。它与会计错误有相同或相近的形式，但有本质上的不同。舞弊是见不得人的，是不敢公之于众的，需要伴有一定形式的伪装和掩饰，通过虚列事实或隐瞒真相等手段做假，一般很难让人发现。

具体来说，区分错误与舞弊可从以下几方面进行。

（1）从原因上分析，错误是行为人不精通业务、技术和法规，不精心操作以及单位管理不善所造成的；而舞弊则是行为人经不住物质利益的诱惑，侥幸或故意为之所造成的。

（2）从动机上分析，错误是非故意性的，无不良企图和动机；而舞弊则是行为人为了窃取资财或牟取私利，有计划进行的违纪违法活动，是故意性的。

（3）从手段上分析，错误具有偶然性和随意性，而舞弊则是故意制造错报和漏报。

（4）从行为上分析，错误多是无意识的个人差错行为，一般不具有隐蔽性，且受会计工作自身的制约，往往会出现账不平、表不符的情况，易于查找；而舞弊除个人利用职权有意舞弊外，还有内部串通、内外勾结的情况，且精心遮掩，具有较强的隐蔽性，不易察觉。

（5）从后果上分析，错误较易发现，易于纠正，造成的损失相对较小；而舞弊欺骗性较强，舞弊得逞，通常会造成单位财产的重大损失。

（6）从性质上分析，错误属于一种行为过失，而舞弊则属于一种不法经济行为。

11 什么是会计估计错误?

会计估计是指对结果不确定的交易或事项以最近可利用的信息为基础所作出的判断。为了定期、及时提供有用的会计信息，需将企业持续不断的营业活动（经济业务）划分为各个阶段，如年度、季度、月度，并在权责发生制的基础上对企业的财务状况和经营成果进行定期确认、计量和报告，这样就必须进行会计估计。

合理地进行会计估计，不仅有助于企业为会计信息使用者编制出客观、公允的财务报表，也有助于企业管理当局了解企业的真实情况，继而作出正确的经营决策。在确认和计量过程中，当发生的交易或事项涉及的未来事项具有不确定性时，必须对其予以估计入账。在会计实务中，常见的会计估计错误主要包括以下几个方面。

（1）坏账准备的提取严重不准确。

（2）存货跌价准备的提取严重不准确，存货的毁损和过时损失估计严重不准确。

（3）固定资产减值准备的提取严重不准确，固定资产的使用年限估计严重不准确。

（4）无形资产减值准备的提取严重不准确，无形资产的使用年限估计严重不准确。

（5）长期待摊费用的摊销期严重不准确。

（6）对或有损失和或有收益的发生以及发生的数额估计严重不准确。

12 什么是会计政策运用错误?

会计政策是指企业在会计确认、计量和报告中所采用的原则、基础和会计处理方法。

会计政策运用错误包括两类错误：会计政策选择错误和会计政策变更错误。

第一类错误：会计政策选择错误。企业会计政策选择是指企业管理当局在特定的环境下，在既定的可选择范围内，根据企业目标或管理当局自己的目标，对可供选用的会计原则、方法、程序进行比较分析，从而拟定会计政策的过程。会计政策只有在同一经济业务允许采用的会计处理方法有多种选择时才具有实际意义，因而会计政策存在一个“选择”问题。会计政策选择是企业财务信息揭示的基础。会计事项的初始确认和计量以及再次确认和计量都基于对会计原则、方法和程序的选择和运用。所以，会计政策选择恰当与否，直接关系着企业财务信息的质量，进而影响到财务信息使用者进行的经济决策的正确程度，从而关系到资本市场的有序运作和健康发展。会计政策选择在形式上表现为一种会计过程的技术规范，但会计政策的选择绝不是一个单纯的会计问题，它是一项与企业相关的各利益集团处理经济关系、协调经济矛盾、分配经济利益的重要措施。对同一会计事项的处理，往往因选择的会计政策不同而产生不同的甚至是相反的会计结果，从而影响各利益集团的经济利益，导致各利益集团作出不同的决策，最终影响社会资源的配置效率和效果。因此，会计政策选择就其实质而言是一种经济和政治利益的博弈规则和缺席安排，会计准则的制定和企业会计政策的选择是会计报告的编制者与相关经济利益集团博弈均衡的结果。实践证明，企业通过会计政策的正确选择，可以促进企业目标的完成，实现企业价值最大化；但如果会计政策选择错误，则会导致会计信息严重失真。常见的会计政策选择错误如下。

（1）发出存货成本的计量方法不正确。例如，某项发出存货的成本计量本应采用个别成本法更为合理，企业却选择采用了先进先出法、加权平均法或其他方法。

（2）长期股权投资的后续计量不正确。例如，企业对某被投资单位的长期股权投资核算本应采用成本法，企业却选择采用权益法核算。

（3）投资性房地产的后续计量不正确。例如，企业对某投资性房地产的后续计量本应采用成本模式，企业却选择采用公允价值模式。

（4）固定资产的初始计量不正确。例如，企业取得的某项固定资产初始入账成本本应包括购买价款和弃置费用，企业却只以购买价款进行计量，而没有考虑弃置费用。

（5）无形资产的确认不正确。例如，某项内部研究开发项目的研究阶段的支出本应在发生时计入当期损益，企业却予以资本化确认为无形资产。

（6）非货币性资产交换的计量不正确。例如，某项非货币性资产交换本应以换出资产的账面价值作为确定换入资产成本的基础，企业却以换出资产的公允价值作为确定换入资产成本的基础。

（7）收入的确认不正确。例如，企业确认的某项收入不同时满足已将商品所有权上的主要风险和报酬转移给购买方、收入的金额能够可靠地计量、相关经济利益很可能流入企业等条件。

（8）借款费用的处理不正确。例如，某项借款的利息费用本应在发生时计入当期损益，企业却予以资本化确认为某项资产的成本。

（9）合并报表政策不正确。例如，母公司与子公司的会计年度不一致的处理原则、合并范围的确定不正确等。

第二类错误：会计政策变更错误。会计政策变更，是指企业对相同的交易或事项由原来采用的会计政策改用另一会计政策的行为。严格来说，企业会计政策的选择和变更是一个动态的发展过程，企业对相同的交易或事项由原来采用的会计政策改用另一会计政策，是对同一会计政策进行重新选择的结果。企业会计政策变更必然会引起一定时期费用、成本、收入、利润、资产价值和税额等的变动，最终导致社会财富重新分配的经济后果。因此，会计政策变更的本质实际是一种社会利益的调整，对其能否实施有效的控制和规范，不但关系到企业会计信息的质量，而且会对整个国民经济良性发展产生重要的影响。

企业会计政策的变更错误如下。

（1）会计政策变更的依据不合理。依据企业会计准则规定，企业会计政策的变更主要有三种情形：强制性变更、市场性变更和自发性变更。强制性变更是由于上一层会计制度的制定者强制性要求企业做出变更，不论企业的经管当局是否愿意都必须执行；市场性变更是指企业为了增强其在资本市场上的影响和未来的资本运作能力等，所做出的会计政策变更，且有半强制性变更的特点；自发性变更，是由于企业的经管当局根据其经营目标和环境变化，为了更真实地反映企业的财务状况、经营成果和现金流量等信息，做出适应性的会计政策变更，这种变更的目的是能对外提供有关企业的会计信息。不符合上述三种情形的会计政策变更都是错误的。

（2）会计政策变更的会计处理不正确。依据企业会计准则规定，企业发生会计政策变更时，有两种会计处理方法，即追溯调整法和未来适用法。

追溯调整法，是指对某项交易或事项变更会计政策，视同该项交易或事项初次发生时即采用变更后的会计政策，并以此对财务报表相关项目进行调整的方法。在追溯调整法下，需要计算会计政策变更产生的累积影响数，重新编制以前年度的财务报表。

未来适用法，是指将变更后的会计政策应用于变更日及以后发生的交易或者事项，或者在会计估计变更当期和未来期间确认会计估计变更影响数的方法。在未来适用法下，不需要计算会计政策变更产生的累积影响数，也无须重新编制以前年度的财务报表。

13 什么是虚假财务报告？与虚假报告相关的舞弊手法主要有哪些？

虚假财务报告是指不符合公认会计准则以及现行法律法规规定，不能如实对外提供反映企业某一特定日期财务状况和某一会计期间经营成果、现金流量的财务报告。

虚假财务报告是未能遵循财务报告准则，无意识或有意识地采用各种方式和手段歪曲地反映企业某一特定日期财务状况和某一会计期间经营成果和现金流量，对企业的经营活动做出不实陈述的财务报告，其后果必然导致信息使用者做出错误的决策，使会计在经济生活中应有的功能失效，进而危及社会财富的公平分配和社会资源的有效配置，弱化各项改革措施政策效果，甚至动摇社会主义市场经济建设的整个基础。

从虚假财务报告的内容来看，分为财务数据虚假的财务报告和非财务数据虚假的财务报告。财务数据虚假的财务报告包括多计资产、少列负债、虚增利润、少扣费用等；非财务数据虚假财务报告指对非财务数据进行虚假陈述，如对关联方关系的虚假陈述等，这类虚假陈述同样可以使企业达到造假的目的。

从虚假财务报告的手法来看，通常表现为：对财务报表所依据的会计记录或相关文件记录的操纵、伪造或篡改；对交易、事项或其他重要信息在财务报表中的不真实表达或故意遗漏；对与确认、计量、分类或列报有关的会计政策和会计估计的故意误用。

与虚假财务报告相关的舞弊手法主要有：虚构或夸大收入和相关资产、提前确认收入、错误分类的收入和资产、虚构资产和减少费用 / 债务、高估资产或低估费用 / 负债、遗漏或低估负债、遗漏或不恰当披露、权益舞弊、不公正的关联方交易、朝“错误方向”发展的财务舞弊等。

14 什么是侵占资产？与侵占资产相关的舞弊手法主要有哪些？

侵占资产是指被审查单位的管理层或员工非法占用被审查单位的资产，其手段主要如下。

（1）贪污收入款项。

（2）盗取货币资金、实物资产或无形资产。

（3）使被审查单位对虚构的商品或劳务付款。

（4）将被审查单位资产挪为私用。

侵占资产通常伴随着虚假或误导性的文件记录，其目的是隐瞒资产损失或未经适当授权使用资产的事实。

与侵占资产相关的舞弊手法主要有虚报项目、篡改、伪造会计凭证、利用“时间差”挪用现金等。

第 2 章

查账方法与技巧

查账是一门技术，需要有专门的方法与技巧。由于会计错弊存在不真实、不正确的特征，其发生后，总会在会计资料或其他有关资料中留下或明或暗、或多或少的痕迹或线索，从而留下会计疑点。能否及时、准确地捕捉或发现会计错弊的疑点，取决于查账人员的知识、能力与经验，即查账技巧。本篇从三个方面阐述：基本方法与技巧、会计凭证的审查、会计账簿的审查。

01 查账的基本方法有哪些？

会计账是一种对企业经济事项的详细记载，查账就是要查明经济事项的真相，看是否存在错弊。经济事项涉及人（经济事项的当事人）、财（经济事项涉及的资金流向）、物（经济事项涉及的物资流向）以及相关的文件资料（原始凭证、电话记录、往来信函、电子邮件等）。所以，查账就要询问相关的人、查看相关的收付款记录、观察相关的物、查证相关的文件资料（包括电子资料），从而形成人证、物证、书证和电子证据。

因此，查账的基本方法分类如图 2-1 所示。

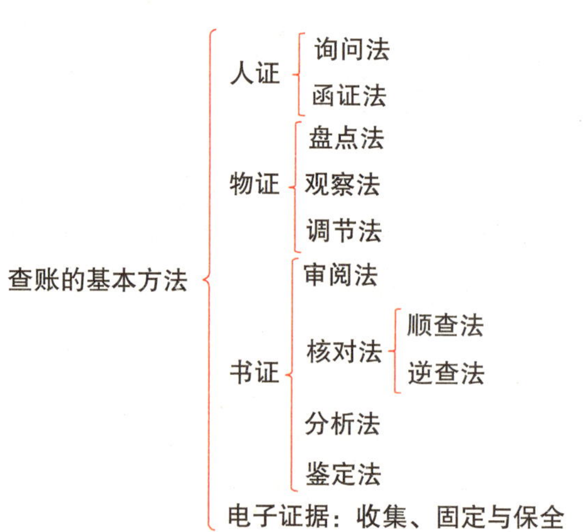

图 2-1 查账的基本方法分类

02 什么是询问法？获取谈话成功的方法和技巧有哪些？

询问法指对查账过程中发现的疑点和问题，通过口头询问或质疑的方式弄清事实真相并取得口头或书面证据的一种调查方法。如对可疑账项或异常情况、内部控制制度、经济效益等的审查，都可以向有关人员提出口头或书面的询问。对一般问题，口头或书面询问均可。但对重要问题，则尽量采用书面询问并取得书面证据。书面证据是非常重要的，有时是查账成败的最重要因素。

询问法在查账过程中运用比较普遍，也是查账人员应该具备的基本技能。通常，询问的形式主要是与被审查单位相关人员谈话，包括证人、被调查人、知情人或检举揭发人。询问技巧的高低、运用是否得当，是检验查账人员实际工作能力的重要标志之一，学习和掌握询问的方法，提高谈话水平，对于提高查账工作水平具有重要意义。

获取谈话成功的方法和技巧如下。

（1）获取信息的方法和技巧。

①重复谈话。对较复杂的重大问题进行反复的提问，让被调查人反复陈述；如果他的陈述是假的，那么总会出现前后陈述矛盾的情况，查账人员就从矛盾中获得了其编造的假内容，以及掌握他想掩盖什么问题等信息，达到获取信息的目的。

②利用矛盾。由于被调查人在违纪违规中的角色、地位不同，面对调查的反应不同，他们互相之间会存在矛盾，其陈述也难以完全一致，调查人员可以利用他们之间的矛盾，使其互相推诿、指责，查清需要澄清的问题。

③“容许”编造谎言。在某种情况下，查账人员可允许被调查人自由陈述他想说的一切和编造的谎言，并如实做好记录，从谎话的侧面完全可以弄清楚他想回避什么、注意什么，在适当时机揭穿谎言，促使其做出真实陈述。

（2）分散注意力的方法和技巧。

①自由交谈。对于那些对谈话感到压抑、用矢口否认的态度对待谈话的被调查人，查账人员要改变谈话的严肃方式，在和谐的气氛中使其在不知不觉中顺从和接受查账人员的谈话，把谈话内容逐渐引向实质问题，取得谈话效果。

②声东击西。声东击西可以分为两个阶段：第一个阶段是“声东”阶段，在谈话中，查账人员要隐蔽“主攻”方面，从表面上看与主要问题“无关”的情节谈起，向次要问题发起“进攻”，使其产生错觉和思想麻痹，察觉不出查账人员的真实意图；第二个阶段是“击西”阶段，当被调查人的注意力已被转移，“防御”出现“漏洞”，便立即扭转谈话方向，使被调查人猝不及防，其察觉时“败局”已无法挽回。

③四面出击。当被调查人想隐瞒问题、心理处于紧张状态、注意力无法集中时，

查账人员精心选择出击点，谈话提问转变得突然，使被调查人猜想不到查账人员所针对的是哪个问题、忙于应付，让其顾此失彼，防不胜防。

（3）促使被调查人形成一定观念的方法和技巧。

①连续使用证据。在谈话中查账人员针对被调查人的一个或几个问题，选择一些直接或间接的证据，连续使用证据，使其内心产生巨大压力，消除自信感、有效进行攻心，为其如实回答问题打开通道。

②揭露谎言。谈话的重点是对谎言要揭露得准，掌握确实的证据，选择不同的时机，在其表演“精彩”时，迎头痛击，从整体上进行揭露，使被调查人形成“靠撒谎是不能混过去的，查账人员是不容易被欺骗的”的观念，把被调查人引导到如实回答问题的态度上来。

③跳跃式发问。当一些被调查人熟悉此类谈话方法，有对将要问些什么内容、怎样发问等有防御计划时，查账人员就需要在常规的问话过程中，把握适当的时机突破其防线， 直取其尚未防御的要害问题。

④引而不发。就是查账人员发出一种信息，让被调查人明显地意识到查账人员已经掌握了问题，但又不清楚掌握了哪些问题，使他感到不回答又“逃”不过去，又不知该回答哪一个问题， 最后迫使他把问题全部供述出来。

（4）影响思想情绪的方法和技巧。

①消除对立情绪。对立情绪在被调查人员中比较普遍地存在着，因为被调查人对审查不理解或查账人员执行政策有偏差等。消除对立情绪，首先要认真执行政策；其次要进行文明审查，说话要文明、语言要谦虚、平等待人，注意方法和技巧的综合运用。

②造成紧张。查账人员应在被调查人狂妄自大、缺乏防备的情况下，使其思想“紧张”起来，可以突然出示具有一定分量的证据，这种出乎意料的举动会很快造成被调查人的紧张，使得被调查人既搞不清他的哪些问题暴露了， 也无法马上用编造的谎言欺骗查账人员，狂妄自大的气焰和侥幸的心理必然有所收敛和转变，从而达到谈话目的。

③减轻压力。在谈话中，被调查人由于惧怕暴露问题，或矢口否认，或既不拒绝问话，又不进行回答。这种情况下查账人员应从被调查人愿意谈的话题谈起， 使双方先实现心理上的接触，建立起共同谈话的基础，相互产生信任感，消除双方的心理隔阂，会使谈话取得进展。

④加快或减缓谈话速度。其实质在于，一方面查账人员利用自己的主动地位，把主动权掌握在自己手中，利用事先准备好的一连串问题，不让被调查人把编好的供词

讲出来，及时打断笼而统之的答话，使其回答不偏离问题的实质内容；另一方面加快或减缓谈话速度，使得被调查人不可能深思熟虑、无暇周密考虑和拖延回答，减弱被调查人急于结束谈话的情绪，取得明显效果。

⑤出其不意。对于那些事先已有准备的被调查人，查账人员骤然地提出一个与以前谈话毫无联系，而被调查人又意料不到的问题，打乱被调查人编造和准备好的回答，为谈话顺利进行打开缺口。

03 什么是函证法？需要函证的项目主要有哪些？

函证法是指查账人员为了获取被审查事项相关的信息，通过直接来自第三方对有关信息和现存状况的声明，获取和评价审查证据的过程。

从上述定义可知，函证是一个获取和评价与被审查事项相关的审查证据的过程。在这个过程中，查账人员通常以被审查单位的名义向拥有相关信息的第三方提出书面请求，要求该第三方提供与被审查事项的信息。在得到第三方对有关信息和现存状况的声明后，查账人员再进行跟进和评价。

值得注意的是，函证法强调从第三方直接获取有关信息，而询问法主要强调从单位内部获取有关信息。

如果对被审查事项的确认需要通过第三方才能证实，或通过第三方获得的审查证据更可靠、更有说服力，则该项目就需要实施函证程序。通常，需要实施函证的项目主要如下。

（1）银行存款、借款及与金融机构往来的其他重要信息。查账人员应当了解被审查单位实际存在的银行存款余额、借款余额以及抵押、质押及担保情况；对于零余额账户和在本期内注销的账户，查账人员也应当实施函证，以防止被审查单位隐瞒银行存款或借款。

（2）应收账款、应收票据、其他应收款。

（3）短期投资、长期投资、委托贷款。

（4）预付账款、预收账款、应付账款。

（5）由其他单位代为保管、加工或销售的存货。

（6）保证、抵押或质押。

（7）或有事项。

（8）重大或异常的交易。

函证的方式有两种，即肯定式函证和否定式函证，也可将两种方式结合起来使用。

如果采用肯定式函证方式，查账人员应当要求被询证者在所有情况下必须回函，确认询证函所列示信息是否正确，或填列询证函要求的信息（见表 2-1）。

在采用肯定式函证方式时，只有查账人员收到回函，才能为被审查事项的认定提供审查证据。如果没有收到回函，可能是由于被询证者根本不存在，或是由于被询证者没有收到询证函，也可能是由于询证者没有理会询证函，因此，无法证明所函证信息是否正确。

表 2-1　肯定式询证函

企业询证函

编号：

××（公司）：

本公司上级审查部门正在对本公司 ×× 年度财务报表进行审查，按照审计准则的要求，应当询证本公司与贵公司的往来账项等事项。下列数据出自本公司账簿记录，如与贵公司记录相符，请在本函下端“信息证明无误”处签章证明；如有不符，请在“信息不符”处列明不符的详细情况。回函请直接寄至 ×× 集团公司审计部 ××× 收。

回函地址：

邮编：　电话：　传真：　联系人：

1. 本公司与贵公司的往来账项列示如下。

单位：元

截止日期	贵公司欠	欠贵公司	备注

2. 其他事项。

本函仅为复核账目之用，并非催款结算。若款项在上述日期之后已经付清，仍请及时函复为盼。

（公司盖章）

年　月　日

结论：

续表

1. 信息证明无误。
（公司盖章）
年　月　日
经办人：×××

2. 信息不符，请列明不符的详细情况。
（公司盖章）
年　月　日
经办人：×××

如果采用否定式函证方式，查账人员只要求被询证者仅在不同意询证函列示信息的情况下才予以回函（见表 2-2）。

表 2-2　否定式询证函格式

企业询证函

编号：

××（公司）：

本公司上级审查部门正在对本公司××年度财务报表进行审查，按照审计准则的要求，应当询证本公司与贵公司的往来账项等事项。下列数据出自本公司账簿记录，如与贵公司记录相符，则无须回复；如有不符，请直接通知公司审查部门，并请在空白处列明贵公司认为是正确的信息。回函请直接寄至××集团公司审计部×××收。

回函地址：

邮编：　　电话：　　传真：　　联系人：

1. 本公司与贵公司的往来账项列示如下。

单位：元

截止日期	贵公司欠	欠贵公司	备注

续表

2. 其他事项。 本函仅为复核账目之用，并非催款结算。若款项在上述日期之后已经付清，仍请及时核对为盼。 （公司盖章） 年 月 日 ×× 集团公司审计部： 上面的信息不正确，差异如下。 （公司盖章） 年 月 日 经办人：×××

在采用否定式函证方式时，如果收到回函，能够为被审查事项的认定提供说服力强的审查证据。未收到回函可能是因为被询证者已收到询证函且核对无误，也可能是因为被询证者根本就没有收到询证函。因此，采用肯定式函证方式通常比采用否定式函证方式提供的审查证据可靠。因而在采用否定式函证方式时，查账人员通常还需辅以其他审查程序。

在实务中，查账人员也可将这两种方式结合使用。以应收账款为例，当应收账款的余额是由少量的大额应收账款和大量的小额应收账款构成时，查账人员可以对所有的或抽取的大额应收账款样本采用肯定式函证方式，而对抽取的小额应收账款样本采用否定式函证方式。

04 什么是盘点法？盘点法的基本要点是什么？

盘点法又称“盘存法”，是指通过对有关财产物资的清点、计量，来证实账面反映的财物是否确实存在的一种查账方法。

（1）按具体做法的不同，盘点法可分为直接盘点法和监督盘点法两种。

直接盘点法是指查账人员在实施查账时，通过亲自盘点有关财物来证实与账面记录是否相符的一种盘点方法。

监督盘点法是指在盘点有关财物时，查账人员不亲自盘点，而通过对有关盘点手续的观察和在场的监督，来证实有无问题的一种盘点法。

也有将监督盘点法列入观察法范畴的。在查账过程中，大多采用监督盘点法。由于财产物资方面存在的贪污现象较多，也极易弄虚作假和舞弊，而财产的所有者都很关心授权经管人员经管的财产是否完整，因此，确定财产物资的实有情况，就成了查账的重要内容。

（2）根据盘点的范围大小，盘点法还可分为全面盘点法和抽样盘点法两种。

全面盘点法是对列入检查范围的所有财产物资进行全面、彻底的盘点的方法。

抽样盘点法是在列入检查范围的各种物资中，抽取一部分价值较大、收发频繁、容易流失的物资进行盘点的方法。

运用盘点法对现金、物资进行盘点查证，可以验证被审查单位各项资产的真实性和会计记录的真实性、正确性，有助于发现贪污、盗窃等非法行为，也有助于为评价被审查单位的内部管理制度及经济效益情况提供依据。

盘点法的基本要点有以下三点。

一是做好盘点准备工作。需要做以下准备工作。

（1）确定需要盘点的财物并予以封存。被审查单位的财物种类繁多，全面盘点不大可能，且也无必要，因此，应根据查账目标和应审查项目的具体情况，来确定需要盘点的重点。一般可按以下标准来衡量。

①以前是否未盘点过？

②账面反映存量是否不合理？

③此类物资在成本中所占比重是否过大？

④该物品是否属紧俏贵重物品？

⑤该物品是否为日常生活必需品？

⑥该物品以往是否发生过舞弊问题？

若上述问题的回答都是肯定的，则该物品应该成为盘点的重点。

在确定好应盘点的财物以后，若不能立即同时盘点，且又难保证不让被审查单位知道情况时，则应将需要盘点的物资予以封存，贴上封条后将钥匙交财物经管人保管。

（2）调查了解有关财物的收发保管制度，并对各项制度控制功能的发挥情况做出评估，找出控制的薄弱环节，明确重点。

（3）确定参加盘点的人员。在盘点成员中，至少要有两名查账人员、一名财务负责人和一名实物保管人，同时，还应有必要的工作人员。

（4）结出盘点日的账面应存数，即通过审阅、复核、核对，将账面记录的计算错误予以消除。

（5）准备记录表格，检查度量器具。对于用来盘点的度量器具，一定要经过检查，以防弄虚作假而使盘点结果失真。

（6）选择恰当的盘点时间。盘点时间的选择，一般以不影响工作正常进行为准，宜选择在每天的业务终了后，或是业务开始前。

二是进行实地盘点。盘点工作准备就绪，应立即着手进行盘点。对于一般的财物盘点，查账人员主要在场监督，看看工作人员是否办理了应该办理的手续，同时，注意观察有关物品的质量；对于特别重要的财物盘点，查账人员除了监督、观察外，还应进行重点检查，如现金的盘点、其他有价证券的盘点、贵重物品的盘点等。

盘点完毕，应将其盘点所获的实际情况，如实地填在事先准备好的表格上。

三是确定盘点结果。将通过盘点获得的结果，与账存进行比较，就能知道账实之间是否相符，以及不符的差距。若不相符，则对于到底存在什么问题，还要运用其他方法进一步检查落实。

盘点结果确定以后，应由所有在场人员（尤其是实物保管人、财务负责人及查账人员）在盘点表上签名，以明确责任。

盘存法主要用于各种实物的检查，如现金、有价证券、材料、库存商品、在产品、低值易耗品、包装物、固定资产等。

在具体运用盘点法时，还应特别注意以下几点。

（1）实物盘存一般采取预告检查，如有需要也可采取突击检查方式，如果实物存放分散，应同时盘点。若不能同时盘点，对未盘点实物的保管应在查账人员的监督下进行。

（2）不能只清点实物数量，还应注意实物的所有权、质量等。

（3）任何性质的白条都不能用来充抵库存实物。

（4）在确定盘点小组的人选时，不能完全听从被审查单位的意见，以防串通合谋舞弊。

（5）确定盘点结果，不要轻易下结论，尤其是对于涉及个人的问题，更应谨慎从事。

05 什么是观察法？查账取证中运用观察法有哪些技巧？

观察是查账取证过程中常用的方法之一，是对被审查单位的经营场所、实物资产和有关业务活动及其内部控制制度的执行情况等进行实地察看，借以查明事实真相，取得查账证据的一种调查方法。然而，在实际工作中，有的查账人员运用观察法取证得心应手，且在极短的时间内获取了大量的亲历第一手资料和查账证据，而有的则不尽如人意，其原因主要是有的查账人员未真正掌握查账过程运用观察法的技巧。在查账过程，运用观察法需要掌握以下“四法”。

一是“障眼”观察法。查账人员在观察前，不打招呼、不告知被审查单位有关人员意图，按照掌握的线索和发现的疑点，找个“空隙”，采取“随便走走转转”形式，寻找观察目标，并及时编制观察记录，注明观察的事项、内容和结果等，以获取有力的证据。通常“障眼”观察法用于被审查单位不积极配合的情况。此法外在表现为观看无“目的”和漫不经心，但在实际运用时往往能达到意想不到的效果和得到审查进展的突破。

二是“定序 / 反序”观察法。所谓“定序”观察法，即按照一定的顺序进行观察。或由上到下，或由左到右，或由近及远，或由东到西，或由点到面，或由外及里……“定序”观察法易把握，是查账人员最常用于观察取证的方法之一。观察时，应细致认真，如清点固定资产时，应看清楚型号、数量、运行状况，是否与报送的盘点账册相符。所谓“反序”观察法，即打破常规，不按照一定的顺序进行观察，从而让被审查人员摸不着头脑。

三是“寻根”观察法。对被审查人员，从头至尾，寻根问底，看全、问清，找到“根”，以获取有效的查账证据。此法在实际运用中，往往要与询问法有机结合起来，查账人员可以一边观察，一边询问一同到现场的被审查单位主管人员或具体承办人员，弄清相关事项的过去、现在的具体情况和变化的前因后果。采用“寻根”观察法，有时需要反复多次观察，才能“寻”出需要取证的“根”。

四是“比较”观察法。将现场观察到的实际状况、清点的数据，与观察前查阅的相关资料、报表数据，进行对比或“联想”，对观察事项进行纵向和横向比较，以收集有力的证据。运用“比较”观察法，往往是与分析性复核有机结合起来，除重视现场观察外，还应把功夫下在观察前的准备工作上。要求查账人员在观察前，应熟悉被审查单位提供的相关数据和资料，了解被观察对象的历史，掌握同行业的参照平均指数，使其成为观察取证时提供依据和分析判断的参照物，只有这样，才能确保观察时心中有数。

观察是一门很深的学问，是一种艺术，要想掌握它，除掌握一些方法外，重要的是要在实践中摸索、总结，在具体运用中不妨注意以下几点。

第一，要确立观察目标。观察前要事先设计制订完整的观察计划（除特殊情况外），确立明确、具体的观察目标，按计划进行观察。观察中勤做观察笔记，观察后须对审查记录进行整理，以便获得充分、有效的证据。

第二，要“用心”去观察。观察是有意识、有目的地知觉自然或社会现象的过程。必须“五官开放”，充分运用视觉、听觉、味觉和躯体觉，特别是要进行联想、思索，要将“观察”与“思索”结合起来，才能充分体现观察在审查取证中的魅力。

第三，要尽可能与其他取证方法结合起来运用。虽然观察在收集审查证据中可以单独采用，但在实际工作中，为保证审查证据充分性、合法性、相关性、客观性，往往会根据不同取证事项的需要，与检查、监盘、查询、计算、分析性复核等方法有机结合起来，使收集审查证据过程更具科学性，效果更好。

第四，在条件允许的情况下，可以根据需要，借助现代物理的某些仪器和手段进行观察取证，使取证的说服力和证明力更强，以适应日新月异、快速发展的审查需要。

06 什么是调节法？查账取证中如何运用调节法？

调节法是指通过调节有关数据求得需要证实的数据的一种方法。当现有数据与需要证实的数据在表面上不一致时，为了证实数据是否真实，就需要运用调节法。如对银行对账单和企业银行存款日记账之间的未达账项，在审查时就需要对账，调整有关账项，确定实际发生数（有关“银行存款余额调节表”的内容将在后面进行介绍）。再如，在盘点实物资产时，若遇到检查日与结账日的数据不一致时，应进行必要调整，调整时，可按以下公式进行。

结账日账面应存数 = 盘点日账面应存数 + 盘点日与结账日之间的发出数 − 盘点日与结账日之间的收入数

07 什么是审阅法？

审阅法是指通过对被审查单位有关书面资料进行仔细观察和阅读来取得查账证据的一种查账技术方法。根据有关法规、政策理论、方法等查账标准或依据对书面资料进行审阅，借以鉴别资料本身所反映的经济活动是否真实、正确、合理、合法及有效。

审阅法是一种十分有效的查账技术，不仅可以取得一些直接证据，同时还可以取得一些间接证据，如通过审阅可以找出可能存在的问题和疑点，作为进一步审查的线索。审阅法主要用于对各种书面资料的审查，以取得书面证据。书面资料主要包括会计资料和其他经济信息资料及管理资料。

审阅法是查账人员在查账工作中使用较广泛、较基本的技术方法。审阅法要求查账人员必须具有丰富的查账工作经验和较高的理论水平。查账人员在运用该方法时，一般不需要对全部资料进行逐一检查，可根据需要有选择、有重点地审查。

审阅法主要用于各种书面资料的审查。从查账中检查的书面资料内容看，资料大致可分为两类：一类是与会计核算组织有关的会计资料，包括会计凭证、会计账簿和会计报表等；另一类是除会计资料以外的其他经济信息资料及管理资料。

08 如何把握审阅法的审阅技巧？

审阅法的主要目的，是通过对有关资料的仔细观察和阅读，借以发现一些疑点和线索，以抓住重点，缩小检查范围。这就要求查账人员掌握一定的审阅技巧。

（1）从有关数据的增减变动有无异常，来鉴别判断被审查单位可能在哪些方面存在问题。有异常情况的数据，通常称异常数，它是指某些数据资料违反了会计原理的要求，或是违反了经济活动实际情况而出现了正常情况下不会出现的数据。如库存商品、库存现金、原材料等财务明细账出现赤字金额。

运用审阅法从异常数方面审查有无问题时，具体可从以下三个方面衡量。

①从数据增减变动幅度的大小来衡量。从这方面着手发现问题，关键是要把握各项经济活动本身的数量界限。在正常情况下，如果工资费用、管理费用发生了巨额的增减变化，一般都隐藏了一定的问题。

②从数据本身的正负来衡量。会计数字的正负，反映了会计账户的属性，如财产物资类账户余额出现了负数，这种数据的表示就违背了该类账户的属性，一般来说均有问题。

③从相关数据之间的变化关系来衡量。相关的会计账户存在着一定的关系，一个账户的变动必然引起某个或某些账户的相应变动，如果变动的方向及变动的幅度不适应，则说明这种变动存在一定的问题。如对外投资金额有了巨额增加，但投资收益的金额增加很少甚至减少，这就说明数据与这种变化不相适应，可能存在某种问题。

（2）从会计资料和其他资料反映经济活动的真实程度，来鉴别判断被审查单位有无问题。会计资料及其他资料理应真实、准确地反映单位各项经营活动的过程和结果，如果资料反映的情况和实际活动不符，则被审查单位就有弄虚作假的可能。

（3）从会计账户对应关系的正确性，来鉴别判断被审查单位有无问题。相关的会计账户都有明确的对应关系，而每个账户都有固定的核算内容，如果任意变动每个账户的核算内容，甚至将不相关的账户对应起来，一般都存在造假行为。如将投资收益、其他业务收入记入应付款账户，或将应收款账户与费用账户对应、收入账户与应付款账户对应，以达到转移收入或支出的目的。

（4）从发生时间有无异常，来分析判断被审查单位是否存在问题。每项经济业务从开始执行到结束的整个过程所持续的时间，都有一定的限度。若在有关资料上没有载明业务发生时间，或是虽载明了时间，但从发生日至记账日（或结转日）之间的时间相距甚远，则可能隐藏着某种问题。

（5）从单位购销活动有无异常，来鉴别判断被审查单位有无问题。查账人员可从书面资料审阅中，发现被审查单位在购销活动方面有无舍近求远、舍优购劣的现象，以及判断购销活动内容、物流方向、购销价格、结算方式等是否正常、合理、合法。

（6）从业务经办人的业务能力、工作态度以及思想品德，来鉴别判断可能存在的问题。查账人员可以从书面资料审阅入手，进一步了解重要业务经办人的政治、业务素质情况，作为判断有无问题的参考。

（7）从资料本身应具备的要素内容，去鉴别判断问题存在的可能性。任何资料都应该具备所要求的要素，如果要素内容不全，均应进一步查明原因，以证实有无问题。

要有效地运用审阅法，必须结合使用核对、分析等方法以便于及时证实审阅中发现的问题。审阅时应认真仔细，不要放过一个要素，更不要放过一个数字，边审阅、边思考，善于发现疑点和线索，并要进行完整的记录。为了避免重复和疏漏，审阅时应运用符号标记，以区别已审阅和未审阅的资料。

09 什么是核对法？

核对法，是指对书面资料的相关记录，或是对书面资料的记录与实物，进行相互勾对以验证其是否相符的一种查账方法。按照会计复式记账的原理核算的结果，会计资料之间会形成一种相互平衡的钩稽关系，若被审查单位的有关人员存在无意的工作差错或是故意的舞弊行为，都会使形成的制约关系失去平衡。导致会计错账的原因是多种多样的，概括起来主要包括以下几种。

（1）记错借贷方向。在记账时，将会计账簿中借方与贷方的记载颠倒，把借方记成贷方或把贷方记成借方。如果把应记的红字的数字误记为蓝字，或把应记的蓝字数字误记为红字，这也属于记账方向错误。

（2）漏记。在记账时将某一凭证的金额数字遗漏，未记入会计账簿。

（3）重记。将已经登记入账的金额数字又重复记入会计账簿。

（4）记错会计科目。在记账时“张冠李戴”，如将现金记入“银行存款”科目。

（5）改变数字位数。在记账时改变数字位数，即以大写小（少写 1 个或几个 0）或以小写大（多写 1 个或几个 0）。例如将 100 写成 10，或将 10 写成 100 等。

（6）颠倒数字位数。在记账时，将某一数字中相邻的两位数颠倒登记入账。如将 12 写成 21，将 123 写成 132 等。

（7）结账时计算错误。结账时发现数字打错，余额记错，从而导致不符。

（8）其他不规则错误。

会计资料之间的相互核对主要有：证证核对；账证核对；账账核对；账表核对；表表核对。因此，通过对相关资料之间的相互核对，就能发现可能存在的种种问题。

10 什么是证证核对？

证证核对是指会计凭证之间的核对，它是核对法中最重要的环节。其工作量最大，过程也比较复杂。由于会计凭证有很多种类，所以证证核对也就包括很多方面的内容，包括原始凭证与相关原始凭证、原始凭证同原始凭证汇总表、记账凭证同原始凭证以及记账凭证同汇总记账凭证之间的核对，主要根据其所列要素，核对其内容、数量、日期、单价、金额、借贷方向等是否相符。

在核对记账凭证与所附原始凭证时需注意以下几点。

一是核对证与证之间的有关业务内容是否一致，包括经济业务的内容摘要、数量、单价、金额合计数等。

二是核对记账凭证上载明的所附凭证张数与实际张数是否相符。

三是核对汇总记账凭证与各记账凭证合计数，看二者是否相符。

四是核对记账凭证与原始凭证，因为记账凭证是根据原始凭证编制的，所以记账凭证上的有关内容必须与所附的原始凭证上的内容一致。有些业务的原始凭证没有会计错弊，而在编制记账凭证时出现了会计错弊，对此可通过核对记账凭证与原始凭证是否相符来查实。

其具体操作技巧如下。

①将记账凭证注明的所附原始凭证份数与所附的实际份数进行核对，以审查有无不相符的会计错弊。

②将记账凭证上所有的会计科目与原始凭证上所反映的业务内容相核对，查明有无错用会计科目或故意挤占成本以截留收入等会计错弊。

③将记账凭证上所反映的金额与所属原始凭证上的金额合计数相核对，查明金额是否相符，从中发现会计舞弊问题或因工作失误而造成的会计错误。

④将记账凭证上的制证日期与原始凭证上的日期相核对，查明有无二者相距太远的情况。如某张付款凭证上的日期与支票存根和发票上的日期相距几个月甚至更长，说明该单位在支票管理上存在问题；又如某张收款凭证上的日期与所附收取现金收据上的日期相距几个月甚至更长，可能是出纳员在一定时期将该笔现金挪用了，应进一步检查。

除结账和更改错误的记账凭证外，其他所有的记账凭证必须附有原始凭证。在核对凭证时，应注意检查有无应附而未附原始凭证的记账凭证。如发现应附而未附原始凭证的记账凭证，应检查其原因，是否为虚记该项业务的问题。例如，付款凭证后未附原始凭证，应进一步检查其是否属于凭空付款进行贪污的问题。

汇总记账凭证是根据一定时期内的记账凭证，按照一定标准汇总编制，并用以登记总分类账的记账凭证。所以，汇总记账凭证与记账凭证存在着直接的对应关系。通过二者核对，可发现有无不相符或在此环节进行舞弊的问题。如在编制汇总付款凭证时进行多汇总，即汇总付款凭证上的金额大于各付款凭证的合计数从而贪污其差额。

科目汇总表也称记账凭证汇总表，它是根据记账凭证定期汇总编制、列示有关总分类账户的本期发生额并据以登记总分类账的一种汇总凭证。科目汇总表与记账凭证也存在着直接的对应关系，在编制科目汇总表时，也可能出现或多或少的会计错弊，所以也应将二者进行核对以查证有无会计错弊。

进行汇总记账凭证与记账凭证、科目汇总表与记账凭证的核对，基本上是按照编制汇总记账凭证和科目汇总表的方法，根据已审阅无误的记账凭证进行编制，然后将被审查单位编制的汇总记账凭证和科目汇总表与原汇总记账凭证或科目汇总表相对照，检查其是否一致，如不一致，一般说明被审查单位在这个环节存在会计错弊。

进行证证核对，不是盲目地核对，而是在审阅某账户或其他会计资料时发现了疑点或线索，或者为了搞清某些问题而对特定科目的会计账簿进行核对。如进行“库存商品”和“主营业务收入”明细账的核对，一般是根据查证工作方案中有关要查证产品销售是否真实、合理、正确的内容或其他查证过程中发现被审查单位有隐瞒销售收入问题的疑点后进行的。

11 什么是账证核对?

根据记账凭证或汇总记账凭证，核对总分类账、明细分类账，查明账证是否相符，应看其内容、日期、金额、科目名称、借贷方向等是否相符。

一切账户都是根据会计凭证登记的。明细分类账根据记账凭证登记，总分类账大多根据记账凭证登记，也可以根据科目汇总表或汇总记账凭证登记，彼此应当完全相符。所以会计账簿与会计凭证就发生了直接的对应关系。通过会计账簿与会计凭证二者核对，可发现并查证有无多记、少记、重记、漏记、错记等会计错弊。

进行账证核对，一般采用逆查法，即在审阅有关账户记录时，如对某笔业务产生怀疑，可将其与记账凭证及原始凭证进行核对，从而证实有无会计错弊。如在审阅现金或银行存款日记账时，发现某笔付款金额较大，摘要说明模糊甚至未填写内容，可以根据日记账中所说明的该笔业务的日期、凭证号码，找出该笔业务记账凭证和原始凭证，将二者进行核对，核查分析其有无不相符或业务内容不合法的问题。通过几次或几笔账证核对后，如发现被审查单位的会计错弊较多或性质严重，必要时，应对某时期内的所有业务的账证进行一次全面、细致的核对，以便把会计错弊彻底查清楚。

12 什么是账账核对?

账账核对是指将有关的会计账簿记录相互进行核对。主要核对总分类账期末余额与所属明细分类账期末余额之和是否相符，总分类账本期发生额、期初余额与其所属明细分类账本期发生额之和、期初余额之和是否分别相符，以及核对总分类账、明细分类账与日记账有关记录。

总账余额与所属明细账余额之和必须相符，余额方向必须一致，所有资产总账余额与所有负债和权益总账余额之和必须相符，余额方向必须相反。查账人员通过对存在必然联系的几个或几个科目之间的相互核对，就可发现有无会计错弊问题的存在。

例如，“库存商品”明细账与“主营业务收入”明细账对于库存商品销售业务存在着双方记录的对应关系，通过“库存商品”明细账与“主营业务收入”明细账核对，可发现被审查单位有无隐瞒主营业务收入的会计舞弊行为。有的企业为了压低销售收入、压低利润额以达到少纳销售环节流转税、所得税或其他税款的目的，将自产自用产品的业务不做销售处理，即本应借记“管理费用”“在建工程”科目（或其他有关科目），贷记“主营业务收入”和“应交税费——应交增值税”科目的会计业务，却做了借记“管理费用”“在建工程”科目（或其他有关科目），贷记“库存商品”科目的账目处理。还有的企业未将以物易物的销售业务做销售处理，即本应借记“低值易耗品”科目（或其他有关科目），贷记“主营业务收入”和“应交税费——应交增值税”科目，却做了借记“低值易耗品”科目，贷记“库存商品”科目的账务处理。这样，本应增加库存商品销售收入的款项，未在销售账上反映出来，直接减少了库存商品成本（减少库存商品的会计处理本应在结转销售成本时做），压低了销售利润，偷漏了应缴税款。这样的问题反映在“库存商品”明细账和“主营业务收入”明细账中，就是二者失去了对应关系。因为库存商品减少（出库）不外乎两种情况：一种是销售；另一种是非销售，如损失、盘亏等。对于库存商品的销售业务，应在“库存商品”明细账和“主营业务收入”明细账中同时登记（采用定期结转销售成本的企业应在“库存商品”明细账中登记由于销售而减少的库存商品数量）。如果发生前述会计弊端，就使得“库存商品”明细账中有数量减少的记录（有时为了掩盖问题，也将金额冲减，做非销售情况处理），而在“主营业务收入”明细账中未做记录。为了搞清该业务是销售业务，还是非销售业务，应在“库存商品”和“主营业务收入”明细账核对不相符合时，找出反映该业务的会计凭证，进行账证核对，以查证问题。

进行账账核对，需将发生对应关系会计账簿中的业务逐笔逐项进行核对。不仅要核对金额、数量、日期、业务内容是否相符，还要核查分析共同反映的经济业务是否合理、合法，是否在表面相符的情况下隐藏着营私舞弊行为。

13 什么是账表核对?

账表核对是将会计报表与有关的会计账簿记录相核对。核对总分类账、明细分类账与各会计报表的相关项目数据是否一致，查明账表是否相符。

账表核对的重点是对账、表所反映的金额进行核对，通过账表核对，可以发现或查证账表不符或虽相符却不合理、不合法的会计错弊。如在编制会计报表时，将来自会计账簿中的某个或某些数字填错，造成账表不符。这种情况如果出现在资产负债表编制过程中，则造成了资产与负债和权益总额不相等，一般编表人员就会以此为线索进行账表核对，查出错误。这种情况如果出现在利润表的编制过程中，则会导致利润额的虚增或虚减，但不会像在资产负债表中那样出现不平衡，所以在查证中一般不易发现疑点。因此，有些公司为了欺骗上级或主管部门，多报或少报利润额，往往在编制利润表时，多写或少写某个或某些数字。此类问题通过账表核对即可以查证出来，但是不易引起注意。所以，查账人员审阅、调查有关会计资料或有关情况时，应注意寻找被审查单位有无账表不符的疑点。有时账表虽然是相符的，但也存在一定问题。如某单位为了调高或调低利润，便在计算销售成本上做文章。为了提高或压低销售成本，故意虚减或虚增库存商品。为了达到调节库存商品的目的，在账上虚设待处理财产损溢，并据此填制资产负债表中的“其他流动资产”项目，账表是相符的，但该项目或账户所反映的内容是虚假的，因此在进行查证时应通过账证、证证、账表三者之间的核对发现并查证问题。

进行账表核对，必须熟悉账与表中的哪些项目或内容发生直接或间接的对应钩稽关系。例如，“库存现金”“银行存款”“其他货币资金”账户余额与资产负债表中的“货币资金”项目有直接的对应关系。又如，对于商业企业来说，库存商品应根据其采用进价金额核算制还是售价金额核算制来决定账表中相应项目有怎样的对应关系。如采用进价金额核算制，则“库存商品”账户余额与资产负债表中的“存货项目”就有着直接的对应关系；如采用售价金额核算制，则“库存商品”账户余额与资产负债表中的“存货项目”之间就有着间接的对应关系，即“库存商品”账户余额减去“商品进销差价”账户余额后的差额应为资产负债表中“存货项目”的金额。类似这种情况，在账表对应关系中还有很多。因此在进行账表核对时，应根据账表项目的不同内容，确定其存在怎样的对应关系，由此来决定核对工作应当如何进行。

14 什么是表表核对?

表表核对是指会计报表之间的核对。表表核对包括不同会计报表中具有钩稽关系项目的核对，如本期报表期初余额与上期报表期末余额核对，资产负债表中的“未分配利润”与利润分配表中的 “未分配利润”项目核对等，另外包括同一报表中有关项目的核对，如核对资产负债表中资产总额与负债、所有者权益数额之和是否一致等。表表核对的重点是核对本期报表与上期报表之间有关项目是否相符，如资产负债表的年初数是否根据上年决算批准后的期末数填列，二者数额是否相符；核对静态报表与动态报表之间有关项目是否相符，如资产负债表中流动负债的未付利润数额是否与利润分配表中可分配利润的应付利润数额相符，资产负债表中所有者权益的未分配利润数额是否与利润分配表中未分配利润数额相符；核对主表与附表的有关项目是否相符，如利润表中的主营业务收入、税金及附加等项目的数额是否与“主营业务利润”明细表中的主营业务收入、税金及附加等项目的数额相符。

通过表表核对，可检查各报表之间有无不正常关系，应该存在的钩稽对应关系是否存在，依此检查被审查单位有无会计错弊，也可据以分析评价被审查单位的经营与财务状况。例如，将利润表与利润分配表进行核对，以分析检查两表的“利润总额”项目的金额是否相符。如果不相符，应进一步进行账表核对，检查其究竟是编错表的会计错误，还是故意搞错以达到某种不良目的的会计舞弊行为。

以上介绍的是会计资料之间的相互核对的方法。当然，会计报表或账目反映的有关财产物资的存在性也是财产所有者普遍关心的问题。因此，核对账面上的记录与实物之间是否相符，是核对的一项重要内容。核对时，查账人员应将有关盘点资料同其账面记录进行核对，或是将查账时实地盘点获得的结果同其账面记录核对。通过以上核对，发现其中差异所在。往往有些差异还需要进一步审查。如需再进行审查的，查账人员应分析判断产生差异的原因及后果，然后确定需要采用的检查方法并实施更深程度的审查。

15 运用核对法应注意哪些事项?

运用核对法时，应该注意以下事项。

核对法是对各种书面资料之间是否一致以及书面资料的记录与实物之间是否一致的验证。在具体进行核对时，可以由两个人一同进行，也可由一个人单独进行。由两个人进行核对时，一般是一个人念、另一个人对，这样便于提高核对效率，但缺点在于常会因看错、念错或听错而影响核对结果。由一个人进行核对时，虽出错的可能性小一些，且便于发现问题，但效率低。因此，在核对方式上，应根据具体情况作出恰当选择。在具体运用核对法时，需要特别注意以下几点。

第一，核对前，查账人员应对用来进行核对的各种书面资料本身的可靠性予以认可，否则核对后获取的查账证据资料将是不可靠的。故通常需要结合采用其他检查方法来运用核对方法。不过，如果用来核对的资料分别来自不同的渠道，则也可直接进行核对。

第二，核对内容应全面。进行核对时虽用不到高深的知识，但粗心往往会酿成大错。故不仅要求查账人员在核对时不遗漏任一细节，更重要的是，核对的内容一定要全面，避免轻易下结论。如银行存款账目与银行对账单的核对，不能只核对余额，更重要的是核对发生额。因为只有通过核对发生额才可能发现隐藏的问题，如出借账户、贪污公款或挪用公款等。

第三，采用核对法时要正确运用核对标记。核对应运用一定的符号，即核对标记（如核对结果正确的做“√”记号，错误的做“×”记号，有疑问的做“？”记号等），以便能识别哪些内容已经核对过，或者核对了几次，或者有无疑问，等等。核对标记是对经过审核的资料所做的标志，表明这些账目已经查过，以免重复或遗漏，并可通过不同的标记来总结核对结果和表示查账人员的责任。通常应用上述三种核对标记。

第四，对核对中发现的差异、疑点和线索，应加以记载并作出分析，以便进一步澄清有关问题。

第五，核对方式可根据具体情况确定。但最好由一个人进行核对，以防产生差错。

16 什么是顺查法？有什么优缺点？

顺查法又称正查法，是指按会计核算程序，从检查会计凭证开始，按顺序核对记账凭证、账簿、报表的一种查账方法。顺查法是从问题的起因查起，以资料相互核对为核心，审查全面而仔细，特别容易发现会计处理中的错漏与疏忽之处，同时也能取得全面而准确的查账效果。

顺查法的特点如下。

（1）从审查原始凭证出发，着重审查和分析经济业务是否真实、正确、合法、合规，核对证证是否相符。

（2）审查记账凭证，查明会计科目处理、数额计算是否正确、合规，核对证证是否相符。

（3）审查会计账簿，查明记账、过账是否正确，核对账证、账账是否相符。

（4）审查和分析会计报表，查明报表各项目是否正确、完整，核对账表、表表是否相符。

顺查法的优点在于查账之初，从检验原始凭证入手，然后逐项核对，方法简单，易于查对，如能耐心审核，不厌其烦，账目的细微错弊均能被揭露无遗，故其查账结果比较精确。

顺查法的缺点也是显而易见的：费时费力；掌握不住主攻方向，以致重大问题可能被疏忽；不便于了解个别会计事项与其项目整体之间的联系，因而不容易抓住重点。

17 什么是逆查法？有什么优缺点？

逆查法又称“倒查法”“溯源法”，与顺查法的顺序正好相反，即从审查分析会计报表或发现线索的那部分总账科目入手，逆向地审查总账、明细账、记账凭证和原始凭证。这种方法的优点是能迅速抓住重点，将问题查深、查透，节省时间和人力，是查账工作经常采用的方法。

逆查法主要采用了审阅和分析的技术方法，并根据重点和疑点，逐个进行追踪稽查，直到水落石出。即先通过会计报表分析，揭示财务经济活动中的薄弱环节和反常现象，发现线索，掌握重点，再据以溯源查对各总账账户及其明细账户，然后核对记账凭证，最后审查原始凭证，以了解其发生原因和经过。这种方法是稽查领域中演绎法的运用，即按形成最终结果，从终点逐步退到起点来取证。

逆查法的特点如下。

（1）逆查法是从审查和分析被审查单位会计报表出发，从中发现和找出异常和有错弊的项目，据以确定下一步审查的线索和重点。

（2）根据所确定的可疑账项和重要项目，追溯审查会计账簿，进行账表、账账核对。

（3）进一步追查记账凭证和原始凭证，进行账证、证证核对，以便查明主要差距的真相和原因及结果。

逆查法的基本程序如下。

第一步，审阅和分析会计报表。审阅与分析会计报表是逆查法的起点，也是最关键的步骤。通过对它的审查，可借以了解被审查单位在一定时期内对国家有关税法的遵守情况。会计报表审阅与分析正确与否，直接关系到逆查工作能否顺利进行和稽查工作质量的好坏。

①查明会计报表的各类资料是否齐全。如是否编报了资产负债表及其附表（资产减值准备明细表、股东权益增减变动表、应交增值税明细表）、利润表、主营业务收支明细表、现金流量表、所有者权益变动表等。

②审阅会计报表的编制技术是否符合要求。如是否遵守了规定的格式，有无错行的情况，应填的项目是否填齐，没有的项目是否标记“×”符号，已填项目是否与该单位的经济活动情况相符等。

③审阅会计报表编制的依据是否符合规定。如表中的期初数是否与上期报表的期末数相符，表中的计划数是否与核定的计划数相符或是否与最后核定的计划数相符，本期数是否与有关账面记录相符，某些指标是否与统计资料或其他原始资料上的指标

符合等。如不符合，则应进一步查明。

④审阅会计报表间的钩稽关系是否正确，表内项目间的平衡衔接关系是否正确。如果不符，则应进一步查明原因。

⑤审阅会计报表中有关项目的增减变动是否正常、合理。如盈亏是否真实、债权债务是否真实、财物实存是否真实、基金的形成是否真实等，以防利用存货、债权债务的任意增减，来调节收入、成本、利润水平。一般说来，异常的巨额增减变动都是非正常现象，均有差错或舞弊存在的可能。

⑥审阅会计报表中有关指标所反映的经济活动是否合理和有效。无论是营利性的企业单位，还是非营利性的行政事业单位，使用各项资金和资源都应讲求利用效率和效果，故审查资金和资源的利用情况是稽查的重要目的之一。在逆查时，可以通过对有关经济指标的对比分析，找出有潜在能力的领域，从而为效益稽查提供主攻方向。

第二步，根据会计报表核对总账、明细账及日记账。账表不符肯定存在差错或舞弊行为。不过账表相符，也不一定就不存在问题。例如，资金平衡表中的成品资金占用，若与"库存商品"总账余额相等，也不能排除不存在差错或舞弊行为，如虚开销售发票、多转销售成本等都不影响账表相符。

第三步，核对总账及其所属的明细账，若有必要，还应将总账与汇总账凭证核对。利用总账藏留，是常见的舞弊方法，故加计总账所属的明细账余额，验算二者的一致性，是不可缺少的步骤。

第四步，审阅分析有关明细账、日记账，并在此基础上抽查核对记账凭证及其所附的原始凭证。逆查法实质上是一种抓重点的方法，但若只限于对报表的审阅分析，则难以把握住全部重要问题，因为报表指标具有高度的综合性和概括性。为了弥补审阅分析报表的不足，还可以采用审阅分析明细账的办法，借以发现问题，并通过抽查凭证或其他资料来澄清问题。

第五步，审阅分析原始凭证。任何业务的审查最终离不开对原始凭证的稽查，要使用逆查法查明问题发生的过程与原因，势必要审阅和分析原始凭证借以查明问题的来龙去脉。

第六步，进行账实核对。与顺查法一样，要查明财产物资及账项的真实性，还必须将账上资料与实物及外单位相关记录进行核对；账实核对之前同样有必要对实物进行盘点抽查。

逆查法的优点：逆查法比顺查法不仅取证的范围小，而且有一定的审查重点，能够节约稽查的时间和精力，有利于提高稽查的工作效率，它是现代稽查实务中，较为普遍采用的一种方法。

逆查法的缺点：由于逆查法不对被审查的资料进行全面而系统的审查，仅仅根据查账人员的判断而进行重点审查，因而不能进行全面取证，也不能全面地揭露会计上的各种错弊。如果查账人员能力不强、经验不足，很难保证审查的质量，其失误的可能性比使用顺查法时大得多。

18 什么是分析法?

分析法是指查账人员通过分析被审查单位重要的财务数据比率或趋势，包括调查这些比率或趋势的异常变动及其与预期数额和相关信息的差异而获取初步审查线索的方法。

分析法具体应用在查账领域，又可以分为两大类：定性分析法和定量分析法。

定性分析法亦称“非数量分析法”，是主要依靠查账人员丰富的实践经验以及主观的判断和分析能力，推断出事物的性质和发展趋势的分析方法，属于预测分析的一种基本方法。这类方法主要适用于审查一些没有或不具备完整的历史资料和数据的事项。

定量分析法是对企业经济事项的数量特征、数量关系与数量变化进行分析的方法。在企业查账中，定量分析法是以企业会计资料为主要数据来源，按照某种数理方式进行加工整理，得出审查评价结论的一种方法。

定性分析法主要用文字语言进行相关描述，而定量分析法主要用数学语言进行描述。定性分析与定量分析是统一的，相互补充的；定性分析是定量分析的基本前提，没有定性的定量是一种盲目的、毫无价值的定量；定量分析使定性更加科学、准确，它可以促使定性分析得出广泛而深入的结论。

在查账工作中，常用的分析方法有比较分析法、比率分析法、账户分析法、趋势分析法、因素分析法等。

19 什么是比较分析法?

比较分析法又称对比法，是指查账人员利用审查事项存在两个或两个以上有内在联系的相关指标，相互比较分析的一种方法。通过比较分析，审查人员可以了解、分析审查事项的各种情况，发现问题，找出差异，研究差异产生的原因及其影响程度，得出初步的评价结论，提出解决问题的建议。

比较的形式一般有期末余额与期初余额分析比较，期末余额与计划指标分析比较，本期期末余额与上期或历史同期的指标分析比较，审查事项内部的结构对比分析，类比分析比较等。

在查账过程中，根据分析的特殊需要，比较分析法又有以下两种形式。

（1）绝对数比较。它是利用绝对数进行对比，从而寻找差异的一种方法。

（2）相对数比较。它是由两个有联系的指标对比计算的，用以反映客观现象之间数量联系程度的综合指标，其数值表现为相对数。

20 什么是比率分析法?

比率分析法是指查账人员在查账过程中，利用审查事项中存在关联的一个指标与另一个指标的比例关系，进行比率数值分析的一种方法。比率分析法可以把某些不可能直接对比分析的指标经过计算得出其比率后，利用其比率数值进行分析，以得出评价的结果。

在查账工作中，常用的比率分析法有：相关比率分析法、结构比率分析法和动态比率分析法。

相关比率分析法是指利用两个性质不同但又相关的指标加以对比分析的一种技术方法。常用的方法有两种：一是以某个项目和其他项目加以对比，求出比率，进行深入的分析、评价，如对销售利润率等的分析；二是依据一些经济指标之间客观存在的相互依存、相互联系的关系，将两个性质不同但又相关的相对数加以比较，进而比较分析，如从对产值与职工情况的分析，来观察劳动生产率变化对产值的影响程度。

结构比率分析法是指通过计算各指标占总体指标的比重来进行评价分析的一种方法。其分析步骤是确定某一经济指标各个组成部分占总体的比重，观察其构成内容及其变化，分析其特点，评价其趋势。如分析企业成本费用情况，要确定直接费用、间接费用和期间费用的构成情况，以及其各个比例情况，分析其标准情况，评价其趋势变化，找出存在问题，寻求改进途径。

动态比率分析法是将不同时期同类指标的数值进行对比分析的一种方法。其一般分为环比比率法和定基比率法两种类型。前者是将分析期各个时期的数量都和上一期数量相比，来计算其增减比率；后者是以某一时期的数量为基数，将分析期各个时期的数量与基期数量相比，来计算其增减比率。

21 什么是账户分析法？

账户分析法，是指查账人员以企业会计准则以及行业会计制度等为依据，按照资产、负债、所有者权益、收入、费用和利润类账户的对应关系及其发生额和余额的情况及规律性，查明每笔已经发生的经济事项的过程和结果，分析、发现会计错弊的一种技术方法。

账户分析法审查重点在会计总账和明细账目，以及各种明细账和备查簿上。它首先不审查会计凭证和会计报表，而是直接从会计账务处理系统着手进行检查。通过“实”账户（资产、负债、所有者权益、利润类账户）和“虚”账户（收入、成本费用类账户）的审查，来寻找差错。账户分析既可以采用结构分析，又可以采用比率分析。

在查账过程中，应用账户分析法时，应注意按照以下几个步骤进行。

（1）调查被审查单位账务处理系统以及账户设置情况。

（2）测试其会计账户设置是否合法、合理，是否执行了企业会计准则，特别是总分类账户设置是否规范。

（3）检查、分析账户结构、会计账簿记录是否合理、真实，是否全面、系统地反映了经济业务。

（4）进行抽查，并根据样本计算结果推断总体结果。

（5）利用账账、账表、账证核对等技术方法，进一步查明情况和问题。

（6）重点分析会计账簿中的异常现象，包括异常项目、异常内容、异常摘要、异常对应科目、异常发生额、异常余额等。

（7）得出检查结果，并予以分析、评价。

22 什么是趋势分析法？

趋势分析法是查账人员利用待检查资料的数据呈时间顺序排列的特征，进行趋势分析、推测、评估和寻找问题的一种方法。趋势分析法属于定量分析。其步骤是搜集被审计数据，建立定量数学模型，进行模拟分析、趋势分析及结果评价等。趋势分析要以其各类特征分析为核心。

趋势分析可以分为以下四大类。

（1）长期趋势分析。长期趋势呈持续向上（下）发展的趋势。

（2）季节波动趋势分析。季节波动在一个会计年度内，其发展趋势呈波浪形。

（3）循环波动趋势分析。循环波动呈迂回变动的趋势，有待定的规律。

（4）无定波动趋势分析。无定波动是无规律变动的趋势，最难推测。

23 什么是因素分析法?

因素分析法是指查账人员利用审查事项各个经济指标存在的相关关系，多因素地分析、测算其各个指标变动对审查事项影响程度的一种方法。因素分析法又叫连环替代法，是指数法原理在经济分析中的应用和发展。它根据指数法原理，在分析多种因素影响的事物变动时，为了观察某一因素变动的影响而将其他因素固定下来，如此逐项分析、逐项替代，故称因素分析法或连环替代法。

其基本方法是将分析指标分解为各个可以计量的因素，并根据各个因素之间的依存关系，顺次用各因素的比较值（通常即实际值）替代基准值（通常为标准值或计划值），据以测定各因素对分析指标的影响。

例如，某一个财务指标及有关因素的关系由以下关系式构成。

实际指标：$P_o=A_o \times B_o \times C_o$。

标准指标：$P_s=A_s \times B_s \times C_s$。

实际指标与标准指标的总差异：P_o-P_s。

指标 P 的总差异同时受到 A、B、C 三个因素的影响，它们各自的影响程度可分别由以下公式计算求得。

A 因素变动的影响：$(A_o-A_s) \times B_s \times C_s$。

B 因素变动的影响：$A_o \times (B_o-B_s) \times C_s$。

C 因素变动的影响：$A_o \times B_o \times (C_o-C_s)$。

最后，可以将以上三大因素各自的影响数相加就应该等于总差异 P_o-P_s。

24 什么是鉴定法?

鉴定法是指对书面资料、实物和经济活动等的鉴别超出一般查账人员的能力而邀请有关专门人员运用专门技术进行确定和识别的方法。如对于书面资料真伪的鉴别，实物性能、质量、价值的鉴别，以及具体某一经济活动合理性、有效性的鉴定等。

25 如何收集电子证据?

电子证据是审查证据的一种特别形式，这里对其收集的方法予以专门的阐述。

（1）简单情况下电子证据取证的基本程序。

当不涉及专门的计算机检查与维护技术时，查账人员可以采取简单的取证方式。

首先，由提供证据的操作人员打开计算机找到所需收集的证据。

然后，由查账人员确认该文件及该文件的形成时间，采用打印或复制的方式予以提取固定。如现场打印文件时，查账人员必须监督打印过程，防止计算机操作人员在打印过程中修改文件。如采用复制方式取证，复制人员应当自备存储卡，复制后，将存储卡插入自备计算机中进行检查。在查找证据过程中，如遇技术问题，应及时邀请专家予以协助。

（2）复杂情况下电子证据取证的基本程序。

对于涉及计算机技术问题的复杂情况取证，需要专业技术人员协助进行电子证据的收集和固定。一般程序如下。

先由计算机专家检查硬件设备，切断可能存在的其他输入、输出设备，保证计算机储存的信息在取证过程中不被修改或损毁；与此同时，查账人员应当进行现场访问，询问计算机是否设置密码及密码的组成，使用的软件及软件的来源，谁负责软件的维护、调整，对软件做过哪些修改，计算机的日常管理情况，计算机是否出现过故障（如病毒感染等）及如何解决的，审查所涉及的资料存放于存储设备的什么位置，有无备份等。

检查时，应当注意对隐蔽文件的查找。有备份的，应由计算机专家同时检查备份文件，查明备份文件与原文件是否一致。然后按照前述方法打印和复制计算机文件，固定电子证据。

（3）取证笔录。

无论采取哪种取证方式，在固定或保存证据后，应当现场制作取证笔录。取证笔录的内容主要如下。

①审查目的。

②参加检查的人员姓名及职务。

③检查的简要过程（检查时间、检查地点及检查顺序等）。

④检查中出现的问题及解决方法。

⑤取证方式及取证份数，注明数据信息在计算机中的位置（如存放于哪个文件夹中等）。

⑥参与检查的人员签名。

26 什么是网络公证?

在某些查账过程中，考虑到被审查单位的计算机操作人员可能不提供密码，计算机专家应当携带解密工具；对可能需要进行数据测试的，专家应当携带相应的测试软件；必要时，可以对整个审查取证及软件测试过程进行录像或网络公证。

网络公证（Cyber Notary Authority，CNA），指由特定的网络公证机构，利用计算机和互联网技术，对互联网上的电子身份、电子交易行为、数据文件等提供增强的认证和证明，以及证据保全、法律监督等公证行为的一个系统。网络公证保全电子证据必须借助先进的网络技术和特定的软件程序进行，它具有快捷与远程保全的优势。当事人双方只需在自己的计算机中下达指令，数据电文就会被加密传送到网络公证（认证）机构。网络公证员对双方的数据核实无误后，加上自己的数字公证，并存档备查，公证就完成了。网络公证需要法律和技术两个方面的支撑，所以我国法律规定，从事网络公证（电子认证）服务，应当向中华人民共和国国务院信息产业主管部门提出申请，并提交相关材料，经中华人民共和国国务院信息产业主管部门依法审查和决定批准。

27 收集和保存电子证据时应注意哪些问题?

在收集和保存电子证据时，应注意把握以下两点。

（1）及时封存设备。由于电子证据容易损毁，查账人员应当及时封存有电子文件的硬盘、软盘或光盘。为了防止意外，可以将整个存储器拆卸下来，然后聘请专门人员对数据进行还原处理。另外，还可借助一种专门设备，在被审查单位负责人、主管人员的监督下对目标存储器进行镜像复制，从而解决对大型数据进行证据封存的数据安全问题。

（2）证据收集应当根据电子证据种类的不同，采取不同的方式进行收集。例如，收集电子邮件，除对当事人的计算机留存和下载的电子邮件进行收集外，还应该向电子邮件服务器提供商收集证据，电子邮件服务器一般都如实记录了电子邮件的内容以及收发和提取日期时间[1]。

---

1 我国《互联网信息服务管理办法》规定：“从事新闻、出版以及电子公告等服务项目的互联网信息服务提供者，应当记录提供的信息内容及其发布时间、互联网地址或者域名；互联网接入服务提供者应当记录上网用户的上网时间、用户账号、互联网地址或者域名、主叫电话号码等信息。”记录备份的保存时间为60日，并在国家有关机关依法查询时，予以提供，违者将受行政处罚。这为查账人员收集案件线索和证据提供了保障。

28 在收集电子证据时，对损坏的电子文件如何补救？

电子文件容易遭到意外的或非法的篡改、删除，这不仅使它的证明力大大降低，更为严重的是可能因丢失证据而引起重大审计失败（如放纵犯罪），因此必须从技术角度积极探讨补救的措施。一般来说，在计算机中篡改文件内容会在计算机中自动生成记录，人们可以从“元数据”中发现痕迹，或是由计算机专家利用专门的手段查找相关记录。如果文件被无意或恶意删除，一般来说，如果只是改变文件的首字节，后果仅仅是从目录索引中找不到该文件，而并未破坏文件本身，因此可以使用技术方法恢复。但如果重新输入新的文件，先前 “删除”的文件在硬盘上的位置被新文件占据，那么，原文件就可能真的丢失或变成无法识别的不连续文件，恢复工作难以完成。根据这些原理，计算机专家们开发设计了一些专用工具和软件，用来对被篡改、删除的电子文件进行恢复。

对于损坏的电子文件的补救，查账人员可以寻求专家的帮助。

29 如何捕捉账目疑点？

账目疑点是指审查过程中发现的违背常规、常理的各种现象。账目疑点具有以下四个特点。

一是性质的异常性。

二是手段的隐蔽性。

三是表现形式的多样性。

四是结果的待确认性。

账目疑点的发现、追查或排除，是查账工作的重要内容。正确掌握运用账目疑点的查证技巧，有利于不断提高查账工作质量和效率。捕捉账目疑点的方法有很多，主要如下。

（1）奇异数字识别法。

（2）奇异时间识别法。

（3）奇异地点识别法。

（4）奇异单位识别法。

（5）奇异账户对应关系识别法。

30 什么是“奇异的数字”？

会计资料是数字的海洋，数字是构成会计资料的基本元素，应该说什么样的数字都可能出现。这里所说的“奇异的数字”是指在特定情形下出现的较为明显的奇怪的异常的数字。所谓“异常”，是针对该数据对应其业务内容和所反映的信息内容而言的。一般来说，没有一个数字绝对是异常数字，也没有一个数字天然不是异常数字，异常数字是相对而言的。认识异常数字必须结合特定时期的特定的经济业务内容，必须由查账人员进行准确的专业判断。

我们可以从以下四个方面识别“奇异的数字”。

一是从数字大小发现问题。会计账簿中的某些数字，如果该大的不大，该小的不小，就是“奇异的数字”。特别是对一些经济业务有一定的数量金额界限的，查账人员如发现数字无故突破这一界限便可视为异常，应进行深入的审查，用这一界限去把握其活动的合法合规的标准。例如，某企业销售费用平均每月为 1 500 万元左右，而 9 月份在销售量未有增加的情况下，销售费用却上涨到 2 200 万元，则这 2 200 万元的销售费用就是值得推敲的“奇异的数字”。

表 2-3 为电力行业某大型上市公司的年报数据摘要。从表中可见，2×05 年母公司实现营业收入为全部营业收入的 31.5%，但母公司的管理费用却占全部管理费用的 92.4%，换句话说，其他各子公司实现营业收入为公司总收入的 68.5%，但管理费用却只有 85.63 万元，只占 7.6%，不可思议！其实 2×04 年也存在这种情况。

表 2-3　某大型上市公司年报数据摘要

单位：万元

项目	2×05 年度		2×04 年度	
	合并数	母公司数	合并数	母公司数
主营业务收入	247 886.99	78 043.11	121 093.57	64 104.84
管理费用	1 129.18	1 043.55	1 206.08	1 110.54
财务费用	21 266.26	3 120.89	7 815.22	1 607.043

二是从数字的正负方向发现问题。在会计账簿体系中，会计科目的余额本来就是有借贷方向的。在经济业务中有的业务本身是一种增加（正向）或减少（负向），如行政事业单位购买固定资产应支付贷款，即单位的相关专项购置费用增加，而单位的银

行存款应减少；同时，单位的固定资产应增加，而固定基金也应增加。如果这项经济业务活动的结果与之相悖，即说明存在问题，也就是我们所说的出现异常。

再如，审查材料明细账时，如果发现材料数量栏为正数，而金额栏为负数（红字），有可能与被审查单位采用计划成本核算发出材料有关，但如果发现材料数量栏也为负数（红字），则就无法解释了，这就是“奇异的数字”。

表 2-4 是某上市公司 2×06 年的年报数据摘要。从表 2-4 中可以看出，该公司 2×06 年主营业务收入比上年下降了约 45%，而营业利润则神奇地由亏损 2 105 万元到盈利 1 864 万元，更奇怪的是母公司管理费用竟然为负数（-2,573 万元）！真是闻所未闻。

表 2-4 某股份有限公司 2×06 年度年报数据摘要

单位：万元

项目	本期		上年同期	
	合并	母公司	合并	母公司
一、主营业务收入	22,428	869	40,538	5,315
减：主营业务成本	22,483	1,225	39,243	5,144
主营业务税金及附加	10	2	54	7
二、主营业务利润	-65	-358	1,241	164
加：其他业务利润	799	10	654	13
减：营业费用	132	45	592	143
管理费用	-1,316	-2,573	3,433	1,615
财务费用	55	-21	-25	-7
三、营业利润	1,864	2,201	-2,105	-1,574

三是从数字的精确程度发现问题。日常会计核算中对数字的计算都有相应的精确度要求，会计人员应按照会计核算要求处理有关会计业务，如发现会计账簿记录中有过分精确或过分不精确的业务，都应列为异常而加以分析细查。例如，发现某企业全年度税后利润刚好是 100 万元，这应是一个“奇异的数字”。理由是税后利润是销售收入经扣除销售成本、税金和各种费用后的余额，刚好是一个整数，确实值得怀疑。再例如，购买一台计算机，发票金额为 8 569.43 元，这也是一个“奇异的数字”，理

由不言自明。

四是从数字的某些讲究或习惯发现问题。一部分人在购买商品或享受服务时对数字有些讲究，商家在对商品或服务进行定价的时候通常都会注意到这一点。如宾馆住宿，单间标价可以是 248 元，也可以是 258 元，但通常不会是 250 元（骂人的话）或 214（谐音“你要死”）。如果发现某发票住宿费为 214 元，也可以认为其是一个“奇异的数字”。

当然，需要说明的是，“奇异的数字”不一定就是有问题的数字，只不过需要查账人员高度重视、认真查证。

31 什么是“奇异的时间”？

所有经济活动的发生和发展总是在特定的时间范围内进行的，财务人员对业务进行会计处理也应准确反映其发生的时间或时期。时间是对经济业务进行反映和监督的重要因素，而这一要素不像金额数值那样为人们所重视，常常被忽略，但它往往也暴露出许多疑点和线索。

所谓“奇异的时间”是指反映在会计资料中的不正常或不符合实际情况的时间。

认识和判断“奇异的时间”，可以从以下三方面入手。

（1）从时点的错位发现问题。

经济活动总有其特定的时间，具体来说，它总是发生于某一时点，如果有关会计账簿或凭证记录上无时点反映，或故意使之模糊，或虽有所反映但反映的时间与其相对应的经济活动有明显矛盾，都应列为异常问题，作为进一步审查的重点。如用现金购买材料，记录所反映的时间与实物验收时点、付款时点相距甚远，就是一例异常问题，应引起警觉。

（2）从时间区间的延长或缩短发现问题。

许多经济活动的进行总有一定的时间区间，超出正常的时间区间，不能完成正常时间区间所应完成的经济业务，说明其中存在非正常因素，所以应列为异常问题加以分析。例如，企业的债权超过结算期和信用期不能收回，就可能出现坏账；企业在途材料和在途商品根据合同规定及其所采用的运输方式，长期不能到货，就是出现了异常，应进一步查明不能到货的具体原因。

（3）从时机的异常发现问题。

所谓时机的异常性，包括经济业务发生的季节性和时机的敏感性。例如，2002 年

7月4日，中国证券监督管理委员会处罚某医药公司及其相关人员。主要问题有四项，其中之一是某医药公司未就委托某药业公司进行投资并取得投资收益的关联交易事项进行披露。某医药公司于2000年12月29日将委托投资款人民币8 000万元划入某药业公司，于2000年12月31日收回委托投资本金8 000万元及投资收益1 483.86万元。仅仅用了两天时间，而且是在12月31日收回的，时间太短，并且金额巨大，两天就获得收益1 483.86万元！这不可能不让人产生怀疑。

32 什么是“奇异的地点”？

经济活动总是在一定空间和地点进行的，这一空间和地点反映了被审查单位经济活动的特点。如企业采购材料一般有相对固定的供货商，也就是说有相对稳定的采购地点，企业的产品一般也应有相对稳定的市场，也就是说有相对固定的销售地域。如果这些地点发生变化，应反映企业生产经营管理的变化和调整。如果这种变化不能说明其正常理由，甚至业务发生地点与其业务内容存在违反逻辑的现象，这就是“奇异的地点”，应作为进一步的审查线索。

对“奇异的地点”可以从以下两个方面进行认识和查找。

（1）根据有关距离的远近。经济活动发生后，可根据所涉及的有关单位或地点、经济业务的具体内容确定其距离的远近。如材料采购业务，有的材料只能到外埠采购，而有的则不能舍近求远，否则就表现为采购地点上的异常现象。

（2）根据物资流向的合理与否。经济业务发生的地点与经济业务的具体内容有着密切联系。物资运动的合理流向决定了经济活动所涉及的地点具有一定的规律性。如果经济活动所涉及的地点与经济业务内容无关，甚至相矛盾，即违背了物资运动的合理流向，应将其视为“奇异的地点”。如天津水产公司若向北京水产公司批发购进大量的海鲜，便表现为购销双方在地点上异常。因为北京不产海鲜，天津产海鲜。若北京水产公司向天津水产公司批发购进大量海鲜，则属正常现象，符合物资运动的合理流向。

33 什么是“奇异的往来单位”？

单位之间的经济联系是广泛的，其关系是错综复杂的。但从一个单位的经济业务内容分析，其关系又是相对固定或明确的。如支付水费，其收款单位不是自来水公司而是其他单位就值得怀疑。

对“奇异的往来单位”可以从以下三个方面进行认识和查找。

（1）从购销单位的业务范围来判定是否为“奇异的往来单位”。因为任何单位都有其正常业务，如果超出其范围，购销单位开具的凭证及所反映的经济业务与其本身的经营业务不符，如经营食品的企业发生了买卖化工材料的业务，就可视为“奇异的往来单位”，应作为疑点作进一步查实。

（2）从购销单位与结算单位的矛盾发现异常。在正常的经济交往中，一般购货单位必为付款单位或负债单位，如果两者发生分离，出现了非买卖关系的“第三者”，不供货却收款或不收货却付款，则可视为异常现象，应查明事实真相。

（3）从往来结算的期限长短发现“奇异的往来单位”。一般正常的往来单位，其经济业务发生都有一定的频率，其业务往来金额也有一定的幅度。如果发现有的往来单位名称陌生，长期不发生业务往来，挂账数额又较大，就应视为“奇异的往来单位”，需进一步查明是否虚列账户，是否存在呆账。

34 什么是“奇异的账户对应关系”？

账户的对应关系是通过记账凭证上所载明的会计分录加以体现的，反映资产、负债和权益的对应增减变化。所谓“奇异的账户对应关系”，是指不正常地反映经济业务全貌，破坏了账户正常的对应关系，因而未真实、准确地反映经济活动的资金变化。

发现“奇异的账户对应关系”一般应从财产物资和资金的来源及去向入手，特别注意要将两者结合起来进行检查。查账人员可以从以下三个方面进行认识和查找。

（1）审阅记账凭证。根据所列的会计科目及所反映的具体经济业务内容，对照企业会计准则或会计制度分析记账凭证是否构成奇异的账户对应关系。如某工业企业对本企业行政管理部门耗用的自产的产品业务，编制如下记账凭证：借记“管理费用”科目，贷记“产成品”科目。此处的两账户便构成了“奇异的账户对应关系”。因为耗用自产的产品属于销售业务，应按所耗用产品的销售价格记入“主营业务收入”科目，即借记“管理费用”科目，贷记“主营业务收入”科目；同时，按耗用产品的生产成本价格结转销售成本，即借记“主营业务成本”科目，贷记“产成品”科目。错误的账务处理漏列了此项销售收入，进而偷漏了有关税款及其他款项。再如，原材料增加，对应科目的变化一般为银行存款的减少或负债的增加，而原材料的减少，其对应科目的变化一般为成本费用的增加。如果发现贷记“原材料”科目，借记“银行存款”科目，则反映企业出售原材料直接计入银行存款，却未记入“其他业务收入”科目，应作为“奇异的账户对应关系”，就需要查账人员进一步查明原因。

（2）审阅应收应付款的明细账户。将发生时间较长、金额较大的经济业务的会计凭证调出，根据具体的经济业务内容分析其是否构成“奇异的账户对应关系”。如在审阅某商业企业“应收账款”明细账户时，发现12月末在某不经常发生往来业务的客户账上借记了530万元，调出会计凭证，了解到会计分录是借记“应收账款”科目，贷记“主营业务收入”科目，而记账凭证却未附有任何原始凭证。据此，可以认为此项财务处理是虚增商品销售收入的舞弊行为，此处的“应收账款”与“主营业务收入”两科目便构成了“奇异的账户对应关系”。

（3）审阅能够反映经济业务来龙去脉的会计账簿记录。根据会计账簿所反映的具体经济业务分析其是否存在“奇异的账户对应关系”。采用日记总账核算形式下的总账记录以及设有“对方科目”栏次的会计账簿记录能够反映出经济业务发生后所运用的会计科目。根据账户摘要所说明的经济业务内容，分析所运用的会计科目是否构成“奇异的账户对应关系”。如审阅日记总账时发现一笔与某企业以物易物的业务的账务处理时，借记“低值易耗品”科目，贷记“产成品”科目。可以断定，此处两科目构成了“奇异的账户对应关系”。因为以其产成品换回对方的某种物品作为低值易耗品既应看作购进业务，又应看作销售业务，最根本的是应通过“主营业务收入”与“主营业务成本”账户进行核算，未做如此处理，便漏列了此项销售收入，进而偷漏了有关税款及其他款项的缴纳或分配。

35 查证会计错弊有何策略?

捕捉到会计错弊的账目疑点后，就需要对其进行查证。查证会计错弊是有策略的，主要如下。

（1）跟踪追击，顺藤摸瓜。经济活动尽管错综复杂，但也是有变化规律可循的。作为核算和监督经济活动的会计管理形式，是建立在客观经济规律基础上的。一项经济业务发生后，客观上使两个或两个以上的账户形成特定的、科学的对应关系；同时，也使会计凭证、会计账簿、会计报表等会计资料以及业务、统计等经济活动资料形成一个有机的信息系统。因此，发现了或捕捉到会计错弊的疑点或线索后，就可以根据会计资料及其他经济活动资料的内在规律或经济活动的内在变化规律，依照科学、合理的操作程序进行追踪查证会计错弊的具体形态及形成或制造过程。如查账人员在审阅某商业企业“利润表”时，通过比较发现，12 月比前 11 个月在商品销售收入上无大的变化，销售费用水平的上升幅度却很大，比前 11 个月的平均数增加了 46.38%。这就是账目疑点。为了查明上述疑点，首先，审阅检查“销售费用”总账和明细账记录，看总账与明细账合计数是否相符，并将其数据与会计报表中的相对应项目的金额进行核对；其次，根据销售费用发生额超出正常水准的明细账记录的费用支出内容，判断其列支是否合法、合理。如果无法确定问题，则应调阅该支出业务的会计凭证，在审阅凭证、账证核对的基础上再确定问题。这时如果怀疑有关原始凭证是虚假的，则应调查询问出具或编制该原始凭证的单位或个人，以确定问题的具体形态及性质。

（2）分析推理，查清问题。会计作为经济核算与监督的一种形式，各种会计资料构成了一个科学的信息系统；同时，会计资料与各种业务和统计等资料构成更大的信息系统。正因为这样，查账人员才有可能在此基础上运用追踪法查证会计错弊。从另一角度讲，查账人员可在此基础上运用逻辑推理法查证会计错弊。如查账人员在检查某企业一定时期内会计资料时，未发现其有租入固定资产业务，但却发现有支付租入固定资产租金费用的记录。根据逻辑关系，支付租金应建立在有租入业务的基础上，否则便违反了逻辑。又如，查账人员通过调查情况，审阅会计资料，了解到某业务人员从北京到上海出差，回来报销的凭证却有去西安的车票、在西安的住宿凭证等，可是会计资料中并没有该业务人员相关的到西安住宿的说明性文字。这在地点与业务内容上违反了逻辑关系，从而最后查证了该业务员虚报多报差旅费的问题。

（3）调查询问，取证落实。发现会计错弊的疑点后，在适当的时候，应对当事人进行调查询问以取得会计错弊的证据。调查询问作为一种查证会计错弊的方法，包括观察法和询问法。观察法要求查账人员亲临现场，对会计资料反映的经济活动的全过程或某一环节，以及会计资料的制作或传递过程进行察看，以搜集假账的证据。询问法要求查账人员以调查询问的方式了解有关情况的真相。询问的形式可以是面询，也可以是函询。调查询问是查证会计错弊必不可少的方法。如查账人员在审阅某企业会计资料时，发现其期末集中结转销售成本却没有销售成本计算过程的原始凭证，应属于疑点。为了查明被审查单位有无多计或少计销售成本以及人为调节利润的问题，应询问被审查单位转账凭证的编制人员及会计主管人员，了解其所采用的销售成本的计算方法，然后通过复核计算、对照分析来确定问题。再如，在审阅核对某企业其他应付款账证时，发现一笔记录不详的业务，这时可以面询或函询收款单位，了解其与被审查单位发生该笔业务的来龙去脉，以查证被审查单位有无虚设应付款、截留收入、隐瞒利润、偷漏税款的舞弊行为。又如，查账人员了解到被审查单位存在会计凭证传递程序不合理的可能时，应到会计、业务、保管等会计凭证的传递现场进行观察，掌握第一手资料，证实问题存在与否，如果存在，了解其存在的具体环节以及不合理的具体表现。

（4）盘点实物，核对账实相符。有些会计错弊发生后，需要结合盘点有关实物，核对账实，才能彻底查证。如某企业以让销货单位开假发票的形式将购入小汽车的成本计入了原材料成本。对此弊端，发现其疑点或线索后，若被审查单位尚未通过假领料单结转材料成本时，可通过对材料的实物盘点，并将实际结存数与账面余数相核对，一般可出现材料盘亏，盘亏金额约等于购车价款。另外，被审查单位若未将小汽车记入固定资产相关账户，可发现盘盈小汽车一辆。材料盘亏，汽车盘盈，将二者联系起来进行思考便不难查明问题的真相。再如，某单位出纳员经常利用职务之便挪用公款，查账人员发现疑点或线索后，可对其所经管的库存现金进行突击盘点，确定其实有金额，然后与“现金日记账”账面应存金额相核对，从而确定当时有无挪用公款问题及具体金额。又如，在未设收款台，由售货员亲收货款的零售商业企业中，对于售货员收款差错或贪污货款的问题，必须也只有通过盘点商品并进行账实核对，才能确定其具体金额。当然，要查明问题的性质以及责任人或当事人，还需运用其他方法。

（5）谨慎鉴定，去伪求真。在查账过程中，有时需要对反映出问题疑点的会计资料或其他有关实物进行技术鉴别和测定，以证实问题存在与否。例如，在审阅会计资料时，若发现某数字有涂改的痕迹、某签字有被他人模仿的可能，这时可运用专门技术对其进行鉴别，从而证明问题存在与否。又如，为了证实某企业账面所列在建工程成本是否真实，查账人员或由其邀请有关专门技术人员运用专门技术对在建工程项目的实际工程造价进行技术测定，然后将其测定结果与账面发生额进行核对，从而确定问题。

尽管会计错弊疑点的捕捉需要技巧，查证工作更需要技术与策略，但是，查证若是盲目的、无疑点或线索可循的话，那么，其工作也就无技术与策略可言了。另外，查证过程中，有可能发现或捕捉到会计错弊新的疑点，或者发现或捕捉到新的会计错弊的疑点。在捕捉或发现会计错弊的疑点过程中，也有可能直接查证已发现或未发现线索的会计错弊。可见，离开捕捉会计错弊疑点或线索技巧的论述，就无法说明查证工作的技术与策略，反之亦然。正因为如此，会计错弊的疑点捕捉与查证才构成了一个方法系统。

36 原始凭证中常见的错误有哪些？

原始凭证又称单据，是在经济业务发生或完成时取得或填制的，用以记录或证明经济业务的发生或完成情况的文字凭据。它不仅能用来记录经济业务发生或完成情况，还可以明确经济责任，是进行会计核算工作的原始资料和重要依据，是会计资料中最具有法律效力的一种文件。原始凭证应该是一个完整的证据链，工作令号、购销合同、购料申请单等不能证明经济业务发生或完成情况的各种单证不能作为原始凭证并据以记账。

原始凭证的基本内容一般包括：原始凭证名称，接受凭证单位或个人的名称，发生经济业务的内容，计量数量、计量单位、单价、金额，凭证填制的日期，经手人的签章，原始凭证编号，凭证联次和原始凭证应具有的附件等。

原始凭证应当具备的附件主要如下。

①从外单位取得的原始凭证，应使用统一发票，发票上应印有税务专用章；必须加盖填制单位的公章。

②自制的原始凭证，必须要有经办单位负责人或者由单位负责人指定的人员签名或者盖章。

③支付款项的原始凭证，必须要有收款单位和收款人的收款证明，不能仅以支付款项的有关凭证代替。

④购买实物的原始凭证，必须有验收证明。

⑤销售货物发生退回并退还货款时，必须以退货发票、退货验收证明和对方的收款收据作为原始凭证。

⑥职工因公出差借款填制的借款凭证，必须附在记账凭证之后。

⑦经上级有关部门批准的经济业务事项，应当将批准文件作为原始凭证的附件。

常见的原始凭证中的错误主要有以下几个方面。

（1）原始凭证的抬头错误。注意原始凭证接受单位应属于本单位，避免出现张冠李戴，或为个人开具的发票记入单位账目、为其他单位开具的原始凭证记入本单位账目的情况。在该种情况下，根据客观性原则，非本企业抬头的原始凭证是不能记入本企业业务内容的，除非有足够的证明证实该原始凭证是可以入账的（如按规定可以报销的单位员工个人取暖费、电话费等）。

（2）原始凭证的日期错误。如果原始凭证所记录的日期与报账日期或会计处理日期相距甚远，在企业日常的会计处理时这种现象一般是不允许出现的，如果出现，原因一般可能是人为调整企业损益，或是记账发生了错误。

（3）原始凭证的数量或金额错误。原始凭证中的有关数据发生错误，或金额大写与小写之间不一致，会导致企业账实不符。

（4）原始凭证书写错误。原始凭证中书写不合乎有关记账规范要求，乱涂乱改，特别是对一些重要的凭证要素，如金额、摘要、单位价格等采用挖、补、刮、擦等方法进行改错。凭证中的书写字迹不清，数目不详，内容不明。

37 原始凭证中常见的舞弊有哪些？

原始凭证舞弊是指有关人员篡改、伪造、窃取原始凭证，或利用假的原始凭证来将个人费用偷偷计入单位的日常经营开支，借以达到损公利己的目的。例如，某企业经理张天通过篡改凭证将自己家房屋的修理费用作为企业的管理费入账。原始凭证舞弊有以下一些表现形式。

（1）涂改原始凭证。只要细心观察涂改过的原始凭证，就一定能够发现涂改的痕迹。刮去、用胶带扯去的原始凭证，用手摸时，会感觉表面不光滑；用药物消退字迹而后来添加上的原始凭证纸张的格子线会被遮盖，凭证上的保护花纹会遭到毁损。

（2）伪造原始凭。证伪造的原始凭证的金额通常不够细致，只有一个总数，经不起仔细询问。

（3）冒充单位负责人员签字。

（4）主要业务凭证与其他相关的凭证不匹配，如销售货物只有销售发票而无发货单据、托运证明、结算凭证等。

（5）经办人在原始凭证中记载不详，日后仔细追问很可能查无此人。

（6）原始凭证上的时间与业务活动发生的时间及以后的入账时间相距甚远。

（7）在整理和粘贴原始凭证过程中作弊。例如，利用单位原始凭证粘贴、整理不规范的弱点，在进行粘贴、整理时，采用移花接木的手法，故意将个别原始凭证抽出，等以后再重复报销；或在汇总原始凭证金额时，故意多汇或少汇，达到贪污其差额的目的。

（8）阴阳发票。

（9）使用白条及废弃发票。使用白条及废弃发票指行为人用已经作废的发票、不符合规定用途的发票和白条进行虚报冒领的舞弊方式。

38 如何查证原始凭证中的错弊？

原始凭证是会计错弊侦查的关键，主要是对外来发票的完整性、真实性、合法性的审查。重点关注形式上和实质上的审核两个方面。

（1）形式上的审核，主要审核原始凭证构成要素填列的完整性、正确性，合规性。

①原始单据种类是否符合要求。

②要素是否完整，填写是否符合要求，数字是否清楚、完整，更正方法是否符合规定。

③印章是否齐全。

④大小写是否相符，计算是否正确。

⑤附有附件的原始凭证所附单据是否完整、得当。

（2）实质上的审核，主要是对凭证所反映的经济业务内容的真实性、完整性、合规合法性等进行审核。

①购买货物的原始凭证应有相关的验收记录。

②发生的销货退回退款的，应有对方的收款依据。

③非购物的原始凭证应有相关的证明记录。

④依合同发生的原始凭证应检查合同的相关规定。

⑤审核原始凭证记载的经济业务内容是否合法，是否符合单位的有关规章制度。

39 如何识别虚假发票？

识别虚假发票可以从以下几个方面进行鉴别。

一是看发票开具的内容是否笼统。虚假经济业务的发票内容开具往往笼统、含糊，此类发票内容多为“办公用品”“电脑耗材”“打印纸”“烟、酒、茶”“培训费”“宣传费”“会议费”“维修费”“网络维护费”等，且发票金额较大。

二是看发票号码是否连号或一事开多张发票且断号。发票号码连号，可能是虚假发票且伪造经济业务事项。同一项经济业务连开多张发票，断号号码间隔较大或者时间长的，可作为疑点经济业务。

三是看开具金额是否近似发票限额。如万元版发票，开具金额达到 9 999 元，此类发票可能为虚假发票。

四是看发票字迹是否一致、填写是否错位、复写痕迹是否模糊。此类发票可能是分开填写发票存根联、记账联、报账联，报账单位可以通过在限定额度内随意填写金额，达到多报账的目的。

五是看发票印章是否清晰、是否为法定财务专用章或增值税发票专用章，加盖单位公章的增值税发票无效。一般来说，违规、违法的经济业务不会像正常的经济业务发票上的印章那样清晰。从出票单位的角度来说，违规提供发票将承担一定的法律风险，所以印章单位总会不情愿或有意模糊印章，甚至印章单位本身就是一个不真实的单位。应将此类大额发票作为疑似重点。

六是看发票上记录的品名、规格、数量、单价、金额之间的关系是否异常。一些虚假经济业务为拼凑合计数值，一般会将合计数除以单价得出的数量直接填写在发票上。

七是看发票纸的质地。假发票质地较差，用的纸张是普通纸，其印刷字体、荧光度与真发票相比都有差异，无税务水印防伪标志，即便有也印制不清或印制突出。

八是看发票刮擦奖区覆盖层。假发票覆盖层较薄且质地硬滑，不易刮出奖区隐藏文字，假的商品销售发票刮擦奖区覆盖层背面没有重叠“8”字码。

九是看报销发票是否为异地发票。利用异地发票作弊具有一定的隐蔽性，报销异地发票时，要特别注意差旅费中是否只有异地住宿费而无车票等情况。

十是看是否为其他异常情况发票。其他异常情况发票大致分为三种情况：一是频繁使用同一销售单位开具的各类商业发票，因与开票单位的特殊关系，容易取得发票而频繁使用；二是“小商店大发票”，零售小商店提供的发票金额较小，而从零售小商店累计开出高额发票就不正常了；三是多张餐饮、差旅发票间隔时间长且属不同地域，票据新旧不一等情况，都可作为疑点查证。

对具有以上特征的发票，可采取以下方法进行追踪调查。

（1）运用网络查询。目前，税务机关开通了查询发票的网络平台，取得增值税发票的单位和个人可登录国家税务总局全国增值税发票查验平台，对所收到的增值税专用发票、增值税普通发票、机动车销售统一发票和增值税电子普通发票的发票信息进行查验。

（2）运用电话查询。与网络查询功能相比，电话查询更为全面，可以通过拨打当地 12366 纳税服务热线，向税务机关咨询。

（3）到税务机关查询。前两种方法只能作为发现假发票的线索，不能作为审查证据使用，在审查实际工作中，如通过上述两种方法发现了假发票，还需要到管理发票的税务部门进行确认，证据才具有法律效力。

（4）深入追查业务真实性和资金用途流向。发现假发票只是发现了问题的表象，实质是假发票背后的业务实质和资金用途及流向。如果仅发现假发票而不继续追查，不仅不能发现重大问题的线索，还可能留下巨大的审查风险。发现假发票后应主要审查以下几个方面：一是关注业务的真实性，业务是否真实发生，业务是否有必要发生等，必要时打电话给对方公司进一步核实信息；二是关注资金支付的真实性，资金是否支付，资金支付方式是否可疑，资金支付对象是否存在问题以及资金支付后的流向和用途等；三是关注因开具和使用虚假发票造成的国家税款流失情况。

40 记账凭证中常见的错误有哪些？

记账凭证又称记账凭单，是会计人员根据审核无误后的原始凭证或汇总原始凭证，按照经济业务的内容加以归类，用来确定会计分录而填制的直接作为登记会计账簿依据的会计凭证。记账凭证的基本内容包括：记账凭证的名称（收款凭证、付款凭证、转账凭证等）；填制凭证的日期；记账凭证的编号；会计科目（包括子目、细目）、借贷方向和金额；经济业务的内容摘要；所附原始凭证张数和记账备注；填制、审核、记账、会计主管等有关人员的签名或盖章，收、付款凭证还需有出纳人员的签章。

记账凭证中的错误主要有以下几个方面。

（1）基本要素不全或填写不完整。如日期不写或写错、摘要过于简单或用语不准确。

（2）科目运用错误。即没有正确运用有关会计科目，发生了科目运用错误（如将应收与应付、固定资产与低值易耗品混淆）、内容错误（将科目所包括的业务内容弄错，如混淆了银行支票、汇票和本票的区别，将银行汇票、本票列入其他货币资金之中，将销售费用列入财务费用或管理费用之中等）、对应关系错误（将科目借方与贷方关系列错）等。

（3）附件数量和金额标记错误。记账凭证所附的原始凭证张数和内容与记账凭证不符，或者各张原始凭证所记金额的合计数与记账凭证记录金额不符。

（4）记账凭证无编号或者编号错误。记账凭证经常涉及两份及两份以上的原始凭证，此时的编号用序号（三份凭证的情形）1/3、2/3、3/3 等区分表示所附的不同的原始凭证。无编号是指对多份原始凭证没有按凭序排队编号，使各份凭证难以辨别；编号错误指虽然有原始凭证编号但所排列的顺序混乱，难以窥视其相互关系。

（5）印鉴错误。对已入账记账凭证未加盖有关印章，或者加盖印章不全，使已入账凭证与未入账凭证难以区分；有效的记账凭证与出错作废的凭证难以区分；记账凭证中没有记载审核等人员的签章。

41 记账凭证中常见的舞弊有哪些？

记账凭证中的舞弊主要有以下几个方面。

（1）利用日期舞弊。记账凭证日期能反映经济业务发生的时间，同时起到监督、控制的作用。有的记账凭证日期与所附原始凭证日期不符，如记账凭证日期与原始凭证日期相距太远，特别是本单位开出的收据日期与记账凭证日期相差时间较长，则意味着有挪用或贪污公款问题存在；有的记账凭证日期超前于原始凭证日期，则有较大弄虚作假的嫌疑。

（2）凭空编制记账凭证。凭空编制记账凭证指行为人在没有收款、付款业务情况下凭空编制收款、付款业务的记账凭证和凭空编制转账业务的记账凭证进行会计处理，从而达到多计收支、调节收益和转移资金等目的的舞弊方式。

（3）记账凭证金额与所属原始凭证金额不符。记账凭证金额与所属原始凭证金额不符指行为人在编制记账凭证时，采取记账凭证所列金额与所附原始凭证合计金额不符的手法，故意多计开支和少计收入的舞弊方式。该舞弊方式在会计、出纳一人兼任的单位尤为突出。

（4）将业务对应关系搞乱，从而浑水摸鱼。主要方法是采取多借多贷的手法，将可以一借多贷或一贷多借，或一借一贷的清晰关系搞混，将不同时间或地点发生的业务合并于一处登记，或者将同一地点和时间发生业务分开登记入账。

（5）在汇总凭证中作弊。例如，在汇总若干费用报销单据时，故意多汇总，使付款凭证上的金额大于所附原始凭证合计金额，达到贪污其差额的目的。又如，在汇总若干张收款原始凭证时，故意少汇总，使收款凭证上的金额小于所附原始凭证的实际金额，以达到贪污其差额的目的。

（6）“障眼法”。对记账凭证的业务摘要栏进行篡改，以致看不清经济业务的本来面目，或者张冠李戴，使记账凭证会计科目与经济业务的内容不符，以达到掩饰和弄虚作假的目的。“障眼法”的特点在于使查阅人看不清记账凭证所记录的经济活动的面貌，用于“障眼”的“遮挡物”主要有二：一是会计科目，即违反会计核算原则，对经济业务编制不正确的会计分录，使用不正确的会计科目；二是假摘要说明，即原始凭证上的摘要说明与记账凭证上所列不一致，或摘要空出不写，或只写寥寥几个字，以改动经济业务活动的原来内容和性质等。

42 如何查证记账凭证中的错弊?

记账凭证的审查要与原始凭证及会计账簿的检查合理配合。如果只是独立地对记账凭证进行检查，往往只能发现其中存在的某些疑点或异常，却不能找到错误的依据。所以对记账凭证的审查一般既不是终点，也不是起点。

在顺查法下，对记账凭证的审查应建立在原始凭证检查的基础之上，根据原始凭证中的错弊追踪到记账凭证，视其有无假账真做、真账假做。

逆查法，与前述情况相反，是在对会计账簿的审查中发现问题的前提下，再通过对记账凭证和原始凭证的审查得以落实，即凭证的审查是会计账簿审查的深入和延伸。所以对记账凭证的审查应当是查账工作过程中的一环，查账人员要注意这一环节与其他环节的连接和互动，只有这样，才容易把握有关问题发生、发展的来龙去脉，取得事半功倍之效。

查证时应注意以下几方面。

（1）审查记账凭证的基本要素是否完整、有无缺少或空白，主要是填制日期、编号、业务内容摘要、附原始凭证张数、会计科目及其借贷方向，填制、出纳、复核、会计主管人员的签章等是否清晰、准确。

（2）审查记账凭证签章栏，各级负责人和有关经办人的签字是否齐备。

（3）审查会计科目的运用是否符合经济业务的性质和内容，是否符合有关财务制度和会计制度的规定，借贷方向与金额是否正确。

（4）与所附的原始凭证核对，视其数量、金额、摘要等是否一致，有无证证不符的现象。

（5）复核记账凭证的各明细科目金额、合计金额是否正确，有无多计、少计和误计。

43 如何查找会计重记与漏记错弊?

会计重记是指某项经济业务在会计上得到两次记录或反映；会计漏记是指某项经济业务发生后，全部或部分未在会计上得到反映。无论是重记还是漏记，都使经济业务或经济事项未得到真实、正确的记录和反映。但是，造成问题的原因和出现问题的会计处理环节不同，其问题的线索或疑点和具体表现形式也不同，那么对其查证的方式方法以及处理的形式也就不一样。以成因作为划分依据，主要有以下五种。

（1）某项经济业务或经济事项发生后，会计凭证无错弊，但所涉及的账户发生重记或漏记。

造成这种问题的原因一般是记账人员在根据会计凭证登记会计账簿时，由于未在记账凭证上做已记账的标记或者由于工作疏忽，使会计凭证中所确定的会计账户（会计分录）重记或漏记。这种形式的重记或漏记又有两种具体的表现形式：一是账户的借贷双方同时重记或漏记，二是账户借贷双方中的一方重记或漏记。对这两种形式的重记或漏记应采用不同的检查方法。

①借贷双方同时在账上重记或漏记问题的检查。

借贷双方同时在账上重记或漏记就是将记账凭证所确定的账户都造成重记或漏记。这种问题发生后，不影响账户之间的平衡关系，所编制的试算平衡表和资产负债表、利润表，从会计恒等式上看也是平衡的，因此，对其查证具有一定难度。对此，一般将在审阅账户时所发现的业务内容、金额等相同的记录作为线索或疑点，然后再调阅会计凭证，进行账证核对，从而查证问题。

②借贷双方中的一方在账上重记或漏记问题的检查。

借贷双方中的一方在账上重记或漏记就是对记账凭证所确定的借方账户或贷方账户造成重记或漏记。这种问题发生后，会破坏账户之间的平衡关系，所编制的试算平衡表、资产负债表也会不平衡。如对于借记“库存现金”500元，贷记“银行存款”500元的提取现金经济业务，若重记借方或漏记贷方，都会造成试算平衡表、科目汇总表的借方金额总计大于贷方金额总计500元。若据此编制资产负债表，也会造成“资产－负债＝所有者权益”会计恒等式不等，等号左边大于右边500元（当然在试算平衡表不平衡的情况下不可能编制资产负债表）。对于上述提取现金业务，若重记贷方或漏记借方，也会造成试算平衡表、科目汇总表的贷方金额总计大于借方金额总计500元，造成上述会计恒等式不等，等号右边大于左边500元。对有明细账户的总账账户重记或漏记后，若相应的明细账也重记或漏记了，尽管不会影响总账与明细账之间的平衡关系，但上述诸表不平衡的问题依然存在。若总账重记或漏记后，相应的明细账未重记或漏记，不仅上述诸表不平衡，还会使总账与明细账之间的平衡关系遭到破坏，视重记或漏记的具体借贷方向，要么总账余额（借方或贷方）大于明细账余额合计数（借方或贷方），要么明细账余额合计数（借方或贷方）大于总账余额（借方或贷方）。若明细账重记或漏记后，对应的总账未重记或漏记，尽管上述诸表是平衡的，但是，总账与明细账之间依然不平衡。

借贷双方中的一方在账上重记或漏记后，会造成试算平衡表、科目汇总表、资产负债表不平衡，或总账与明细账不平衡。因此，对于这种形式的重记或漏记，一般在月末编制试算平衡表、科目汇总表，或平时在核对总账与明细账时发现问题的线索，然后再调阅有关账户，检查近期有无业务内容相同、金额相等的记录，进行账账、账证核对来查证问题。在审阅账户和记账凭证时有一个快速查证问题的技巧，就是查找有无上述诸表或总账与明细账不平衡的差额记录（如上例 500 元），如有，再进行账账、账证核对，来确定是否为重记或漏记。对于重记，主要审阅账户记录，然后进行账账、账证核对；对于漏记，主要应审阅记账凭证，然后进行账证核对。

（2）某项经济业务或经济事项发生后，未取得或编制原始凭证，未在会计账簿中进行记录和反映，从而造成漏记。

如出纳员利用不健全、不完善的内部会计控制系统，签发现金支票取款将其占为己有后，未编制记账凭证，未登记现金日记账、银行存款日记账及有关账户。又如，将某一辆即将报废的汽车出售给某单位或个人，收取对方付出的现金后未给对方开具发票，将此款存入单位的“小金库”或将其私分等。这种形式的漏记，一般是会计舞弊。

这种问题发生后，未影响账户之间的平衡关系，由于没有原始凭证，或者已将其销毁，所以在审阅会计账簿与账账、账证、证证核对过程中不易发现，具有一定的隐秘性。但是，它造成了账实不符，即经济业务实际上发生了，而未在会计上得到反映。而且在有的会计资料中也留下了疑点或痕迹，如上述出纳员贪污公款后，将发票存根销毁，这样，就使所保存的支票存根的编号不连续。另外，银行存款日记账与银行对账单也不相符。这些都是疑点。因此，对于此类漏记，既应在审阅会计凭证等有关会计资料时查找线索或疑点，还应注意从账外捕捉有关反映问题的信息。如上述出售汽车一例，可以在实际中调查了解该单位漏记汽车销售款（其他业务收入）的事实及过程，然后再对汽车进行盘查，并在此基础上进行账实核对，便可使问题得到查证。

（3）某项经济业务或经济事项发生后，其原始凭证无差错，但在据以编制记账凭证并登记会计账簿时，将部分业务内容漏记。

如某企业在销售包括随货购进、不单独计价的包装物在内的商品时，将包装物估价收入记入“其他应付款”账户，假设销售收入为 40 000 元，包装物估价为 5 000 元，则：

借：银行存款　　45 000

　　贷：主营业务收入　　40 000

其他应付款 5 000

对于记入“其他应付款”账户的该笔收入，该企业可能日后将其作为招待费列入支出或者将其从银行提取后私分等，其账务处理如下。

借：其他应付款 5 000

贷：银行存款 5 000

这样，就将应计入主营业务收入的部分金额（5 000元）漏记了，尽管它没有被直接置于账外（即5 000元不记入任何账户），形成“小金库”。

这种形式的漏记发生后，其线索或疑点表现为证证（记账凭证与原始凭证）、账证（有关账户记录与原始凭证）不符。查账人员可以在证证、账证核对时发现不相符的问题，然后再通过核对、复核有关账证记录，结合调查分析有关情况来查证问题。但是，由于会计凭证在所有会计资料中多且杂，若这种形式的漏记偶有发生，那么，在无其他任何线索的情况下，想通过账证、证证核对来发现问题，不能说不可能，但其可能性是相当小的，除非不惜工本，进行详细核对。

因此，对于此类问题，一般在审阅有关会计账簿记录时可以发现线索，然后再调阅凭证，进行账证、证证核对，从而较快、较省力地查证问题。如对于上述漏记包装物估价款5 000元的问题，可以在审阅“其他应付款”账户时，发现此笔摘要不明或业务记录不正确线索，然后根据该账户所记录的据以入账的凭证日期及号码，调出会计凭证，在账证、证证核对的基础上便可使其得到查证。若该企业采用售价金额核算法进行核算，还可以在审阅“库存商品”明细账时，发现此笔销售业务结转销售成本的金额小于账中记录的销售数量与售价的乘积（当然，为了掩盖问题，可能按实际售价结转成本），以此为线索也可以通过账证、证证核对查证问题。

（4）某项经济业务或经济事项发生后，原始凭证无差错，但在编制记账凭证时，所有或部分原始凭证重复被记入记账凭证和账户中，造成重记。

如某单位采购员、会计人员或其他有关人员利用该单位内部会计控制系统不健全、不完善的漏洞，将已报销过的发票、收据等盗出，然后再行报销，使该发票、收据造成重复报销。又如，会计人员在汇总原始凭证（如发票等）时，由于有关控制手续不健全，使部分原始凭证重复汇总（或可能造成漏汇，漏汇的问题实际上为“（3）”中所述的问题形式之一），造成重记。

这种重记的问题发生后，其直接线索也是证证不符，仅靠记账凭证与原始凭证的核对，同样费时费力，效率低下，因此，往往也是在审阅会计账簿时或通过其他途径发现问题的线索或疑点，然后追踪查证问题。如对于上述重复报销费用的问题，可以在审阅有关费用账户（如“管理费用”账户）时，发现近期内有业务内容、金额等相同的记录。以此为疑点，再调阅会计凭证，进行账证、证证核对，从而使问题得到查证。当然，对于在会计账簿中难以发现疑点的这种形式的重记，只有依靠在审阅会计凭证、核对记账凭证与原始凭证时偶然发现问题的线索并进行追踪查证。如上述重复汇总的问题，由于在汇总很多原始凭证时偶尔重复汇总了一份或几份（总之较少），这样，在所涉及的有关账户中就不太容易发现问题的线索，只有在正好核对、复核到该会计凭证时，才能发现问题的线索，然后再追踪查证问题。

（5）除上述形式以外的其他形式的会计重记或漏记。

如某企业 6 月 10 日销售产品一批，价款为 20 000 元，货已发出，款未收到，当时该企业做以下账务处理。

借：应收账款——××× 单位　　22 600
　　贷：主营业务收入　　20 000
　　　　应交税费——应交增值税（销项税额）　　2 600

由于该企业与各客户的结算往来业务较多，也由于该企业会计人员工作疏忽，在 6 月 20 日收到该笔货款时，又将其作为主营业务收入入账了，即在收到上述 20 000 元货款后，做以下账务处理：

借：银行存款　　22 600
　　贷：主营业务收入　　20 000
　　　　应交税费——应交增值税（销项税额）　　2 600

这样，就造成“主营业务收入”账户重记，而“应收账款”账户漏记。因为在收到货款时本应贷记“应收账款”账户却贷记了“主营业务收入”账户。这类问题发生后，滞留在会计资料中的线索有以下三个。

①形成重记与漏记的记账凭证与原始凭证不相符。如上述例子根据收到贷款的有关原始凭证（如银行转来的收款通知等）本应借记“银行存款”账户，贷记“应收账款”账户，却记为借记“银行存款”账户，贷记“主营业务收入”账户和“应交税费——应交增值税（销项税额）”账户，造成证证不符。

②使重记的账户在近期内有两笔业务内容、金额等相同的记录。如上述例子中“主营业务收入”账户和“应交税费——应交增值税（销项税额）”账户在相隔数日内记录两笔销售给同一单位的货款收入。

③使漏记的账户可能出现异常现象。如上述例子中“应收账款”，账户的借方记录的 20 000 元则在查明问题并做出调整前造成挂账。

对于此类重记与漏记，查账人员可以从上述三个方面注意发现并捕捉线索。发现线索后，再通过账账、账证、证证核对来查证问题。如对于上述例子，查账人员可以在审阅“应收账款”账户时发现6月10日的借方记录20 000元至查账日（可能是6月10日后几个月甚至更长）仍在挂账；也可能在审阅“主营业务收入”账户时发现6月10日、20日两笔相同记录的内容（当然在实际工作中，也会出现数日内销售相同金额的货款情况）。

以上述任何一种情况为线索或疑点，都可以调阅该经济业务的会计凭证，在审阅凭证、核对账证与证证的基础上使问题得到查证。

44 如何查找会计记账中记反方向错弊?

会计记反方向是指在同一总账或明细账内，将应记入借方的数字记入了贷方；或者将蓝字记成了红字，将红字记成了蓝字。这种问题往往也是由于记账人员工作疏忽，记错了会计账簿中的借贷栏次形成的会计错误。由于记反方向的账户不同，问题发生所造成的后果也有所不同，对其检查的方式方法也就不一样。

（1）总账账户记反方向错误的检查。

总账账户记反方向就是在某一总账账户内将应记入借方的数字记入了贷方，将应记入贷方的数字记入了借方；或者将蓝字记成了红字，将红字记成了蓝字。如某企业对于应记入“固定资产”账户借方的购置一台价值为35 000元的电子设备的经济业务，记入了“固定资产”账户的贷方，造成记反借贷方向。又如，某企业在用红字更正一笔会计错误时，本应在“主营业务成本”总账中的贷方用红字登记20 000元，却登记成了蓝字20 000元等。在根据同一张记账凭证登记总账时，也有可能将凭证所涉及的所有账户都记反了方向，这种情况很少见。在根据科目汇总表或汇总记账凭证登记总账时若记反方向，就更是仅涉及“孤立”的账户，不会将某张记账凭证所确定的账户都记反方向。

上述错误发生后，除特殊情况外不仅影响到总账之间的平衡关系，月末根据总账编制的“试算平衡表”也失去了应有的平衡关系。而且记反方向的总账与所属明细账（如果有）在金额上也失去了平衡关系。造成总账之间以及该总账与所属明细账之间的不平衡的一个显著特点就是金额不平衡的差额是某总账记反方向金额的2倍。如上述“固定资产”总账将应记入借方的35 000元记入贷方后，就会使在特定时间上所有总账的借方余额小于贷方余额70 000元；同时，使“固定资产”总账余额（借方）小于所有“固定资产”明细账借方余额合计数70 000元。因此，对于此类错误的查证，就是先将账账不平衡的差额除以“2”求出商数，然后，在与所属明细账余额不相符的总账内的借方或贷方（到底在借方还是在贷方，应根据总账与所属明细账不相符的具体情况而定：若总账借方余额大于明细账借方余额合计数，应在借方；若总账借方余额小于明细账借方余额合计数，应在贷方；若总账贷方余额小于明细账借方余额合计数，应在贷方；若总账贷方余额小于明细账贷方余额合计数，应在借方）查找有无此商数的记录。如有，则应调阅会计凭证，进行账证核对，从而查证问题。如对于上述"固定资产"总账记反方向的问题可以在"固定资产"账户的贷方（"固定资产"总账借方余额小于所属明细账借方余额合计数，故应在贷方）查找有无 35 000 元（总账与明细账余额差额 70 000 元的二分之一）的记录。查到后调阅会计凭证进行账证核对，从而查证问题。

（2）明细账记反方向错误的检查。

明细账记反方向就是在某明细账内将应记入借方的数字记入了贷方，将应记入贷方的数字记入了借方；或者将蓝字记成了红字，将红字记成了蓝字。如在"库存商品"总账账户"×× 电视机"明细账内，将一笔购进该种电视机 22 000 元（10 台）的业务记入了贷方（本应记入借方）。这种错误一般也是将某张记账凭证中所涉及的个别明细账记反方向。

这种错误发生后，因为不涉及总账账户，所以不会影响总账之间的平衡关系，月末"试算平衡表"和"资产负债表"也是平衡的。但是，发生记账方向错误的明细账与其对应的总账却失去了平衡关系，两账余额的差额也是记反方向数字的两倍。查证这种错误与查证总账账户记反方向错误的方法基本相同。不同的是需在账账不符的明细账内的借方或贷方查找有无账账余额不符差额的二分之一的记录数字；如有，再调阅会计凭证，进行账证核对，从而查证问题。在某一总账中明细账较多的情况下，查找明细账中记反方向错误的工作量较大，查证工作就不可避免地带有一定的盲目性。

45 如何查找会计串记账户错弊？

会计串记账户是指在登记会计账簿时，将应记在某账户上的内容记到了另外的账户上，一般是由于记账人员工作疏忽所造成的会计错误。由于明细账多于总账账户，而且总账账户多是汇总登记，所以，明细账之间串记的情况多于总账之间的串记。正因为串记账户的情况不同，所以对每一种不同形式的串记错误的检查方法也不同。

例如，查账人员在审阅某企业账目时发现，该企业"应收账款"总账 9 月末借方余额 245 000 元，而所属明细账余额合计表现为借方 230 000 元，总账余额大于明细账余额 15 000 元；“应付账款”总账 9 月末贷方余额 329 000 元，而所属明细账余额合计表现为贷方 314 000 元，也是总账余额大于明细账余额 15 000 元。上述两个总账余额都表现为大于明细账余额合计 15 000 元，但其方向是相反的，即“应收账款”总账借方余额大于所属明细账借、贷方余额合计后的借方余额（总计）15 000 元，而“应付账款”总账贷方余额大于所属明细账借、贷方余额合计后的贷方余额（总计）15 000 元。对此现象，可初步断定为串记账户所致。串记账户的具体情况有以下四种可能。

①将应记入“应付账款”总账借方的一笔业务 15 000 元，记入了“应收账款”总账的借方，明细账未发生串记。

②将应记入“应收账款”总账贷方的一笔业务 15 000 元，记入了“应付账款”总账的贷方，明细账未发生串记。

③将应记入“应收账款”某明细账的借方的一笔业务 15 000 元，记入了“应付账款”某明细账的借方，总账未发生串记。

④将应记入“应付账款”某明细账贷方的一笔业务 15 000 元，记入了“应收账款”某明细账的贷方，总账未发生串记。

上述前两种可能属于总账之间串记的问题，后两种可能属于两个总账下明细账之间串记问题。

（1）总账账户之间串记错误的检查。

总账账户之间串记就是将应记录到某总账账户上的内容串记到另一总账账户上。这种错误发生后，尽管未破坏总账账户之间的平衡关系，月末试算平衡表和定期编制的科目汇总表也是平衡的，但总账与所属明细账（如果有的话）之间却失去了平衡关系。另外，有时也会造成被串记账户发生反常方向的余额。所以，此类问题发生后，其线索出现在总账余额与所属明细账余额合计数不相等，或者有关总账出现反常方向的余额。发现或捕捉到线索后，可审阅有关总账账户，在所记录的业务金额中有无正好是总账余额与明细账余额合计数的差额。如有，再调阅会计凭证，进行账证核对，从而查证问题。问题查证后，只需将发生串记的两个总账账户进行对调就可以了。

在上例中，查账人员在发现上述两种总账与所属明细账余额不平衡的问题后，可以审阅该企业 9 月或 9 月以前的“应收账款”总账的借方记录和“应付账款”总账的贷方记录，查找有无 15 000 元的金额记录内容。如有，则应调阅记录该笔业务的会计凭证，了解记账凭证中所确定的借方是否为“应付账款”账户，或所确定的贷方记录是否为“应收账款”账户，在据以记账时，却串记了账户。问题查证后，无论上述两种情况的哪一种，都应做出以下账务调整。

借：应付账款　　15 000

　　贷：应收账款　　15 000

当然，如果一个企业的某一总账账户在一段特定时间内发生两笔或两笔以上的串记错误，甚至还同时发生其他类型的错弊（如重记、漏记、记反方向、数字错位、数字颠倒等），那么，总账余额与所属明细账余额总计不相等的差额，就不一定正好是串记账户的金额。这样，串记账户错误的线索发现与问题的查证，也就有了一定的复杂性。

（2）两个总账账户下的明细账串记错误的检查。

两个总账账户下明细账串记，是将应记入某总账账户下某明细账中的一笔业务记入另一总账账户下的某明细账中。如上例中，将应记入“应收账款”总账下的某明细账中借方金额串记到“应付账款”总账下的某明细账。这种问题发生后，与总账之间串记错误造成的后果一样，未破坏总账之间的平衡关系，试算平衡表和科目汇总表也是平衡的，但造成串记的两个明细账与其总账在余额上失去了平衡关系。

在上例中，查账人员在发现上述两个总账与所属明细账余额不相符的问题后，可以审阅该企业 9 月份或 9 月份以前的“应付账款”有关明细账借方记录和“应收账款”有关明细账的贷方记录，查找有无 15 000 元的金额记录内容。如有，再调阅该笔业务的会计凭证，了解记账凭证中所确定的借方是否应为“应收账款”总账及其所属某个明细账，或所确定的贷方是否应为“应付账款”总账及其所属某个明细账，在据以登记入账时却串记了账户。在进行此项审阅时，可以先对照查阅分析“应收账款”与“应付账款”两个总账下的明细账中，有无同一单位（明细账名称），或单位名称相似容易混淆的情况。如“应收账款”总账下若有“大中印刷厂”，“应付账款”总账下若有“大中印刷厂”，那么，这两个明细账就容易造成串记。所以，“应收付款”与“应付账款”总账下有这种关系的明细账，应仔细、重点审阅，以查明其有无相互串记的情况（当然在其他总账下有这样相似或相同的明细账，也易发生串记，如“管理费用”总账下的“折旧费”明细账与“制造费用”总账下的“折旧费”明细账就容易发生相互串记错误等）。

（3）同一总账账户下明细账串记错误的检查。

同一总账账户下明细账串记就是将应记入某总账账户下某明细账中的一笔经济业务却记入该总账账户下另一明细账中。如将应记入“原材料”账户下的甲材料借方的一笔业务 50 000 元，却记入了“原材料”账户下的乙材料借方中；将应记入“应收账款”账户下的甲单位贷方的一笔业务 3 400 元，记入了该账户下的乙单位的贷方中等。这类错误发生后，不仅未破坏总账之间的平衡关系，试算平衡表、科目汇总表、资产负债表等表是平衡的，而且总账与所属明细账也仍然保持着平衡关系。这样，就使查证工作具有较大的难度。尽管可以通过逐笔核对明细账与会计凭证的记录来查证问题，但在无目的、无线索的情况下进行账证核对，效果非常差。但是，并不是说查证这种串记在任何时候、任何情况下都没有快速方法或技巧。事实上，当这种形式的串记发生后，两个明细账尤其是被串记的明细账有时会发生反常方向的余额，以此为线索，调阅会计凭证，进行账证、证证核对，便可较快、较准确地查证问题，并针对其具体形态做出恰当的调整处理。

下面举例说明这种串记错误的查证与调整方法。

查账人员在审阅某企业账目时，发现该企业“库存商品——产成品”账户中的“ML－2B 播放机”明细账 7 月 15 日出现红字余额 41 300 元，“应收账款”账户中的“中华商厦”明细账 7 月 29 日出现红字余额 84 000 元。会计资料之间未发现不相符的问题。对此，查账人员做出以下分析。

①“库存商品——产成品”总账账户下的明细账不应出现红字余额，因为在产成品没有库存的情况下不可能向外销售，在“发生”栏进行记录。

②尽管有可能在收回货款时同时预收了中华商厦的货款，并将其记入“应收账款”账户下“中华商厦”明细账的贷方，从而造成了该明细账的贷方余额（红字余额），但按规定，对于预收的货款应记入“预收账款”账户（相应明细账）。

对于上述两明细账出现红字余额的问题，查账人员判断其有可能是同一总账账户下两个明细账串记造成的。以红字余额为线索，以上述分析和判断为主导思路，查账人员做了以下进一步检查工作。

①将“应收账款”账户下“中华商厦”明细账 7 月 29 日以前的贷方记录按逆时序方向逐笔与会计凭证进行核对，结果发现，7 月 8 日 51# 记账凭证反映的是该企业收回华中商厦货款业务 120 000 元，而记账人员由于工作粗心，将其记入了中华商厦的明细账内。7 月 29 日由于中华商厦还了该企业的大部分货款，因此，便出现了“中华商厦”7 月 29 日发生红字余额的现象。至此，该明细账红字余额问题已查明，系“应收账款”总账账户下“中华商厦”与“华中商厦”两明细账户串记所造成的。

②将“库存商品——产成品”账户下“ML－2B 播放机”明细账 7 月 15 日以前的贷方记录按逆时序方向逐笔与会计凭证进行了核对，结果未发现有串记的问题，也未发现其他技术操作方面的错误。这样，就排除了该明细账贷方被串记的问题。至于借方，就更不会被串记，因为借方被串记后，不仅不会出现贷方余额（红字余额），反而会使借方余额虚增（当然也不排除借方被串记后，又由于发生了其他记录错误，致使该明细账户出现红字余额）。然后，查账人员查出了与“ML－2B 播放机”明细账

名称相似的两个明细账“MI－2B 播放机”和“MC－2B 播放机”，并将其 7 月 15 日以前的借方记录按逆时序方向逐笔与会计凭证进行了核对，结果发现 7 月 5 日 60# 记账凭证记录的借方是“库存商品——产成品”账户及其所属的“ML－2B 播放机”明细账，但明细账却记成了“ML- 2B 播放机”金额是 50 000 元。由于“ML- 2B 播放机”，明细账未借记该笔业务，在 7 月 15 日将该产品售出库存的大部分后，便出现了贷方余额（红字余额）。至此，该明细账红字余额的问题已查明，系“库存商品——产成品”总账账户下“ML－2B 播放机”明细账与“MI- 2B 播放机”串记所造成的。

（4）两个总账及其所属明细账串记错误的检查。

两个总账及其所属明细账串记，是将应记入某总账账户及其所属明细账的一笔经济业务记入另一总账账户及其所属的明细账。如将应记入“管理费用”总账账户及其“职工福利”明细账借方的一笔业务 12 000 元记入了“制造费用”总账账户及其“职工福利”明细账借方中。发生串记的经济业务一般只涉及一个明细账户，而且串记的两个明细账户，其名称相同或相似，如上述两个明细账的名称都叫“职工福利”。

这种错误发生后与同一总账账户下明细账串记错误造成的后果基本相同或相似，也是未影响总账之间、总账与所属明细账之间以及有关会计资料之间的平衡关系，但有可能使发生串记的账户形成红字余额。不同的是，不仅明细账可能会出现红字金额，而且总账也可能出现这种情况，因为总账和明细账同时串记。对于这种错误的查证，其方法与查证同一总账账户下明细账串记错误的方法基本相似。不同的是，可以将明细账记录内容与会计凭证核对，如果被审查单位采用的是记账凭证核算形式，也可以将总账记录内容与会计凭证进行核对，从而查证问题。

46 如何查找会计凭证中的数字颠倒错弊？

会计人员在填制凭证或登记会计账簿、编制会计报表时，由于工作疏忽，可能出现数字颠倒错误，其后果将导致会计凭证失去平衡关系，造成核算失真。

由于会计数字颠倒的种类及发生的环节不同，故对其查证与调整的方法也不相同。

一般来说，会计凭证中的数字颠倒可能发生在原始凭证中，也可能发生在记账凭证中，也可能发生在会计账簿中。

（1）若在填制或取得原始凭证时使其中的数字发生颠倒，或者在根据原始凭证编制记账凭证时，使记账凭证中的某个数字发生颠倒，会使凭证中的有关数字失去平衡关系，或造成证证不符。由于对填制或取得的原始凭证以及编制的记账凭证都经过复核或稽核，且就某张凭证来讲，所包括的内容、数字较少，所以，这种数字颠倒的会计错误发生后，大都在记账前通过复核得到查证，并通过重新取得或填制凭证，或运用划线更正法使其得到调整。

可见，查证这个环节的数字颠倒会计错误，无技巧可言，只要审阅检查凭证中有限的几个数字就可使其得以查证。

（2）若在根据原始凭证编制涉及两个会计科目的记账凭证时，使两个相同数字发生了相同情形的颠倒，并已据以登记入账，这种数字颠倒会计错误发生后，未破坏账户之间（包括总账账户之间、总账与明细账之间等）的平衡关系。因此，对其查证就具有一定的盲目性与难度。在审阅会计账簿时，一般不会引起注意，即使只审阅记账凭证，一般也较难发现问题。只有在核对记账凭证与原始凭证时才能查证问题。当然，有时该笔业务所涉及的会计资料会出现异常现象，如某企业会计人员将以现金支付一笔差旅费 1 462 元的业务，在编制记账凭证时，将 1 462 元颠倒为 1 426 元，即：

借：管理费用——差旅费　　1 462

　　贷：库存现金　　1 426

根据上述凭证记账后，就会使库存现金溢余，出现异常现象。一般出纳员会在当日进行库存现金账实核对时发现问题的疑点，然后通过审阅核对会计凭证使问题得到查证。该单位若采用汇总记账凭证或科目汇总表核算形式，该业务的总账“管理费用”与“库存现金”一般尚未登记，“管理费用”的明细账“差旅费”则可能已登记。若采用记账凭证核算形式，发生问题或出纳员核对库存现金账实时，“管理费用”总账及其“差旅费”明细账“库存现金”总账也可能已登记。无论采用什么核算形式，该业务的“现金日记账”在发生问题的当日或出纳员核对库存现金账实时已登记。

47 会计账簿中常见的错误有哪些？

会计账簿简称账簿，是由具有一定格式、相互联系的账页所组成，用来序时、分类地全面记录一个企业、单位经济业务事项的会计簿籍。会计账簿是记录和反映经济业务信息的主要载体，是经济凭证和财务报表之间的桥梁，其质量水平取决于凭证的质量，又决定了报表的质量，企事业单位会计核算的大量工作集中并反映于会计账簿之中，因此对会计账簿进行分析检查是保证会计核算的质量，分析被审查单位会计工作的水平的重要方面。

会计账簿按用途分为以下三类。

（1）序时账簿。序时账簿又称日记账，是按照经济业务发生或完成时间的先后顺序逐日逐笔进行登记的账簿。序时账簿是会计部门按照收到会计凭证号码的先后顺序逐日进行登记的，因而也称序时账簿为日记账。

（2）分类账簿。分类账簿是对全部经济业务事项按照会计要素的具体类别而设置的分类账户进行登记的账簿。分类账簿按其提供核算指标的详细程度不同，又分为总分类账和明细分类账。总分类账，简称总账，是根据总分类科目开设账户，用来登记全部经济业务，进行总分类核算，提供总括核算资料的分类账簿。明细分类账，简称明细账，是根据明细分类科目开设账户，用来登记某一类经济业务，进行明细分类核算，提供明细核算资料的分类账簿。

（3）备查账簿。备查账簿又称辅助账簿，是对某些在序时账簿和分类账簿等主要账簿中都不予登记或登记不够详细的经济业务事项进行补充登记时使用的账簿。它可以对某些经济业务的内容提供必要的参考资料。备查账簿的设置应视实际需要而定，并非一定要设置，而且没有固定格式。如设置租入固定资产登记簿、代销商品登记簿等。

尽管各种账簿的形式和格式多种多样，但均应具备下列组成内容。

①账户的名称，以及科目、二级或明细科目。

②登记账簿的日期栏。

③记账凭证的种类和号数栏。

④摘要栏，对所记录经济业务内容的简要说明。

⑤金额栏，记录经济业务的增减变动和余额。

⑥总页次和分户页次栏。

会计账簿表现的错误虽然存在于账簿之中，但引发错误的原因分布于会计核算各个方面，如会计凭证错误、实物盘点错误、财务人员之间交接错误、会计工作操作错误等。会计账簿中常见错误主要如下。

（1）账户设置错误。即账户的设置不符合有关本企业会计制度的规定，与本单位的会计核算形式、记账方法不相适应，或者应该设置的账户未设置，而不应设置的账户却重复设置，有关账簿组织不科学，有关人员分工关系不明确。

（2）记账依据错误。即未根据经过审核的记账凭证从事记账业务，或者有关记账凭证不合乎会计制度的要求，有关内部制度处于失控状态。

（3）账簿使用形式错误。即不是使用正式规范的账簿登记业务，而是以表代账、以单代账，或者用其他簿籍代账，记账工具及其记录字体、数据不规范。

（4）账簿启用、交接错误。即账簿启用和人员交接未办理必要的手续，在账簿扉页上没有注明启用日期、有关人员姓名、账簿页数、使用期限等，记账人员交接时无相应记录，造成记账工作不衔接。

（5）登账错误。登账错误主要指错记（将有关的记账要素，如数目、摘要等记录反映错误，有关账户借贷方向颠倒，数字位数颠倒错误，小数点错误，计算错误等）、重记（重复记账，一账两记或多记）、漏记（将业务记录遗漏未记）、有关总账和明细账登记顺序和对应关系错误等。

（6）未按规定对特殊记账使用红墨水。对在登记账簿中使用红色墨水的问题，依据中华人民共和国财政部《会计基础工作规范》的规定，下列情况可以用红色墨水记账：①按照红字冲账的记账凭证，冲销错误记录；②在不设借贷等栏的多栏式账页中，登记减少数；③在三栏式账户的余额栏前，如未印明余额方向的，在余额栏内登记负数余额；④根据国家统一会计制度的规定可以用红字登记的其他会计记录。

（7）未注明记账符号。登记完毕后，要在记账凭证上签名或者盖章，并注明已登账的符号，表示已经记账。在记账凭证上设有专门的栏目应注明记账的符号，以免发生重记或漏记。

（8）格式内容不准确、不完整。登记会计账簿时，应当将会计凭证日期、编号、业务内容摘要、金额和其他有关资料逐项记入账内，做到数字准确、摘要清楚、登记及时、字迹工整。对于每一项会计事项，一方面要记入有关的总账，另一方面要记入该总账所属的明细账。

（9）登记账簿不及时。对于登记账簿的间隔时间应该多长，没有统一的规定，这要依本单位所采用的具体会计核算形式而定。总的来说是越短越好。一般情况下，总账可以三五天登记一次；明细账的登记时间间隔要短于总账，日记账和债权债务明细账一般一天就要登记一次。现金、银行存款日记账应根据收、付款记账凭证，随时按照业务发生顺序逐笔登记，每日终了应结出余额。经管现金和银行存款日记账的专门人员，必须每日掌握银行存款和现金的实有数，谨防开出空头支票和影响经营活动的正常用款。

（10）更正错误。即对发现的错误未按规范的更正方法进行改正，而是采用非法形式，如涂、挖、刮、补、用化学药剂褪色等方法。

（11）过账错误。即各类账簿启用转记、新页与旧页接转错误，承上页、接下页等页次关系不明确。

（12）结账错误。即结账截止时间错误，提前或者推迟结账；各账簿未将本期发生的所有业务登记入账；有关收益、费用和应预提或摊销的费用未按权责发生制原则按期计提或摊销后登记入账；各种收入、成本费用账户未按规定在结转本年利润后登记入账。

（13）未按规定结出余额。凡需要结出余额的账户，结出余额后，应当在“借或贷”等栏内写明“借”或者“贷”等字样。没有余额的账户，应当在“借或贷”等栏内写“平”字，并在余额栏内用“0”表示。现金日记账和银行存款日记账必须逐日结出余额。一般说来，对于没有余额的账户，在余额栏内标注的“0”应当放在“元”位。

（14）有关账簿平衡关系破坏。即账证不符、账账不符、账表不符、账实不符、账与其他有关资料记录不符。

（15）账簿保管错误。账簿的保管应按照《会计档案管理办法》进行，如未按管理要求保管就可能造成有关账簿保管不当、会计档案未建即有散失、现存账簿查找困难，或者造成损坏、残缺、腐烂或丢失。

48 会计账簿中常见的舞弊有哪些？

会计账簿中常见的舞弊情形主要发生在记账、算账、转账、结账、报账等过程中，主要表现形式如下。

（1）涂改、销毁、损坏账簿。用类似涂改凭证的方法来篡改有关账簿，有的则故意制造事故，造成账簿不慎被毁的假象，以达到掩盖不法行为的目的。例如，某税务机关决定对某公司进行税务稽查时，该公司却发生了火灾，烧毁了部分财务资料，事后经查却发现，该企业想借意外事故来掩盖其财务舞弊行为。

（2）不按规定登账。在登记账簿的过程中，不按照记账凭证的内容和要求记账，而是随意改动业务内容，故意使用错误的账户，使借贷方科目弄错，混淆业务应有的对应关系，以掩饰其违法乱纪的意图。例如，某公司下属的几个业务部门在经营上都实行了承包责任制，即年底完成公司所定的任务，即可以作为提拔、晋升、发奖金的前提条件。该公司一业务部经理在年底将近时，眼看无法完成公司合同所定的任务，即私下找主管该部门会计核算的会计人员，许以重金，要求其在登账过程中做一些改动。会计人员允诺，年终，该部门经理如愿以偿地被提拔为该公司副总经理。

（3）不正当挂账。挂账作假就是利用往来科目和结算科目将经济业务不结清到位而是挂在账上，或者将有关资金款项挂在往来账上，待时机成熟再登记回账中，以达到“缓冲”、不露声色和隐藏事实真相之目的。例如，在查阅某公司下属单位账目时，发现该公司 12 月份“主营业务收入”和“应收账款”账户较以往各期发生额大，经查阅明细账，发现“应收账款”明细账中未做登记。查账人员根据账簿记录调阅有关记账凭证，发现有五张凭证内容全部相同，均为：

借：应收账款

　　贷：主营业务收入

　　　　应交税费——应交增值税（销项税额）

经审查，上述五张凭证均未附任何原始凭证，虚列收入200万元，五笔业务在“库存商品”明细账和“应收账款”明细账中均未做登记，准备于下年初将上述分录做销货退回处理。该公司下属单位负责人为了拿到当年奖金，虚增当期利润，并采用挂往来账的手段掩盖其不法的目的。

（4）收入不入账。这类现象主要指财会人员隐匿收入，不报账、不交公而私自占用。主要手段如下。

①对于罚没款、管理费和上级拨款等，不报账、不上交、私自扣留。

②对于销售货物或提供劳务收取的现金回扣和银行存款，按应收账款长期挂账、伺机挪用或侵吞。

③在销售货物、提供劳务，特别是出售账外废旧物资时，采取少计价款、不开发票、不入账等方式直接侵吞。

④在一些商业零售及服务企业，由于不是每笔业务都开发票，票面金额则可能小于实收金额，柜台人员按票面金额报交收入，侵吞差额款项。

（5）结账作假。这类手法主要是指单位在结账及编制报表的过程中，通过提前或推迟结账、结总增列或结总减列和结账空转等手法故意多加或减少数据，虚列账面金额，或为了人为地把账做平，而故意调节账面数据，以达到不法目的。某企业为了申请银行贷款，但有多项指标不符合贷款的有关规定，于是总经理与财务经理商量之后，由财务部负责对本企业的账面进行一些“微调”，以达到银行贷款的条件，于是财会人员利用倒轧的方法，虚列利润，从报表入手至账簿、凭证，调整企业所需的一系列数据。

（6）账账不符。根据财务会计制度的规定，账簿与账簿之间存在一定的钩稽关系，如总账与明细账余额相等且余额方向一致；所有资产总账余额与负债和权益总额必须相等，一些单位由于会计核对不合规，往来债权、债务长期不清，加上会计人员对国家法律法规和制度的学习理解不准确，账账不符的现象十分严重。例如，按企业会计准则规定，企业坏账准备等必须按企业期末应收账款余额的一定比例（如3‰）计提，查账人员在检查某企业坏账准备账簿时，其余额为20万元（全部为当月计提数），经查企业应收账款当月末余额为4 000万元，按3‰计算应计提坏账准备12万元，很明显坏账准备账簿余额与应收账款账簿余额对应关系不正确，多计提 8 万元，加大了成本，虚减了利润。

（7）账证不符。根据财务会计制度的规定，一切账簿记录都是根据会计凭证登记的，会计凭证与会计账簿二者之间应当完全相符。但现实生活中，会计账簿与会计凭证不符，多记、少记、重记、漏记、错记等造成会计信息虚假的情况时有发生。如某企业的出纳人员和会计人员合谋，采用收入现金时账簿金额小于收款凭证金额，付出现金时账簿金额大于付款凭证金额，并同时少计或多计相对应会计科目，不破坏会计平衡的手法，来达到贪污现金的目的。

（8）账实不符。根据企业会计准则规定，有关存货、货币、固定资产、债券等实物资产，其会计账簿记录必须与实物保持一致。但各单位存在账实不符的情况却十分突出，有的有账无物、有的有物无账，还有的账物不符，这种混乱的情势非常容易给一些不法分子可乘之机。如某企业仓库保管员早已将库中的一些物资私自盗卖，收入落入自己的口袋，而会计账簿上这些物资却依然存在账上，仓库保管员正是利用了企业这种较差的内控制度，来达到个人不法目的。

（9）账表不符。根据规定，单位的会计账簿金额应与会计报表对应的资产、负债、权益、收入、费用等项目金额相符，但在现实生活中，许多单位的会计账簿与会计报表存在出入，有时甚至大相径庭。

（10）设置账外账。有些单位采用虚列费用等多种方式，套取资金，另行设账，以记录不法经济活动。关于账外账，主要有以下几种。

①账外现金账和银行存款账，即小金库账。

②账外资产账，即小仓账。

③账外成本、权益，利润账等。

如某企业设置两套财务账册，私设小金库，用于年末职工奖金和福利费支出，有的企业搞账外经营，最常见的就是以各种名目将资金套取出来，另行开设账户进行经营，整个经营活动另设账簿核算，未反映在法定账册内。

49 如何查证会计账簿中的错弊？

对于会计账簿登记中的错弊，可以按照下列方法进行检查。

（1）审阅会计账簿的登记内容，检查其有无未按规定进行登记的问题，如检查其登记账簿是否按规定使用所允许使用的笔墨，登记账簿有无跳行、隔页的情况等。

（2）审阅会计凭证中的签章和“过账”或“页数”栏中的所做标记，检查其账簿登记完毕后，是否在会计凭证上签章，在“过账”或“页数”栏是否做出已记账的标志。

（3）根据被审查单位的规模、业务量及其他有关情况，确定其应采用的会计核算形式，然后检查被审查单位的总账登记内容，分析其登记总账的形式是否合理、账簿登记是否及时。

（4）核对账证记录，检查账簿是否根据审核无误的会计凭证登记，有无账证不符的问题。

50 资产负债表编制中常见的错弊有哪些？

资产负债表是反映企业在某一特定日期（如月末、季末、年末）全部资产、负债和所有者权益情况的会计报表，它表明权益在某一特定日期所拥有或控制的经济资源、所承担的现有义务和所有者对净资产的要求权。它是一张揭示企业在一定时点财务状况的静态报表。资产负债表为会计上相当重要的财务报表，最重要功用在于表现企业体的经营状况。就程序而言，资产负债表为簿记记账程序的末端，是集合了登录分录、过账及试算调整后的最后结果与报表。就性质而言，资产负债表则能表现企业或公司资产、负债与股东权益的对比关系，确切反映公司营运状况。正因为如此，资产负债表是最容易出现错弊的报表。其常见的错弊表现如下。

（1）“货币资金”项目的填列范围不正确，忽视了对其他货币资金的处理。

（2）编制报表时把企业个别部门的备用金错认作“货币资金”。

（3）在只设“应收账款”或“预收账款”科目核算的情况下，没有分析明细科目填列入表。依据企业会计准则规定，在企业只设“应收账款”或“预收账款”科目核算应收项目的情况下，要分析明细科目的借贷方余额填列资产负债表的“应收账款”和“预收款项”项目。

（4）“存货”项目在资产负债表日未按市价重估，直接以历史成本填列。依据企业会计准则规定，企业在编制报表时，已进行减值测试后的存货的账面价值列示于资产负债表的“存货”项目，对于已计提的存货跌价准备则要列示于资产减值准备明细表（为资产负债表的附表）中。

（5）“债权投资”项目下的债券溢折价未正确使用实际利率法摊销。依据企业会计准则规定，对债权投资采用实际利率法摊销，不再使用直线法；对债权投资计提减值准备的，在计算债权投资的摊余成本时就需要充分考虑减值准备因素，同时，对计提减值准备的债权投资也要重新计算实际利率。

（6）编制报表时“长期股权投资”项目对被投资方盈利及分配现金股利的情况未能区分权益法和成本法核算。

（7）被投资企业亏损时，未正确处理长期股权投资的核算。

（8）投资关系变化时，没有正确地对长期股权投资采用不同的方法核算的投资收益进行调整，或成本法转换为权益法和权益法转换为成本法时的会计处理方法不正确。

（9）编制报表时“投资性房地产”项目未明确计量模式并在报表中列示和披露。企业对投资性房地产的计量模式分为成本模式和公允价值模式，同一企业只能采用一种模式对所有投资性房地产进行后续计量，不得同时采用两种计量模式；对以成本模式计量的投资性房地产，在满足以公允价值模式计量的条件之后可以转换为以公允价值模式计量的投资性房地产；对以公允价值模式计量的投资性房地产，不得再转换为以成本模式计量。

（10）会计期末，未对“固定资产”项目的实际情况和账面价值进行检查。

（11）对自行开发的无形资产没有区分研究阶段和开发阶段，仅以依法申请时发生的相关费用作为入账成本。依据企业会计准则规定，区分研究阶段与开发阶段，对于符合规定条件的开发支出，可以资本化确认无形资产。

（12）对计提减值准备的报表项目，未以扣除减值金额后的项目净额填列。

（13）在编制财务报表中未能正确处理可能产生的商誉。

（14）在只设“应付账款”或“预付账款”科目核算的情况下，没有分析明细科目填列入表。

（15）没有正确划分“应付职工薪酬”项目及其各明细内容的范围和界限。

（16）没有分析填列“一年内到期的非流动负债”。依据企业会计准则规定，企业在编制资产负债表时，对一年内到期的非流动资产负债需要根据总账科目或其所属明细科目的余额分析填列，防止漏计，在填列相应的非流动资产负债时又要注意防止多计。

（17）没有确认“预计负债”项目，或披露相关的或有事项。

（18）借款费用资本化计算不正确，未对被资本性支出占用的一般借款利息进行资本化处理。

（19）没有正确地计算递延所得税负债或递延所得税资产的当期金额。企业会计准则要求企业统一采用资产负债表债务法计算所得税费用，并在资产负债表上反映递延所得税资产和递延所得税负债。

（20）“资本公积”项目下的核算及填列范围不正确。

51 如何查证资产负债表中的错弊？

对资产负债表进行审查，主要是审查资产负债表填列的内容是否完整、表内数字计算是否正确平衡、有关项目填列是否准确等。

（1）审查资产负债表填列内容的完整性。一是检查填报日期是否漏填；二是审查表内应填项目是否填列齐全；三是审查有关人员签章是否齐全。

（2）审查资产负债表内相关数字的准确性。一是复核表内小计数是否正确；二是复核表内合计数是否正确；三是将表内左右两方项目数字分别相加，看资产负债表的总额是否平衡。

（3）审查资产负债表内综合项目的填列是否准确。对根据各有关总账账户的期末余额直接填列的项目，应与各有关总账账户的期末余额相核对；对需要根据汇总抵销或分析才能填列的项目，应与各有关总账账户余额相加或相抵及分析的数额相核对；对需要根据明细账户期末余额或其合计数填列的项目，应与各有关明细账户期末余额及其合计数进行核对；资产负债表“年初数”栏内各项数字，应与上年末资产负债表内“期末数”栏内所列数字相核对。

52 利润表编制中常见的错弊有哪些？

利润表是反映企业一定会计期间（如月度、季度、半年度或年度）生产经营成果的会计报表。利润表是根据“收入－费用＝利润”的基本关系来编制的，其具体内容取决于收入、费用、利润等会计要素及其内容，利润表项目是收入、费用和利润要素内容的具体体现。从反映企业经营资金运动的角度看，它是一种反映企业经营资金动态表现的报表，主要提供有关企业经营成果方面的信息，属于动态会计报表。

利润表的主要作用：利润表可以解释、评价和预测企业的经营成果、获利能力和偿债能力，企业管理人员可根据利润表作出经营决策，可根据利润表评价和考核管理人员的绩效。企业编制利润表的主要目的是将企业经营成果的信息提供给各种报表使用者，以供他们作为决策的依据或参考。

利润表编制中的错弊主要表现在以下几个方面。

（1）编制“营业收入”项目中常见的错弊。

①租赁收入未划入营业收入。

②记录伪造的收入或利用其他科目隐匿收入。

③过早或推迟确认收入。

④销售折扣及销售折让处理不规范或混淆。

⑤销售退回未冲减相关收入和成本。

⑥属于资产负债表日后事项的销售退回未正确冲回收入和成本。依据企业会计准则规定，对属于资产负债表日后事项的销售退回，企业需要将这部分与销售退回有关的收入和成本在售出商品确认收入和成本的会计期间，即报告年度的财务报表中予以冲减。

⑦跨年度的销售退回未修改“比较财务报表”中的确认收入成本年份的财务报表数据。

⑧利息收入金额的计量方法错误。

（2）编制“营业成本”“税金及附加”等项目中常见的错弊。

①营业成本的范围划分不正确。

②营业成本核算方法不正确。

③任意虚增虚减营业成本。

④计算税金及附加时，多记或少记了税种，或采用的计税依据不正确。

（3）编制期间费用相关项目中常见的错弊。

①销售费用、管理费用的范围划分错误。

②被没收的财产损失误计入管理费用。

③未正确区分借款费用资本化与费用化的范围。

（4）编制其他损益项目中常见的错弊。

①未单独设立“资产减值损失”科目和报表项目。

②商誉减值处理错误。

③对企业会计准则禁止转回的资产减值损失予以转回。

④对应该转回的资产减值损失不予转回（含处置资产时不转回）。依据企业会计准则规定，应收款项、债权投资、存货、消耗性生物资产、递延所得税资产、融资租赁中出租人的未担保余值等少数资产，如果确认该损失时依据的理由已不存在，仍可通过原渠道反向转回，且转回金额不超过假定不计提减值准备情况下该资产在转回日的净值。

⑤对公允价值这一概念的理解和运用错误。

⑥企业对外投资未分清公允价值变动损益和投资收益的区别。依据企业会计准则，“公允价值变动损益”只反映尚未实现的划分为以公允价值计量且其变动计入当期损益的投资收益，已实现的投资收益记入“投资收益”科目。

⑦以公允价值计量的外币非货币性项目未计入公允价值变动损益。

⑧债务重组利得的错误地计入资本公积。

⑨其他营业外收入的范围划分错误（政府补助等）。

⑩停产停工期间所有费用不加分析全部计入营业外支出。依据企业会计准则规定，正常停工损失应分配计入当年产品成本，非正常停工损失计入营业外支出。企业应分清正常停工损失和非正常停工损失，不应该以此控制利润实现数额和延期计缴部分所得税。

（5）编制“所得税费用”项目中常见的错弊。

①不明确“所得税费用” 和“应交税费——应交所得税”之间的关系。

②企业所得税税率计算有误。

③应税前扣除的工资福利未在税前扣除。

53 如何查证利润表中的错弊?

对利润表进行审查，主要是对企业一定会计期间内收入、费用和利润的合规性、合法性、正确性进行审查，验证企业所反映的在这一期间内的经营成果是否真实、可靠，为报表使用者进行分析和决策提供有效的财务信息。

审查的内容与方法如下。

（1）检查利润表内各项目填列是否完整，有无漏填、错填；核对各项目数字之间的钩稽关系。

（2）检查利润表与其他报表的钩稽关系，特别注意核对利润表所列营业收入、营业成本、销售费用和税金及附加的本年发生数，是否与其附表数一致，利润表所列净利润是否与利润分配表数字一致。

（3）核对利润表各项目数字与相关的总账、明细账数字是否相符，同时通过分析核对，发现有关损益项目数字的变化是否异常，并对疑点做进一步检查。

（4）结合对成本费用、销售收入、利润分配等有关明细账的检查，核实成本费用、各项收入、投资收益和营业外收支等项数字是否准确，必要时要检查有关原始凭证。

（5）结合对纳税调整的检查，核实所得税的计算是否正确，对各扣除项目进行详查，审查有关明细账和原始凭证，注意有无多列扣除项目或扣除金额超过标准等问题。

54 现金流量表编制中常见的错弊有哪些？

现金流量表是反映一定时期内（如月度、季度或年度）企业经营活动、投资活动和筹资活动对其现金及现金等价物所产生影响的财务报表。这份报告显示资产负债表及利润表如何影响现金和现金等价物。现金流量表通过显示经营中产生的现金流量的不足和不得不用借款来支付无法永久支撑的股利水平，从而揭示了企业内在的发展问题。如果某企业经营活动产生的现金流无法支付股利与保持股本的生产能力，不得不利用借款的方式满足这些需要，那么这就对信息使用者发出一个警告，这家企业从长期来看无法维持正常情况下的支出。所以说，现金流量表为信息使用者提供了一家企业经营是否健康的证据。

现金流量表编制中的错弊主要表现在以下三个方面。

（1）编制经营活动现金流量中常见的错弊。

①将现金以及现金等价物不同形式之间的转换作为现金流量在现金流量表中填列。

②对当期的增值税进项税额、销项税额、实际支付税额以及退返税额没有分析填列。依据企业会计准则规定，在增值税的处理中，对销项税额和进项税额应按实际支付的金额分别记入现金流量表中的“销售商品、提供劳务收到的现金”和“购买商品、接受劳务支付的现金”项目；对增值税的收支，在编制现金流量表时要按照实际收付的期间来确认，按照当期收付的金额分别填列现金流量表的相应项目。

③计算“销售商品、提供劳务收到的现金”项目时，忽略了对已贴现应收票据的贴现息的处理。应收票据贴现息并不形成企业的现金流量，在编制现金流量表时需要注意从因贴现而减少的应收票据中将其扣除；对应收票据贴现又分为附追索权的应收票据贴现和不附追索权的应收票据贴现，两种情况下的会计处理方法各有不同，在编制现金流量表时，涉及的项目也有比较大的差异，企业会计人员在实务中应该区别处理。

④计算“销售商品、提供劳务收到的现金”项目时，忽略了对视同销售业务的增值税销项税额的处理。

⑤计算“购买商品、接受劳务支付的现金”项目时，忽略了对当期计入存货成本的薪酬以及制造费用的处理。企业存货的增加并非都是由于购进商品形成的，本期发生的应计入产品成本的工资费用、折旧费用等虽然导致存货增加，但与购进商品无关，应在“购买商品、接受劳务支付的现金”项目中扣除计入本期生产成本的非材料费用；此外，还应调整其他与商品购进和商品销售无关的存货增减变动。

⑥计算“支付给职工以及为职工支付的现金”项目时，没有分析支付薪酬的职工

的工作性质和服务对象。对支付给职工的现金要根据职工的工作性质和服务对象分别填列，支付给一般职工的薪资及各项费用在现金流量表的“支付给职工以及为职工支付的现金”项目中列示，支付给企业长期资产研发或建设的薪资及各项费用在“购建固定资产、无形资产和其他长期资产支付的现金”项目中列示，支付给企业离退休人员的各项费用在“支付其他与经营活动有关的现金”项目中列示。

（2）编制投资活动现金流量中常见的错弊。

①没有正确处理权益性投资的分红收益和资本利得收益带来的现金流量。企业进行权益性投资时，收到的现金分红收益应在“取得投资收益收到的现金”项目中填列，收到的股票股利不影响企业现金流量，收到的资本利得应在“收回投资收到的现金”项目中填列；企业进行债权性投资时，到期收回的本金应在“收回投资收到的现金”项目中填列，定期或到期收到的利息应在“取得投资收益收到的现金”项目中填列。

②对处置固定资产、无形资产和其他长期资产以及处置子公司及其他营业单位收回的现金没有以净额在相应项目下列示。依据企业会计准则规定，企业在“处置固定资产、无形资产和其他长期资产收回的现金净额”项目中，要以企业出售固定资产、无形资产和其他长期资产收到的现金，减去为处置这些资产而支付的有关费用后的净额填列；企业在“处置子公司及其他营业单位收到的现金净额”项目中，要以企业处置子公司及其他营业单位所取得的现金减去子公司或其他营业单位持有的现金和现金等价物以及相关处置费用后的净额列示。

③将融资租入固定资产支付的融资租赁费用记入“购建固定资产、无形资产和其他长期资产的现金”项目下。依据企业会计准则规定，企业在编制现金流量表时，融资租入固定资产支付的融资租赁费用应记入筹资活动产生的现金流量的“支付其他与筹资活动有关的现金”项目。

④对取得子公司及其他营业单位的业务没有在现金流量表中以支付现金净额列示。依据企业会计准则规定，“取得子公司及其他营业单位支付的现金净额”项目要以企业取得子公司及其他营业单位购买出价中以现金支付的部分，减去自公司或其他营业单位持有的现金和现金等价物后的净额列示。

（3）编制筹资活动现金流量中常见的错弊。

①没有分析填列企业吸收投资过程中发生的各项费用支出。依据企业会计准则规定，在企业发行股票、债券吸收投资过程中发生的佣金以及手续费、公证费、宣传费、印刷费等支出要从发行取得的现金收入中扣除，在“吸收投资收到的现金”项目中以净额列示；在企业发行股票、债券吸收投资过程中有企业直接支付的审计、咨询等费用应记入“支付其他与筹资活动有关的现金”项目，由金融机构从企业发行收入中直

接扣除的，应作为企业吸收投资款项的抵减，以净额列示。

②将企业公开发行债券取得的现金填列到“取得借款收到的现金”项目下。依据企业会计准则规定，“取得借款收到的现金”项目反映企业举借各种短期、长期借款而收到的现金，但对企业公开发行债券取得的现金应记入“吸收投资收到的现金”项目。

③将资本化的借款利息支出记入“购建固定资产、无形资产和其他长期资产支付的现金”项目下。依据企业会计准则规定，对企业实际支付的现金股利，支付给其他投资单位的利润或用现金支付的借款利息、债权利息等，均按实际现金支出额记入“分配股利、利润或偿付利息支付的现金”项目。

55 如何查证现金流量表中的错弊？

现金流量表的审查的内容与方法主要如下。

（1）对于“销售商品、提供劳务收到的现金”项目，应审查销货退回而支付的现金是否从本项目中扣除，本项目应包括销售商品、提供劳务而收取的增值税销项税额。

（2）对于“收到的税费返还”项目，应审查是否包括了所有应包括的项目，如所得税、消费税、关税和教育费附加返还款等，是否按实际收到的款项正确地在本项目中反映。

（3）对于“购买商品、接受劳务支付的现金”项目，应审查因购货退出而收到的现金是否从本项目中扣除，购买商品或接受劳务而同时支付的增值税进项税额，是否正确地在本项目中反映。

（4）对于“支付给职工以及为职工支付的现金”项目，应审查在建工程人员的工资及奖金是否单独在“购建固定资产、无形资产和其他长期资产支付的现金”项目中反映。

（5）对于“支付的各项税费”项目，应审查企业购进时支付的增值税进项税额，是否不包括在本项目内，审查企业支付的计入固定资产价值、实际支付的耕地占用税等税种列入投资活动的“购建固定资产、无形资产和其他长期资产支付的现金”项目。

（6）对于“收回投资所收到的现金”项目，应审查债券利息收入是否单独在“取得投资收益收到的现金”项目中反映。

（7）对于“处置固定资产、无形资产和其他长期资产收回的现金净额”项目，应审查是否正确地将固定资产报废、毁损的变卖收益以及遭受灾害而收到的保险赔款收入也列入本项目。若处置固定资产、无形资产和其他长期资产收到的现金净额如为负数，应审查是否正确地将其作为投资活动现金流出项目反映，列在“支付其他与投资活动有关的现金”项目中。

（8）对于“购建固定资产、无形资产和其他长期资产支付的现金”项目，应审查购建固定资产支付的长期借款利息是否不包括在本项目中，列入筹资活动的现金流出项目。

（9）对于“投资支付的现金”项目，应主要审查投资时支付的已宣告发放但尚未领取的现金股利、已到期但尚未领取的债券利息是否单独列入“支付其他与投资活动有关的现金”项目。

（10）对于“吸收投资收到的现金”项目，若是股份有限公司委托金融企业进行公开发行，应审查是否将由金融企业直接支付的手续费、宣传费、咨询费、印刷费等费用，正确地从发行股票取得的现金收入中扣除。

（11）对于“取得借款收到的现金”项目，应审查是否包括了企业所有向银行的短期借款和长期借款。

（12）对于“偿还债务支付的现金”项目，应审查以非现金偿付的债务是否在报表附注中予以说明，因借款而发生的利息支出是否正确地列在“分配股利、利润或偿付利息支付的现金”项目中。

（13）对于“分配股利、利润或偿付利息支付的现金”项目，应审查是否正确地包括了企业支付的现金股利、利润、所有的资本化及费用化的利息。

（14）对于购买和处置子公司及其他营业单位的问题，应审查其产生的现金流量是否正确地反映在投资活动中的“投资支付的现金”或“收回投资收到的现金”项目下。有关整体购买子公司或其他营业单位的现金流量，审查其是否正确地以购买价用现金购买的部分减去子公司或其他营业单位持有的现金和现金等价物后的金额进行反映。

（15）对于“汇率变动对现金及现金等价物的影响”项目，应审查是否正确地采用了现金流量发生日的汇率与期末汇率的差额进行折算。

（16）对于现金流量表附注披露信息的问题，一要审查是否按规定披露了不涉及现金收支的投资和筹资活动、将净利润调节为经营活动的现金流量和现金流量净增加额三方面的信息；二要审查各部分信息披露的正确性。

56 所有者权益变动表编制中常见的错弊有哪些?

所有者权益变动表是反映企业一定时期内所有者权益变动情况的报表，包括所有者权益总量的增减变动、所有者权益增减变动的重要结构性信息和直接计入所有者权益的利得和损失。通过所有者权益变动表，既可以为报表使用者提供所有者权益总量增减变动的信息，也能为其提供所有者权益增减变动的结构性信息，特别是能够让报表使用者理解所有者权益增减变动的根源。

所有者权益变动表编制中常见的错弊如下。

（1）对会计政策变更适用的会计处理方法的选择和使用不当。

（2）对前期差错更正适用的会计处理方法的选择和使用不当。

（3）错误地填列了直接计入所有者权益的利得和损失的业务内容。

（4）未正确确认和计量股份支付中应计入所有者权益的金额。

57 如何查证所有者权益变动表中的错弊?

对所有者权益变动表的审查，主要审查以下几个方面。

（1）审查企业会计政策变更适用的会计处理方法的选择和使用是否恰当。依据企业会计准则规定，对会计政策变更适用的会计处理方法的选择，如果国家发布相关会计处理规定的，按国家规定处理；如果国家没有相关规定的，采用追溯调整法进行会计处理；如果企业会计能够提供交易或者事项的累积影响数，应当从这一累积影响数可确认的最早期间开始进行追溯调整；如果无法提供交易或者事项的累积影响数，就采用未来适用法。

（2）审查企业前期差错更正适用的会计处理方法的选择和使用是否恰当。依据企业会计准则规定，当期对前期估计金额做出变更的，应当作为会计估计变更处理，而对前期做出的不合理的估计，当期要根据有关信息做出调整的，应当作为前期差错更正处理；对重要的或者虽不重要却是故意造成的前期差错应采用追溯重述法，对不重要且非故意造成的前期差错适用未来采用法进行调整。

（3）审查企业填列“其他综合收益结转留存收益”的业务内容是否正确。“其他综合收益结转留存收益”项目，主要反映两方面内容：一是企业指定为以公允价值计量且其变动计入其他综合收益的非交易性权益工具投资终止确认时，之前计入其他综合收益的累计利得或损失从其他综合收益中转入留存收益的金额；二是企业指定为以公允价值计量且其变动计入当期损益的金融负债终止确认时，之前由企业自身信用风险变动引起而计入其他综合收益的累计利得或损失从其他综合收益中转入留存收益的金额等。

（4）审查企业股份支付中应计入所有者权益的金额是否正确。依据企业会计准则规定，对以权益结算的股份支付，授予后可立即行权的，应在授予日按权益工具的公允价值，计入资本公积（其他资本公积），对需要等待期满后方可行权的，在等待期内的每个资产负债表日，将取得的服务根据服务对象计入成本费用，同时确认相应的资本公积（其他资本公积）；对股份支付业务，企业应在“股份支付计入所有者权益的金额”项目下分别填列股份支付引起的所有者权益各科目的金额变动。

58 如何查找会计账簿中的数字颠倒错弊？

若在编制凭证时未发生数字颠倒及其他有关错误，而在登记账簿时发生了数字颠倒，这样就会造成账账、账证不符。若在登记总账时发生了数字颠倒，不仅使总账之间失去了平衡关系，而且该总账与所属明细账也失去了对应关系。若在登记明细账时发生了数字颠倒，尽管总账之间是平衡的，但该类明细账与对应的总账失去了平衡关系。若某总账与所属的明细账在登记某笔业务时都发生了数字颠倒，尽管总账与明细账之间仍保持平衡，但总账之间失去了平衡关系。

由此可见，在登记账簿时若发生数字颠倒，就会造成账账不符。因此，此问题一般是在平时核对账账或月末编制“试算平衡表”时发现疑点或线索，然后再根据数字颠倒后在账簿中的规律变化进行追踪查证。

在账簿中发生的数字颠倒，无论是挨位颠倒（即相邻的两个数字颠倒）还是隔位颠倒，也无论是挨位颠倒中哪两位数码字发生颠倒，隔位颠倒中隔几位颠倒以及颠倒的两个数码字处在什么位置上，在发现账账不符后，都可以依照下列总的思路和程序进行查证。

（1）确定总账借方余额总计数与贷方余额总计数，或总账与所属明细账余额不平衡的具体差额，即上述所说的正确数与错误数之间的差额，如差数为 360。

（2）计算上述差额绝对值除以“9”后的商数。在上例中，360 除以 9 后的商数为 40。

（3）根据商数中的有效数字，确定是挨位颠倒，还是隔位颠倒。若是挨位颠倒，上述商数中则只有一个有效数字；若是隔位颠倒，则有两个或两个以上的有效数字。

在上例中，商数中有效数字的那个数码字是 40，说明是十位数字与百位数字的挨位颠倒，且被颠倒的两个数码字之差是 4，那么，据此可以找出这些数码字，即“0”与“4”、“1”与“5”、“2”与“6”、“3”与“7”、“4”与“8”、“5”与“9”。这六组数码字颠倒后，其差额都是 4。

（4）若是隔位颠倒，应根据发生颠倒的两个数码字在整个数字中所处的位置不同，确定是首尾隔位颠倒，还是中间隔位颠倒。

（5）首尾隔位颠倒是指在一个三位或三位以上的数字中，首末两个数码字发生颠倒，如 865 与 568、2 439 与 9 432 发生颠倒。首尾隔位颠倒发生后数字具有以下特征。

①正确数与错误数之差绝对值被“9”除后的商是一个由相同数码字组成的两位或两位以上的数字。如上述 865 与 568、2 439 与 9 432 发生颠倒后的差的绝对值分别为 297 和 6 993，被“9”除后的商分别为 33 和 777。

②若是隔一位颠倒，上述商为一个两位数，如上述 33。若是隔两位颠倒，上述商为一个三位数，如上述 777。

③发生颠倒的两个数码字之差与上述商中的数码字相同，如上述 865 与 568 发生颠倒的两个数码字“8”与“5”之差“3”与上述商数“33”中的“3”相同。如上述 2 439 与 9 432 发生颠倒的两个数码字“2”与“9”之差“7”与上述商数“777”中的“7”相同。

（6）中间隔位颠倒就是在某个数字中的中间两个数码字隔位或几位发生颠倒。如 89 673 与 87 693、3 104 567 与 3 504 167 发生颠倒，中间隔位颠倒发生后使数字本身具有以下特征。

①若是十位与千或千位以前的某位两个数码字发生颠倒，那么，正确数与错误数之差的绝对值被“9”除后的商数，其个位是“0”，如上述 89 673 与 87 693 颠倒后的差的绝对值为 1 980，被“9”除后的商是 220；若百位与万位以前的某位两个数码字发生颠倒，那么，正确数与错误数之差的绝对值被“9”除后的商数，其个位与十位都是“0”，依次类推。如上述 3 104 567 与 3 504 167 颠倒后的差的绝对值为 399 600，被“9”除后的商是 44 400。

②若是隔一位颠倒，上述商数中有两个相同的有效数字。如上述 89 673 与 87 693 颠倒属于隔一位颠倒，其商 220 是包括两个相同有效数字的数字。若是隔两位颠倒，上述商数中有三个相同的有效数字。如上述 3 104 567 与 3 504 167 颠倒属于隔两位颠倒，其商 44 400 是包括三个相同有效数字的数字，依次类推。

③发生颠倒的两个数码字之差的数码字与上述商中的有效数字相同。

（7）在总账或明细账的借方或贷方（根据账账不符的具体情况确定是总账还是明细账，以及是借方还是贷方）查找根据上述分析所确定的可能发生数字颠倒的一组数字。

（8）将上述查找到的可能发生颠倒的数字逐笔与对应的会计凭证（记账凭证）进行核对，从而确定数字颠倒的具体形态。

此类问题查证后，一般需运用红字更正法或补充登记法将多记或少记账的金额予以冲销或补记。若只是总账中发生数字颠倒，则只在总账中进行调整；若只是明细账中发生数字颠倒，则只在明细账中进行调整；若总账与所属明细账就某一笔业务的同一数字发生了相同情形的数字颠倒，应同时对总账与明细账进行调整。在运用上述红字更正法或补充登记法进行调整时，可以直接在发生数字颠倒的账簿中进行记录，不必编制调整的记账凭证。

下面举例说明数字颠倒会计错误的查证与调整方法及程序。

某企业采用科目汇总表核算形式，每五天编制一次科目汇总表。通过查账人员5月16日在总账刚汇总登记完后的核对，发现所有总账的借方余额合计数为6 581 236，而贷方余额合计数却为6 579 256。查账人员通过核对总账与明细账（总账与明细账5月16日对所有经济业务都做了同步登记），进一步发现“库存商品”总账借方余额为365 842，所属明细账借方余额总计数却为363 862。

查账人员对上述情况做出以下初步判断。

上述情况不仅总账不平衡，而且“库存商品”总账与所属明细账也不平衡，不平衡的差额都是1 980。所以，若是数字颠倒，问题是出在“库存商品”总账中的。

查账人员以上述账账不符为线索，以上述初步判断为主导思路，按照下列程序和方法进行追踪查证。

①确定账账不符的差额为1 980。

②计算上述差额绝对值被“9”除后的商数为220（即1 980÷9=220）。

③根据上述商数中有效数字的数码字确定发生颠倒的两个数码字。上述商数中的有效数字的数码字为2，所以，发生数字颠倒的两个数码字一共有八组，即“2”和“0”、“3”和“1”、“4”和“2”、“5”和“3”、“6”和“4”、“7”和“5”、“8”和“6”、“9”和“7”。

④确定是挨位颠倒，还是隔位颠倒。根据上述理论和该例中的商数为220的情况，可以断定，此数字颠倒为隔位颠倒。

⑤若是隔位颠倒，进一步确定是首尾隔位颠倒，还是中间隔位颠倒。根据上述理论，商数为220的数字中含有0，说明是中间隔位颠倒，数字220中有两个相同的有

效数字，说明是隔一位颠倒。

⑥确定发生颠倒的两个数码字在颠倒数字中所处的位置。根据上述理论，可以断定，商数为 220 的颠倒数字，应是十位与千位两个数码字发生颠倒的一种情况。

⑦确定需要审阅的账户及其方向，在所确定的账户借方或贷方中，查找千位与十位为上述八组数码字的数字。根据上述可知，需要审阅“库存商品”总账 5 月 16 日以前的记录（即审阅该账户 5 月 6 日、5 月 11 日、5 月 16 日三次汇总记录。一般情况下，5 月以前的账账是平衡的），因为“库存商品”总账借方余额大于所属明细账借方余额总计，所以可以推断，要么“库存商品”总账的借方多记，要么该账户的贷方少记。由此可以进一步推断，发生颠倒的数字若在借方，则千位上的数码字大于十位上的数码字，即颠倒后的数字的千位与十位分别为 2 与 0、3 与 1、4 与 2、5 与 3、6 与 4、7 与 5、8 与 6、9 与 7；发生颠倒的数字若在贷方，则十位上的数码字大于千位上的数码字，即颠倒后的数字的千位与十位分别为 0 与 2、1 与 3、2 与 4、3 与 5、4 与 6、5 与 7、6 与 8、7 与 9。根据上述原则，查账人员审阅了“库存商品”总账，在借方查到下列符合上述情况的数字，即 5 月 11 日 0012# 科目汇总表借方记录 4 726，在贷方查到下列符合上述情况的数字，即 5 月 6 日 0011 # 科目汇总表贷方记录 6 988。

⑧调阅上述两笔数字业务的会计凭证，并进行账证核对。查账人员通过这种调阅与核对，最后确定，系 6 988 与 8 968 之误，即 5 月 6 日“科目汇总表”上“库存商品”科目的贷方金额应为 8 968，而在登记账簿时，却颠倒为 6 988。

至此，问题已得到查证。

第3章

销售业务的审查

销售业务是企业经济活动的重要环节，企业利润形成的基础是销售收入，款项的及时收回是企业资产安全和保值增值的重要方面。销售业务中的错弊主要表现在收入的多记或少记上。多记收入是为了增加当期业绩，主要通过虚构应收账款来进行；少记收入主要是为了个人或小集团贪污。销售业务涉及第三方（购货方），需要通过第三方查证。

01 销售业务主要涉及哪些活动?

销售与收款业务主要涉及以下活动。

（1）接受顾客订单。顾客订单只有在符合企业管理层的授权标准时，才能被接受。

（2）批准赊销信用。赊销业务的批准是由企业信用管理部门根据管理层的赊销政策在每个顾客已授权的信用额度内进行的，并且要将销售单与顾客已被授权的赊销信用额度以及至今尚欠的账款余额加以比较。

（3）按销售单供货。设立这项控制程序的目的是防止仓库在未经授权的情况下擅自发货。因此，已批准的销售单的其中一联（副本）通常应送达仓库，作为仓库按销售单供货和发货给装运部门的授权依据。

（4）按销售单装运货物。将按经批准的销售单供货与按销售单装运货物职责相分离，有助于避免装运职员在未经授权的情况下装运产品。

（5）向顾客开具账单。向顾客开具账单包括填制账单和向顾客寄送事先连续编号的销售发票。为了降低开单过程中出现遗漏、重复、错误计价或其他差错的风险，企业应设立以下控制程序。

①开具账单的职员在填制每张销售发票之前，应独立检查是否存在装运凭证和相应的经批准的销售单。

②应依据已授权批准的商品价目表编制销售发票。

③独立检查销售发票计价和计算的正确性。

④将装运凭证上的商品总数与相对应的销售发票上的商品总数进行比较。

（6）记录销售。记录销售的控制程序包括以下内容。

①只依据附有有效装运凭证和销售单的销售发票记录销售。

②控制所有事先连续编号的销售发票。

③独立检查已处理销售发票上的销售金额同会计记录金额的一致性。

④记录销售的职责应与前面说明的处理销货交易的其他功能相分离。

⑤对记录过程中所涉及的有关记录的接触予以限制，以减少未经授权批准的记录的发生。

⑥定期独立检查应收账款的明细账同总账的一致性。

⑦定期向顾客寄送对账单，并要求顾客将任何例外情况直接向指定的未涉及执行或记录销货交易循环的会计主管报告。

（7）办理和记录现金、银行存款收入。在办理和记录现金、银行存款收入时，最应关心的是货币资金舞弊的可能性。

（8）办理和记录销货退回、销货折扣与折让。如果发生退货、提前支付货款时，必须经授权批准，并应确保与办理此事有关的部门和职员各司其职，分别控制实物流转和会计处理。

（9）注销坏账。销售企业若认为某项货款再也无法收回，就必须注销这笔货款。对于这些坏账，正确的处理方法应该是获取货款无法收回的确凿证据，经适当的审批后及时做会计调整。

（10）提取坏账准备。坏账准备提取的数额必须能够抵补企业以后无法收回的销货款。

02 销售业务涉及的主要凭证和会计记录有哪些?

从查账的范围来看，对销售与收款业务的审查主要包括两部分的内容：一是对销售与收款循环业务活动本身的合理性、合法性进行审查；二是对本循环所涉及的主要凭证和会计记录进行审查。

在内部控制制度比较健全的企业，处理销售与收款业务通常需要使用很多凭证和会计记录。其中主要的凭证和会计记录如下。

（1）顾客订货单。顾客订货单是由顾客（买方）向企业（卖方）订购货物时填写的单据。订货单是买方和卖方间货物交易的依据或凭证。企业收到顾客各种形式的订货单之后，应由销售部门专人负责登记。登记时，应对订货单的内容、数量、供货期限等进行审核，确定能否接受该订货。如若不能，应在订货单备忘录中详细说明不能接受的原因及理由。如能接受，应编制销售单，以此作为信用审批、安排发货、开票、记账的依据。

（2）销售单。销售单是列示顾客所订商品的名称、规格、数量以及其他与顾客订货单有关资料的表格，作为销售方内部处理顾客订货单的依据。

（3）发运凭证。发运凭证是在发运货物时编制的，用以反映发出商品的规格、数量和其他有关内容的凭据。发运凭证中的一联寄送给顾客，其余联（一联或数联）由企业保留。这种凭证可用作向顾客开具账单的依据。

（4）销售发票。销售发票是一种用来表明已销售商品的规格、数量、价格、销售金额、运费和保险费、开票日期、付款条件等内容的凭证。销售发票由销售部门根据顾客订货单、销售单、发运凭证，经核对无误后开具统一的销售发票，列明实际发货的数量、品种、规格，并根据企业核准的价目表或经特别批准的价格填写单价和货款总额。销售发票的格式和填制要求是由国家规定的。销售发票应送会计部门审核，最终确定顾客名称、品种、规格、数量、价格、大小写货款总金额等是否恰当和正确。审核以后，在其中的客户联（或发票联上）加盖财务印章或发票专用章方能有效，并寄交顾客，作为顾客支付货款金额的依据。其中的记账联保留在会计部门，而存根联、顾客订单、销售通知单和出库单退回销售部门留档备查。销售发票不但一式多联，而且应预先连续编号。作废的发票应保留在发票本上，以保持发票号码的连续性和完整性。

（5）商品价目表。商品价目表是列示已经授权批准的、可供销售的各种商品的价格清单。

（6）贷项通知单。贷项通知单是一种用来表示由于销货退回或经批准的折让而引起的应收销货款减少的凭证。这种凭证的格式通常与销售发票的格式相同，只不过它不是用来说明应收账款的增加，而是用来说明应收账款的减少。

（7）应收账款明细账。

（8）主营业务收入明细账。

（9）折扣与折让明细账。折扣与折让明细账是一种用来表明核算企业销售商品时，按销售合同规定为了及早收回货款而给予顾客的销货折扣和因商品品种、质量等而给予顾客的销货折让情况的明细账。

（10）汇款通知书。汇款通知书是一种与销售发票一起寄给顾客，由顾客在付款时再寄回销货单位的凭证，如表 3-1 所示。

（11）现金日记账和银行存款日记账。

（12）坏账核销审批表。坏账核销审批表如表 3-2 所示。

（13）顾客月末对账单。顾客月末对账单是一种按月定期寄送给顾客的用于购销双方定期核对账目的凭证，如表 3-3 所示。顾客月末对账单上应注明应收账款的月初余额、本月各项销售交易的金额、本月已收到的货款、各贷项通知单的数额以及月末余额等内容。

（14）相关的记账凭证。

表 3-1 汇款通知书

年 月 日 汇字 号

汇款单位编号		汇款单位名称（全称）		
开户银行			账号	
汇款事由				
人民币（大写）	拾 万 仟 佰 拾 元 角 分			¥：
通知汇款单位				

审批： 部门主管： 经办：

表 3-2 坏账核销审批表

申报单位：

欠款单位	金额	经办人
损失形成原因	申办人： 会计审核： 年 月 日	
申报单位	主管： 年 月 日	
总经理	签字： 年 月 日	

表 3-3 顾客月末对账单

客户名称：×× 公司

为了真实、准确地反映双方账务情况，现将双方往来账进行核对：截至 ×× 年 ×× 月 ×× 日，贵单位与我单位往来款金额为 ×××× 元。请贵单位予以核实。上次对账日期为 ×× 年 ×× 月 ×× 日，上次对账应收账款金额为 ×××× 元。

<table>
<tr><td>日期</td><td>摘要</td><td>月初余额</td><td>本月各项销售交易的金额</td><td>本月已收到的货款</td><td>各贷项通知单的数额</td><td>月末余额</td><td>备 注</td></tr>
<tr><td></td><td></td><td></td><td></td><td></td><td></td><td></td><td></td></tr>
<tr><td></td><td></td><td></td><td></td><td></td><td></td><td></td><td></td></tr>
<tr><td></td><td></td><td></td><td></td><td></td><td></td><td></td><td></td></tr>
<tr><td></td><td></td><td></td><td></td><td></td><td></td><td></td><td></td></tr>
<tr><td colspan="3">数据证明无误</td><td colspan="5">数据不符情况说明</td></tr>
</table>

贵公司确认（公章、签字）　　　　　　日期：　年　月　日

03 销售收入中常见的错弊有哪些？

销售收入中常见的错弊情形有以下几类。

（1）虚构收入。

①利用假客户，编造销售收入。如某上市公司为了保持微利目标，便编造了假客户，从而虚增产品销售收入。具体表现：财务部经领导授意，在某月未发生销售，也未收到任何收款凭证的情况下，虚拟一个购货单位购买产品，以货款暂欠 500 万元的白条作为原始凭证做了账，月末结转成本 300 万元，税金及附加 3 500 元，通过多交税金来掩盖了虚增利润 1 996 500（5 000 000−3 000 000−3 500）元的假象。

②销货退回不处理。按照企业会计准则的规定，对销售退回不论是本年度的销售退回，还是以前年度的销售退回，均应冲减当月销售收入。但在工作中，有些企业为了不影响收入、利润，对退回的产品不入账，形成账外物，或者直接虚构往来，不冲减产品销售收入。

（2）隐匿收入。

①有的企业为了逃税，在发出商品、收到货款，但发票尚未给购货方的情况下，将发票联单独存放，作为应付款入账。如某企业销售一台计算机，购货方提走计算机，

并已将货款 5 000 元付给了销货方，但未索取发票联。企业并不知道购货方何时来取发票联，便将开具的金额为 5 000 元的发票隐藏起来不做账，从而影响了当期损益。

②某些企业销售商品时以“应收账款”“银行存款”直接冲减“库存商品”“产成品”从而随意变动记账的销售额，造成当期损益不实。如某企业销售一批节能灯，价值合计 200 000 元，企业为了逃税，便不核算收入，直接将收入挂在往来账上抵减产成品。

③企业在结账时，发现收入太多，税金过高，便凭空填制记账凭证，虚减产品销售收入，将收入转为财产损失计入当期损益。如某企业在月终转账时，为了调减收入，制作了一张虚假的记账凭证。记账凭证摘要里注明：因质量问题退回 A 产品 80 万元。财务部门直接红字冲减了销售收入，同时虚挂了一个“其他应付款”的往来账户，从而掩盖了收入，少交了税金。

④产品“以旧换新”，用差价计收入。依据企业会计准则的规定，企业采用“以旧换新”的促销方式，应该对旧产品做购进处理，对发出的新产品应做销售处理，但有的企业却用差价计收入，使得企业少交税款。如某企业生产新产品的售价为 100 万元，回收旧产品的协议价为 50 万元，新旧产品交换后，购货方付款 50 万元。企业对换回的旧产品进行加工修复后，成本变成了 60 万元，后以 100 万元售予另一企业。结果，企业将新旧产品差价 50 万元直接计入收入处理，直接用加工后产品销售收入 100 万元直接冲减了生产成本。结果使企业少计收入 150 万元，少交增值税 19.5 万元（修订企业适用增值税率 13%）。

⑤用销售折扣与折让，截留资金纳入“小金库”。

有的企业以“折让”“折扣”名义擅自截留资金，把属于销售收入的资金存入“小金库”，以便用在一些非法支出方面。如某企业领导要送礼，便指示财务部门将取得的销售收入中以销售折扣与折让的方式挤出一部分资金，以满足领导的需要。

（3）提前或推迟确认收入。

根据企业会计准则规定，企业发出商品，同时收讫货款或取得索取货款的凭证时，作为销售收入的入账时间；但是有的企业常常违反规定，人为地改变入账时间，改变当期计税基数。随意地调整当期利润，影响了利润的真实性。

如企业预先收到购货单位支付的货款，应通过“预收账款”科目进行核算，等发出商品时，冲减预收账款，同时，增加主营业务收入。但企业为了调整利润，在产品还未发出时便做了销售处理，视为销售收入已实现。

再如，有的企业在预收购货单位的货款，向购货单位发出商品时，为了调整当期损益，直接记入“发出商品”科目，而不记入“主营业务收入”科目，从而偷逃税金，转移了利润。

（4）其他错弊。

其他错弊主要表现在开具销售发票时开“阴阳票”、代他人开票等方面。这样便给偷税、漏税、贪污盗窃、私设“小金库”留有了余地。

04 如何查证虚假销售收入?

所谓虚假销售收入，是指故意虚构销售业务，编制虚假的会计分录。企业虚假销售常以虚构客户或真实客户为基础，虚拟交易。虚构的经济业务按正常销售程序进行模拟运转，包括伪造客户订单、销售合同、出库单、发运凭证，开具税务部门认可的销售发票等。有的企业通过有交易的客户虚构销售业务，使其收入远远大于真实的收入，等到次年再做退货处理或开具增值税专用发票，既不增加税负，又提高了收入。对于虚假销售收入的查证，主要关注以下几点。

（1）强化对应收款项的审查。虚假的收入通常伴随着虚假的应收款项，对应收款项实施函证程序是发现虚假收入的有效手段。查账人员可将被审查单位提供的客户名称、地址与销售发票上的记录核对，还可利用网络搜索、黄页号簿等获取被询证单位的地址、电子邮件地址、传真、电话等，与被审查单位提供的相关询证地址进行核对。在取得电子媒介等方式的询证回函后，查账人员还应当索取书面回函，保留回函信封作为审查证据，并充分关注回函来源。在认为被审查单位与其关键客户可能存在“默契”时，查账人员应该向审计该关键客户的会计师事务所就有关问题进行函证、沟通，以证实其真实性。

（2）强化对货币资金的审查。通常从银行对账单的流水记录中能发现虚假的收入的端倪。因此重视对货币资金的审查，是发现虚假收入的捷径。企业的现销收入和赊销应收款项的收回是企业收入的两大来源。对大额的现销收入，查账人员应追查银行对账单的流水记录。获取银行对账单、银行询证函是审查银行存款的一项标准取证程序。对银行存款余额的确认应当以询证程序为主。为保证询证的有效性，对于重要和异常的银行账户，查账人员应当寻求被审查单位的配合，亲自前往银行询证。

（3）强化销售收入的截止性测试，关注日后退货的相关记录。销售收入截止性测试的基础是企业的收入确认原则。截止性测试的关键在于查看发票开具日或收款日、记账日、发货日或提供劳务日三者是否处在共同会计期间。查证被审查单位是否多计收入的截止性测试一般采用从报表日前后若干天的账簿记录查至记账凭证，检查发票存根与发运凭证等方法，以证实已入账收入是否在同一期间并已开票、发货。此外，企业多计的收入往往在其后表现为销售退回，所以应关注资产负债表日后有无大额或连续退货，以查证报告期销售收入的真实性。

（4）关注实物流转程序。追查存货的永续盘存记录，关注企业实物流转，也是发现虚假销售收入的重要手段。公司的生产经营活动是一个包括采购、生产、仓储、销售等复杂活动的集合体，这些活动通常会涉及计划、采购、生产、仓储、销售等部门，存货的流转几乎涉及上述的每个部门与环节，凭空捏造的销售收入一般不会伴随真实的存货流转，因此抽查存货采购、产品入库等盘存记录往往能够有效地揭露虚假销售收入。

（5）通过其他项目的审查结果予以佐证。企业的整个生产经营过程是一个完整的链条，其中任何一个环节不衔接都会给查账人员的审查工作提供线索，所以查账人员要关注由销售的增减引起的相关事项的增减。如销售的增减会引起包装材料、水电费的增减；企业自设运输部门并负责免费运输销售货物，那么运输费用就应当和企业收入的增减呈现同向变化；在竞争激烈的市场形势下，销售的增加往往伴随着营销费用的增加，因此查账人员可以通过“周转材料——包装物”“制造费用——水电费”“销售费用”等科目获取的审查证据进一步佐证收入的合理性。

05 如何查证隐匿销售收入？

相对于虚假收入的查证，对隐匿收入的查证难度要大很多。因为对虚假收入的查证，实际上是查真实性的问题，真实性的问题是被查对象的主张，由被查对象提供有关销售是真实存在的证据，查账人员只要根据有关的证据进行查证即可。而对隐匿收入的查证，实际上是查收入的完整性的问题，完整性的问题是查账人员的主张，是查账人员认为被查对象对收入有隐瞒，需要由查账人员提供有关证据，证明被查对象的销售收入记录是不完整的，显然这难度很大。

在查账时，被查对象提供的账册报表等资料经过了精心策划，仅从账面上很难发现存在的隐瞒销售收入问题。因此查账人员在审查过程中，不能只就账查账，而是要将账面检查与逻辑分析相结合，要善于使用企业的内部资料，利用其较真实的内部核算资料掌握其真实情况，要全面了解其具体的经营流程，从经营流程中真实反映经营状况的环节找突破口，运用比对法，围绕疑点问题，提取证据资料，用证据资料把违法问题确定下来。

下面介绍的几种比对法，对于隐匿销售收入的查账比较有效。

（1）主要数据比对法。

主要数据是指人均年产值、销售量、销售收入、毛利率等。主要数据比对法是指将这些数据与生产条件相当的同行业企业的数据相比对，或将这些数据与本企业以前年度的数据相比对，通过对比，发现异常。

（2）经营收入占资产比例比对法。

将经营收入占实际经营性资产价值的比例与同行业同规模的企业水平相比对，确定是否明显低于同行业同规模的企业水平。

（3）收入与费用比对法。

收入与费用比对法是指利用收入与费用配比原则，通过费用的增减变化可以推断收入的增减变化。费用主要有工人工资、管理费用、水电费、包装物支出、运输费等。

工人工资支出增减有两种情况：人数的增减、效益工资的增减。看企业的应付工资支出与工资表，引起工资支出增减变化的是哪些因素，这些因素与生产产值的关联性。再将本年的工资与同行业相同规模企业的工资相比对，与本单位以前年度的工资相比对。看人均工资支出是增长还是下降，如果人均工资超过同行业相同规模企业的人均工资或不断增长，说明生产产值或生产效率在提高，销售收入也必然在提高。

管理费用的高低也是衡量收入是否增长的指标之一。很多企业管理人员的工资是与企业销售业绩挂钩的。

水电费的增长说明企业产值在增长，产值增长了，销售收入自然增长。

包装物支出、运输费支出增长往往说明销售货物数量在增长。

通过以上几项费用的比对，就能从中找出疑点。

（4）投入产出率比对法。

投入产出率，是指投入资金与其所创造价值之间的关系，是反映投资效果的一项指标。

计算公式：投入产出率＝收益 ÷ 投资 ×100%

或投入产出率＝所获得的产出总收入 ÷ 所投入的总成本 × 100%

运用投入产出率比对法时应注意以下几点。

一是和相当条件下的同行业的产品投入产出率相比对。

二是和同期银行存款利率水平相比对。

三是和国家规定的产品投入产出率相比对。

四是和本企业历年的产品投入产出率相比对。

通过这四个比率的比对，看企业投入产出率是否低于行业正常水平，是否低于同期银行存款利率水平，是否低于国家的规定水平，是否低于企业的历史水平。如果低于上述水平，就要引起关注了。

（5）税负率比对法。

税负率 = 本年累计应纳税额 ÷ 本年累计应税销售额（不含税）×100%

从这个公式可看出税负率的高低与企业应纳税的收入是密切相关的。

运用税负率比对法时应注意以下几点。

一是看相当条件下的同行业的税负率是多少，看企业税负率是否低于行业正常水平。

二是和当地税务部门确定企业的平均税负率相比对。

三是和企业不同时段的税负率相比对。

（6）营运资金比对法。

在一般情况下，企业账内账外的资金都会存在一定的关联。生产企业一般需要占用大量的流动资金，这就决定了即使企业将部分收入隐匿在账外，也可能会把账外资金调入账内使用。因此应对企业营运资金进行核对，看是否有资金短缺等异常现象，从而判断企业是否有账外资金和隐瞒收入的违法嫌疑。

不同的企业，不同的核算方式，不同的财务人员，财务处理的结果都会有所不同。查账人员不能就账查账，要综合运用查账技术手段，在企业核算的蛛丝马迹中发现疑点，找到正确的突破方向，并加以综合分析、判断，最终查出企业隐瞒收入的事实。

06 销售成本中常见的错弊有哪些？如何查证此类错弊？

销售成本是指企业所销售商品的成本。销售成本应当与销售收入进行配比。销售成本和销售收入是一组相对应的概念。

销售成本中常见的错弊如下。

（1）未通过一定的计算程序和方法计算产品销售成本，直接将产品成本列作产品销售成本，以致少计或多计。

（2）用计划成本代替实际成本，或按销售收入比例结转销售成本，致使销售成本计算不实。

（3）将发出商品中的代垫运杂费误作为销售成本，以致多计销售成本额。

（4）漏记或重复计算某种产品销售成本，或计算错误，以致影响产品销售利润的正确性。

（5）人为调节结转到销售成本的金额，从而达到调节利润的目的。

（6）对已销产品不做成本结转，即只计收入不计成本；或者相反，将未销产品视为销售，多转成本。前者的常用做法是当产品已销售后，会计部门对其产成品明细账的贷方数量不做记录，这种情况多见于月末集中结转成本的场合，到下期做产成品的盘亏处理。后者的一般做法是多记产成品明细账的出库量，到下期做产成品盘盈处理。

（7）企业的产成品发出数中，有一些是与销售业务无关的，如退回生产部门返修的产品等。这些产成品发出业务必须当即冲减库存产成品明细账，否则会虚增库存产成品成本，隐瞒已销产成品成本。

（8）企业将其他销售成本误列为产品销售成本，或将产品销售成本误列为其他成本。

（9）违反成本结转一致性的原则，随意改变成本结转方法，以调节当期成本。我国企业会计准则规定：各种存货发出时，企业可以根据实际情况，选择使用先进先出法、加权平均法、移动平均法、个别计价法等方法确定其实际成本。存货计价方法一经确定，年度内一般不得随意变更，否则极易造成混乱，导致会计信息不可比，影响利润的真实性。

（10）成本计算不真实、不正确，即使产品销售成本结转方法前后一致，企业也可能通过成本计算来调节当期成本，不同的成本结转方法失真的形式各异。

①采用加权平均法、先进先出法、移动平均法、个别计价法计算结转已销售产品成本的企业，往往用这些方法计算确定的单位成本与实际应结转的单位成本相差甚远。

②采用计划成本计算销售成本的企业，对计划成本与实际成本的差额不在已销售产品与结存产品之间进行合理分配，或者以计划成本代替实际成本，或者计划成本与实际成本的差额全部或大部分由已销售产品负担，或者全部或大部分由结存产品负担。

③采用按定额成本计算销售成本的企业，对定额成本与实际成本的差额不进行合理分配，或者以定额成本代替实际成本，或者其差额全部或大部分由已销售产品或结存产品负担。

④采用售价定额核算的企业附属门市部等，常常故意少算或多算零售价与成本价的差额，或者故意抬高和降低差价分摊率以调整当期销售成本。

对于销售成本中的错弊，可采用以下方法进行审查。

（1）获取或编制销售成本明细表，复核其加计数是否准确，并与明细账、总账及报表的金额核对一致。

（2）采用分析性复核程序，分析销售成本的变动趋势。

①将本期的销售成本与上年同期或预算的销售成本进行比较（按月或主要业务类别），分析异常变动的原因。

②比较本期各月各类业务成本的波动情况，分析其变动趋势是否正常，并查明异

常现象和重大波动的原因。

③计算并比较本期各月各类销售业务的毛利率，如存在异常变动，应查明原因，确定销售成本与销售收入是否配比。

④视需要计算并比较本期与上年同期单位成本或存货周转率等，分析重大或异常变动的原因。

（3）结合分析性复核选择部分月份或业务类别，抽查销售成本结转数额的正确性，并检查其是否与销售收入配比，尤其应注意期末前两个月的配比性。

（4）审查与销售成本相关的原始凭证，查证记录的存货和销售成本是否缺乏凭证支持或与之相关的交易是否获得恰当的授权。对于存货和销售成本的会计记录与佐证证据存在异常差异的情形（如原始凭证是复印件，存货实物盘存记录与账面记录严重不符等），要进行详细审查。

（5）询问高级管理层或相关雇员对存货和销售成本的解释，如解释前后矛盾、含糊不清或令人难以置信，则应详细审查。

（6）审查采购订单、采购发票、存货收入报告和存货记录之间是否存在不一致现象。

（7）对于存货丢失或盘亏数量巨大，或者存货和销售成本的关键凭证“丢失”的情形，要详细审查。

07 销售费用中常见的错弊有哪些？如何查证此类错弊？

销售费用是指企业在销售产品和提供劳务等日常经营过程中发生的各项费用以及专设销售机构的各项经费，包括运输费、装卸费、包装费、保险费、广告费、展览费、租赁费（不包括融资租赁费），以及为销售本企业商品而专设销售机构的职工工资、福利费、办公费、差旅费、折旧费、修理费、物料消耗、低值易耗品的摊销等。

销售费用中常见的错弊如下。

（1）销售费用不真实。即虚构本不存在的交易或事项，骗取本单位报销付款。主要包括虚构服务合同，伪造发票报销虚构的费用等。

（2）销售费用不正确。即存在导致费用发生的交易或事项，但是报账时设法加大费用金额，从而侵吞差额支出。

（3）销售费用不合规。主要包括超范围列支业务费，开支超标准等。

（4）销售费用会计处理不恰当。有些企业不按照规定结转产品销售费用，多转、少转或不转销售费用，从而人为地调节利润。

对销售费用中的错弊。审查的重点一般为以下几个方面。

①获取或编制销售费用明细表，复核其加计数是否正确，并与报表数、总账数和明细账合计数核对是否相符。

②检查销售费用明细账，其核算内容是否属于规定的开支范围，有无不符合规定的开支，有无将其他费用列入销售费用的情况。

③检查销售费用的开支标准是否符合规定，有无超标准的开支。

④将销售费用中的工资、折旧等与相关的资产、负债科目核对，检查其钩稽关系的合理性。

⑤对销售费用进行趋势分析和比率分析，检查其支出水平及其变化趋势是否合理，有无异常情况，如有应查明原因。

⑥选择重要或异常项目的产品销售费用项目，如广告费、运输费等，检查其原始凭证是否合法、支出内容是否合理、会计处理是否正确。

⑦确定销售费用的期末结转是否正确、合规，有无多转、少转等影响利润正确计算的情况。

08 应收账款中常见的错弊有哪些？如何查证此类错弊？

通常，应收账款在企业流动资产中占有相当大的比重。利用应收账款舞弊会直接影响企业的现金流量和支付能力、偿债能力及周转能力，同时其坏账风险对企业盈利状况也会有直接的影响。应收账款中常见的错弊如下。

（1）设置账户时的错弊。

①不按规定设置应收账款明细分类账，而是将各种债权统统记入“应收账款”科目，以模糊债务人的手法，造成债权不明晰。

②把往来款项全部记入“应收账款”科目，用以掩盖不正常的经营活动。

（2）会计核算时的错弊。

①混淆应收账款的核算内容和使用范围，从而影响核算内容的正确性。

②将不属于应收账款的经济业务列作应收账款处理。

③虚构应收账款业务，虚增收入和利润，粉饰经营业绩。

④发生应收账款业务时，不进行会计核算，虚减收入和利润，偷漏税金。

⑤销售已取得货款，却继续作为应收账款挂账，将货款予以或挪用或作为“小金

库”存放。

⑥选择核算方法时，采取净额法入账，以减少应纳税额。企业会计准则规定，在现金折扣的情况下，应收账款的入账金额应采用总价法，即应收账款按未抵减销货折扣前的总额作为入账金额。

（3）到期收回时的错弊。

按企业会计制度规定，应收账款应在一年内收回，但在实际工作中，有的应收账款到期后，因为多种因素如债务人无力按时支付、经办人收取对方好处费故意到期不回收等，使应收账款长期挂账；还有的故意将已收回的应收账款不按规定及时结转，长期挂账，达到挪用的目的。

（4）处理坏账损失时的错弊。

①核销坏账损失时不履行手续，没有经过批准就擅自核销。

②随意变更坏账损失处理方法，直接转销法和备抵法混用。

③人为扩大计提范围和计提比例，达到多提坏账准备、多列管理费用、偷逃所得税的目的。

④年末或定期调整坏账准备金额时不考虑坏账准备的实有余额。

⑤不按坏账确认的标准确认坏账发生，将预计可收回的应收账款作为坏账处理，将本该确认为坏账的应收账款长期挂账，造成资产不实。

⑥收回已转销的坏账时，不增加坏账准备，而是作为营业外收入或应付账款或不入账，作为内部“小金库”处理或贪污私分。

从应收账款各类舞弊表现可以看出，应收账款舞弊行为主要体现在两个方面。企业方面，一是通过应收账款造假提供虚假会计信息，用以美化企业形象，达到牟取企业或者相关集团利益的目的；二是设置“小金库”达到贪污私分的目的；三是达到偷漏税金的目的。个人方面主要是达到牟取私利，贪污或挪用企业资金的目的。

对应收账款错弊的审查应从评价企业内部控制入手。评价应抓住四个侧重点：第一，查企业是否建立了明确的职责分工制度；第二，查企业是否建立了应收账款催收货款制度；第三，查企业是否对每笔赊销业务的应收账款都严格控制并分类登记；第四，查企业是否建立了坏账审批制度。对应收账款进行内部控制评价，目的是充分把握应收账款收付业务的合规性、合法性、可靠性及应收账款坏账处理的适当性，便于有针对性地对企业应收账款实施审查程序。查证应收账款错弊，可以从以下几个方面进行。

（1）查证应收账款数据的正确性。

①将“应收账款明细表”的有关金额复核加计，并与其报表数、总账数和明细账

合计数进行核对，看其是否相符。

②审查部分应收账款明细账，复核发生额及余额计算是否正确。

③将“应收账款”部分明细账与其对应的会计凭证相核对，审查其账户余额是否正确。

④审查应收账款的截止日期是否正确。

（2）查证应收账款内容的真实性。

①函证应收账款，确定其真实性。

②审查其销售合同、销售订单、销售发票副本和发运凭证等，确定其存在的真实性。

③盘点库存商品，查明应收账款是否为由于销售商品而形成的，以确定其真实性。

④查看审计年度结算后是否有大量退货的现象，以确定其真实性。

（3）查证应收账款业务的合法性。

①审查产品销售合同，确定是否有虚增应收账款、调节利润、夸大经营成果的现象。

②审查是否有利用“应收账款”科目转移资金，调平账款的现象。

③审查是否有将已收到的应收账款不入账或推迟入账时间，以达到挪用或据为己有的目的。

④审查坏账是否经过合法的程序和可靠的依据。

（4）查证应收账款的合理性。

①审查应收账款的期末余额是否正常。

②审查应收账款的增减变动情况及原因。

③审查坏账准备的计提和处理情况。

④查明账龄较长的应收账款的原因。

⑤审查商品赊销、销货折扣和折让、坏账损失等是否经过审批手续。

（5）查证应收账款在会计报表中列示的恰当性。

①审查应收账款的“年初数”是否是上年的“期末数”。

②审查“应收账款”项目是否根据科目所属明细科目的期末借方余额合计数，减去“坏账准备”科目中有关应收账款计提的坏账准备期末余额后的金额填列。

③审查“应收账款”科目所属明细科目期末有贷方余额的，是否在“预收款项”项目内填列。

④审查应收账款在会计报表附注中的披露是否恰当（如是否披露持有 5% 以上股份的股东单位应收账款）。

09 预收账款中常见的错弊有哪些？如何查证此类错弊？

“预收账款”科目核算企业按照合同规定或交易双方之约定，而向购买单位或接受劳务的单位在未发出商品或提供劳务时预收的款项。预收账款一般包括预收的货款、预收购货定金等。企业在收到款项时，商品或劳务的销售合同尚未履行，因而不能作为收入入账，只能确认为一项负债，即贷记“预收账款”科目。

预收账款中常见的错弊如下。

（1）利用预收账款，虚增销售收入。

有些企业利用预收账款来调节商品销售收入，将尚未实现的销售收入提前作为收入处理，虚增商品销售收入，调节利润；这些企业为平衡利润，在未发出商品时就虚构商品销售收入，虚增当期利润，在下一个会计期间再冲回原账务处理。

如某企业商品销售采用预收账款形式，收到货款时，借记“银行存款”科目，贷记“预收账款”；待发出商品时确认收入，将预收账款转入产品销售收入，借记“预收账款”科目，贷记“主营业务收入”“应交税费——应交增值税（销项税额）”科目。该企业在2×13年12月预计不能完成目标利润，遂于年底将几笔预收账款转为销售收入，以达到增加利润的目的。查账人员在查账过程中发现，该企业这几笔销售收入并没有同时结转产品销售成本，纯属人为调节损益。

（2）利用预收账款，隐匿销售收入，偷逃税金。

有些企业将预收账款长期挂账，不做销售处理。如某印刷厂收到客户交来货款时，借记“银行存款”科目，贷记“预收账款”科目。待客户取走印刷品时，该厂继续将预收账款挂账，不转作收入，也不结转成本，以达到隐匿收入和偷逃税金的目的。

查证预收账款的基本方法与程序如下。

（1）获取或编制预收账款明细表，复核其加计数是否正确，并核对其期末余额合计数与报表数、总账数和明细账合计数是否相符。

（2）检查预收账款贷方发生额及其相应的合同、协议及其他相关凭证。通常，企业必须按所签合同、协议收取预收款项，不得将其他款项记入“预收账款”科目内，更不得以“预收账款”为名为其他单位或个人转户。对利用预收账款虚增收入的情形：

①重点查阅“预收账款”和“主营业务收入”明细账记录，尤其注意企业年末以红字冲销的业务记录；

②若发现有红字冲销记录，则跟踪查证有关记账凭证和原始凭证，清查发票、仓库提货单等凭证是否齐全。对红字冲回记录，要仔细查清是哪一笔经济业务，然后将两笔业务的凭证合起来审查核对，查明是对方退货造成的，还是企业虚增产品或商品

营业收入，以及虚增当期利润造成的。

（3）检查预收账款借方发生额及其相应的发运文件等相关凭证。请被审查单位协助，在预收账款明细表上标出至查账日止已转销的预收账款，重点对已转销金额较大的预收账款进行检查，核对记账凭证、仓库发运凭证、销售发票等，并注意这些凭证发生日期的合理性。

（4）函证预收账款。选择预收账款的若干重大项目函证，根据回函情况编制函证结果汇总表。

（5）检查预收账款是否存在借方余额，决定是否建议做重分类调整。

（6）检查预收账款长期挂账的原因，并做出记录。对于预收账款长期挂账的审查，可采用审阅法、调查法和复核法进行审查，具体如下。

①先详细查阅“预收账款”账户明细账，依据相关的经济合同、货款协议、逐笔核对企业是否存在逾期不供货、长期挂账的情况。

②如果发现被审计企业存在拖延供货时间、预收账款长期不结算等现象，则应采用相应的内查外调的措施，查明是企业的客观原因所致，还是企业为了骗取购货方的预收货款项所致，这样就可以对企业在“预收账款”问题上的违规行为予以确认。

（7）对税法规定应予纳税的预收销售款，结合“应交税费”项目，检查企业是否及时、足额计缴有关税金。

（8）检查预收账款是否已在资产负债表上做恰当披露。

10 其他业务收入中常见的错弊有哪些？如何查证此类错弊？

其他业务收入是指企业除产品或商品销售收入以外的其他业务形成的收入，如材料物资及包装物销售、无形资产转让、固定资产出租、包装物出租、运输收入、废旧物资出售收入等。其他业务收入中常见的错弊有以下几种。

（1）其他业务收入入账时间提前或拖后。

①入账时间提前。有的企业往往在月末或年末，为完成利润指标、掩饰亏损，而把应在下月或下年度入账的收入列入本期。

②入账时间拖后。有的企业对已实现的收入长时间不入账（尤其是现金收入），这样，一方面会造成当月利润不实；另一方面也容易造成个人挪用、贪污或形成“小金库”。

（2）其他业务收入入账金额不正确，漏记、虚增、隐瞒其他业务收入。

①多列或虚列固定资产出租、包装物出租等其他业务收入，从而达到虚增利润的目的。

②少计或不计其他业务收入（尤其是一些不经常发生的收现业务），从而达到隐瞒利润，私设“小金库”，或个人贪污、挪用的目的。

（3）其他业务收入列示的内容、范围不符合规定。

各个企业在列示其他业务收入时，必须严格遵守有关制度规定。但有些企业为了少交税金，把产品（商品）销售收入列入其他业务收入。

（4）其他业务收入的会计处理不规范。

①其他业务收入实现后，记入“营业外收入”账户。

②其他业务收入实现后，只记入“其他业务收入”账户，没有相应结转成本和支出，违背了配比原则。

③将属于产品或商品销售收入或营业外收入、投资收益的收入列作其他业务收入。

查证其他业务收入的一般方法和重点如下。

（1）获取或编制其他业务收入明细表，复核其加计数是否正确，并与报表数、总账数和明细账合计数核对是否相符。

（2）检查其他业务收入内容是否真实、合法，符合制度规定，择要抽查原始凭证。与上期其他业务收入比较，如有重大波动，了解波动原因，分析其合理性。

（3）检查其他业务支出，包括相关的成本、税金、费用，检查内容是否真实，计算是否正确，配比是否恰当，择要抽查原始凭证。

（4）对异常的其他业务收支项目，应追查入账依据及有关法律性文件是否充分。

（5）注意其他业务收入是否有相应的业务支出数；检查是否存在技术转让收益，必要时调减应纳税所得额。

（6）审查其他业务收入列示内容、范围是否合规，账务处理是否正确，是否存在将不属于其他业务收入的业务收入记入本账户的情况。

（7）审查其他业务收入的入账时间和入账金额是否正确，是否有漏计其他业务收入或者通过往来账少计其他业务收入的情况。

（8）审查超储积压物资的销售。审查要点归纳如下。

①查明出售的材料物资是否确属超储、多余、积压、残次的材料物资，是否有出售生产上需要的物资从而影响正常生产的情况。检查方法一般有两种：一是将清仓后划出的属于超储、多余、积压、残次材料物资清单上所列品种、数量逐项与生产部门所需材料物资品种、数量进行核对，看其划出有无错误；二是检查其他销售明细账有

关会计凭证，核对出售的材料物资品名与超储、多余、积压、残次材料物资清单上所列品名是否相符，看其有无将属于生产上需用的材料物资，特别是紧俏物资出售给其他单位和个人的情况。

②查明出售的价格是否合理。审查时，应注意查明企业有无低于规定价格或低于购进成本价出售的情况，同时，审查其销售收入是否计算正确、入账是否及时，有无把其他业务收入私自放入“小金库”的问题或将其他业务收入列入主营业务收入或营业外收入。审查时可根据“其他业务收入”明细账户借方或贷方发生额，调阅会计凭证核实。

（9）审查边角余料、下脚废料的销售。边角余料、下脚废料的审查可参照上述方法，审查时应注意以下几点。

①边角余料是一种有用的材料，看企业有无大材小用或将成品材料当作边角余料出售情况，有无随意处理浪费的情况。

②核查售价是否合理，有无低于规定价格的情况。

③销售款是否全部入账，有无将边角余料、下脚废料销售收入纳入“小金库”的情况。

④查明出售给废旧物资回收站的边角余料和下脚废料是否取得了凭证，有无涂改凭证的情况。

（10）审查出租包装物。

应注意审核出租包装物租金是否记入“其他业务收入”账户，应作为营业外收入处理的逾期未退包装物押金，是否错记入“其他业务收入”账户。审查时，可检查出租、出借包装物明细账和往来账户，并调阅有关凭证进行审查。

（11）审查技术转让收入。

技术转让是指技术商品转让，如商标、技术专利、先进技术成果和新产品开发等技术商品的转让。对技术转让审查要点如下。

①审查技术转让的许可协定或转让合同的内容是否确切、齐全、合理、合法，有无容易引起误解和纠纷的不明确条款等。

②审查转让的技术是否经国家有关机构的鉴定证明，防止企业做假，以骗取国家对新技术应用的优惠政策。

③审查技术转让收入计算是否正确，有无将与技术转让无关的收入列入的现象。同时，还应审查收入记录是否完整，有无隐瞒、转移收入等问题。

④审查技术转让支出的成本、费用是否属实，有无将与技术转让无关的费用、成本列入的现象。

⑤审查技术转让收支的余额是否超过国家规定的免征所得税余额的界限；超出时，是否缴纳了所得税。

（12）审查固定资产出租。审查要点如下。

①审查固定资产出租合同，查清固定资产出租后保管、维修的责任，出租的价格是否合理。主要看租出的固定资产是否确属企业暂时不需使用而租出的，租出时所定条款是否合理，是否符合国家有关政策规定。

②审查固定资产出租收入的记录是否正确、是否都已入账，有无隐瞒出租的固定资产、隐瞒收入的情况。

③审查出租固定资产的手续是否齐全，是否经过有关部门审批、签字认可；出租后的固定资产是否做了会计记录；出租固定资产是否由专人负责登记管理。

11 其他业务支出中常见的错弊有哪些？如何查证此类错弊？

其他业务支出是指除主营业务以外的其他销售或其他业务所发生的支出，是指企业取得其他业务收入相应发生的成本。其他业务支出包括其他业务的销售成本，提供劳务所发生的相关成本、费用、税金及附加等。其他业务支出中常见的错弊如下。

（1）其他业务支出不真实，多计甚至虚构其他业务支出（如材料成本）。

（2）其他业务支出不完整，将其他业务支出混入营业外支出或主营业务成本。

（3）其他业务支出会计处理不正确。

其他业务支出审查的一般方法和重点如下。

（1）获取或编制其他业务支出明细表，复核其加计数是否正确，并与报表数、总账数和明细账合计数核对是否相符。

（2）检查其他业务支出内容是否真实、合法，符合制度规定，择要抽查原始凭证。与上期其他业务支出比较，如有重大波动，了解波动原因，分析其合理性。

（3）对异常的其他业务支出项目，应追查入账依据及有关法律性文件是否充分。

（4）注意其他业务支出是否有相应的业务收入数；检查是否存在技术转让收益，必要时调减应纳税所得额。

（5）审查其他业务支出列示内容、范围是否合规，账务处理是否正确，是否存在将不属于其他业务支出的业务支出记入本账户的情况。

（6）对逾期不再退还的包装物押金，检查企业是否按税法规定，在结转收入时计提相应的增值税和消费税，并通过“其他业务支出”科目核算。检查人员应结合 “其他应付款”科目借方发生额记录，检查“其他业务支出”科目是否有缴纳增值税、消费税的记录；对“其他应付款”科目贷方余额长期挂账的情况，应通过合同查明是否属应转而未转收入的情况，如果是这种情况应及时转入“其他业务收入”科目，补缴增值税及消费税，记入“其他业务支出”科目。

（7）审查其他业务支出是否符合配比原则，有无虚列、多列。检查时应注重对企业对外运输、劳务支出的审查，看其是否有随意扩大其他业务支出范围的情况。根据财务制度的规定，“其他业务收入”和“其他业务支出”科目的明细账户应设置一致。检查人员通过对比，若发现支出大于收入，则很可能存在乱列其他业务支出的情况，此时应调阅相关记账凭证、原始凭证加以核实，也可直接以“其他业务支出”明细账为依据，审查原始凭证。

（8）对采用计划成本核算的企业，应注意有无下列情况发生：销售材料、随同产品销售单独计价的包装物时直接以材料或包装物的计划成本代替其实际成本结转销售成本，出租、出借包装物时以计划成本核算，但在月终时未结转其应负担的成本差异。检查时应通过“其他业务收入”贷方明细账以及摘要记录找到上述业务的事项反映，再查看“其他业务支出”明细账是否有相应的账户记录，以发现问题。

（9）出租包装物经周转使用后，不能继续使用而报废的，检查企业有无残料价值入账并冲减其他业务支出。如果账上没有反映残料价值，则很可能被转作他用，检查人员应进一步追查其去向，看企业是否有账外账行为发生。

（10）对有出租收入、运输业务收入的企业，应检查企业是否按税法规定缴纳了增值税。检查人员应查看“应交税金——应交增值税”账户贷方有无相应记载，同时注意计税金额和纳税义务发生时间，检查企业的出租合同，查明租金收取日期、金额等，检查运费结算单据等原始凭证，结合“其他业务收入”明细账计算应纳税额，然后与“其他业务支出”账户记录的增值税额相核对，看企业计提税额是否正确。

12 其他应收款中常见的错弊有哪些？如何查证此类错弊？

其他应收款主要用来核算与企业经营活动无关的应收款项。在正常情况下其他应收款的核算内容主要包括以下几项：未专门设置“备用金”科目的企业暂付给员工使用的临时借款，如差旅费等；应收取的各种赔款，如因职工失职造成一定损失而向该职工收取的赔款或因遭受意外而应向有关保险公司收取的赔款等；应收的种种罚款，如某些企业对员工的迟到、早退进行罚款；存出的保证金、押金，如某些企业对项目投标，存出的投标保证金通过“其他应收款”科目核算；应向职工收取的各种垫付的款项，如为职工垫付的水电费、应由职工负担的医疗费、房租费等。

其他应收款中常见的错弊形式如下。

（1）利用“其他应收款”科目抽逃转移或占用资金。企业不正常的重大现金流出大多通过“其他应收款”科目核算。查账中也多见公司股东通过其他应收款长期挂账，向公司借款，占用公司资金进行个人投资交易或其他经营活动以获取个人收益、逃避缴纳税款。一些单位员工从本单位的财务部门借取现金长期不还，单位的大额资金以公用的名目被个人私用，尽管可以用合理的理由与看起来合法的手续证明这种私人占用不是非法侵占公共财产，但从实际效果看却没有什么两样。更有甚者，一些高管或财务人员利用企业内部制度的漏洞，转移挪用公司资金，甚至卷款而逃。此外，企业还可能将代客户垫付款项未通过其他应收款核算，而是列支为公司费用，将收回的代垫款转为账外资金，甚至贪污。

（2）利用“其他应收款”科目为其他公司或个人贷款。查账工作中经常发现一些公司帮其他公司或个人进行贷款活动，一方面以自己的公司名义向银行贷款，同时列支相应的贷款利息支出，另一方面通过其他应收款将贷款借给其他公司使用，获取资金占用所取得的收益却不在账面列支。

（3）利用“其他应收款”科目隐匿短期投资、长期投资。公司在拥有闲置资金的情形下，一般会利用手中的闲置资金投资购买银行理财产品、基金、债券、股票等金融产品，或者作为明股或暗股投资于其他企业，以获取相应的投资收益，但却不在其资产负债表中披露其持有的长短期投资。有很多企业出于少缴税的目的或是管理层追求私人报酬最大化，而隐藏长短期投资，进而截留、侵吞投资收益。

（4）利用“其他应收款”科目隐藏利润，偷逃税款。为了逃避缴纳税金，企业常用的手法是将销售收入、其他业务收入、营业外收入挂在其他应收款上。

（5）利用“其他应收款”科目隐藏费用、调节成本。有的企业在盈利水平不佳年度往往会通过“其他应收款”科目直接列支费用，使企业的费用虚减。支付费用时直接借记“其他应收款”科目，贷记“库存现金”科目等。或者将超支成本作为其他应收款挂账，来年再转入成本或长期不处理，造成当年企业账面利润虚盈的假象。

（6）利用“其他应收款”科目私设“小金库”。其他应收款是企业账与账外账的桥梁。企业通过“其他应收款”科目源源不断地将零星款项转到账外，为企业“小金库”输血。例如，企业借给职工个人的差旅费，企业有可能编造一些本来不是企业员工的个人挂账。在员工借款时，借记“其他应收款——备用金（××个人）”科目，贷记“银行存款”科目。实际上这些款项全部转到账外进入了企业“小金库”中。

可以通过以下方法查证其他应收款中的错弊。

（1）分析账龄、弄清款项性质。查账时，应先计算其他应收款的账龄，关注长期挂账款项的原因，弄清楚各项款项的性质。

（2）询问相关人员。对企业财务等相关人员进行询问，了解其他应收款中是否存在舞弊的情形。

（3）考虑管理层舞弊动机因素。了解企业管理层及企业的内外部经营环境，以发现企业是否有舞弊的“动机”。例如，公司管理当局管理混乱、品质低下、私取占用情况严重，或者企业有业绩、资质申请等方面的压力，查账人员应高度警惕，被审查单位可能迫切需要虚构收入和虚减成本费用来粉饰其经营业绩。

（4）函证。对大额及发生额异常，或存在疑问的款项进行询问，以证实企业是否存在虚列其他应收款项的情形。

（5）关注企业的资金流向，重点查证以下内容。

①“其他应收款”明细账设置是否合情合理。在查验的过程中应详细写明明细账的内容性质，以防企业将款项悉数记入“其他应收款”科目中，造成核算对象不清，所以应以“其他应收款”明细账为审查重点，对明细账设置不合规定的，必要时做出调整。

②“其他应收款”科目的对应账户是否正常，收款单位是否存在。有些企业将营业收入记入“其他应收款”科目隐匿收入，这时账户的对应关系会出现异样。一般企业在确认收入时，应借记银行存款或应收账款相关科目，贷记收入和相关税金相关科目，如果企业要隐匿收入，就会做成借记银行存款或应收账款，贷记“其他应付款”科目，在隐匿收入，偷逃税金。

③有无其他应收款长期挂账现象。其他应收款属于流动资产，通常在一个营业周期内收回。若其他应收款长期挂账，应进行详细审查，重点审查原始凭证，分析是否存在应收未收的款项，或者实际上已经收回却故意长期挂账的情况。

④关注特殊的往来客户。如对于期末余额为零的客户，尤其是期初没有余额而本期其他应收款借方发生额和贷方发生额完全相等的明细科目，有可能是将资金投入股市、楼市又收回。对于有贷方发生额的明细科目，应查看前期是否有相应的借方发生额，防止将本来应贷记收入相关科目的业务贷记“其他应收款”科目，虚减收入。对摘要中不清楚的记录，应进一步抽查记账凭证，并结合所附原始凭证查明问题真相。

（6）与存货等联合审查。查账人员还应了解企业的生产工艺流程，同时查看存货状况，了解企业在生产过程中是否会产生大量废料收入未入账或挂账其他应收款的情形。

（7）实施分析性复核程序。分析性复核是贯穿查账过程的一项重要审查程序，可以通过资料之间的比率或趋势分析发现资料间的异常关系和项目的意外波动。查账人员在对其他应收款进行审查时可以采用纵向比较的方法，将以前年度各月其他应收款余额占主营业务收入、资产总额的比重与当期进行比较，查明出现较大变动的原因。

13 坏账准备中常见的错弊有哪些？如何查证此类错弊？

坏账准备是指企业依据会计政策对应收账款预提的，用来应对可能发生的坏账损失的一个抵销项目，是应收账款的备抵账户。依据企业会计准则，企业应当定期或者至少每年年度终了，对应收款项进行全面检查，预计各项应收款项可能发生的坏账，对于没有把握收回的应收款项，应当计提坏账准备。坏账准备中常见的错弊如下。

（1）任意调整应收款项的计提基数。

（2）计提坏账准备的比例确定不合理。

（3）随意变更坏账准备的计提方法。

（4）计提计算错误。

对于坏账准备的查证，审查的重点和方法如下。

（1）获取或编制坏账准备明细表，复核其加计数是否正确，并与报表数、总账数和明细账合计数核对是否相符。

（2）应运用审阅法、复核法检查企业的“应收账款”账户年末余额和“管理费用”账户有关明细账发生额，检查企业坏账准备计提的范围和标准是否正确，有无通过少提或多提坏账准备来调节当期损益的情况。

（3）审核“坏账准备”账户的借方发生额及相关原始凭证，查证有无人为多冲或少冲坏账准备的情况；审核“坏账准备”账户的贷方发生额或相应账户及相关的原始凭证，查证企业是否存在将收回的、已核销的坏账损失未记入“坏账准备”账户而记入其他账户如“应付账款”账户的情况。

（4）调查了解核销的坏账是否真实、合理，有无利用坏账的处理来掩盖挪用或贪污公款的情况；通过调查了解债务人，查证企业是否未将债务人偿还的贷款入账，挪作他用或被有关经办人员贪污。

14 如何核销坏账？

企业在清查核实的基础上，对确实不能收回的各种应收款项应当作为坏账损失，并及时进行处理。属于生产经营期间的，作为本期损益；属于清算期间的，应当作为清算损益。坏账损失处理后，应当依据税法的有关规定向主管税务机关申报，按照会计制度规定的方法进行核算。

依据财务会计制度规定，企业坏账损失视不同情况按照以下方法确认。

（1）债务人被依法宣告破产、撤销的，应当取得破产宣告、注销工商登记或吊销执照的证明或者政府部门责令关闭的文件等有关资料，在扣除以债务人清算财产清偿的部分后，对仍不能收回的应收款项，作为坏账损失。

（2）债务人死亡或者依法被宣告失踪、死亡，其财产或者遗产不足清偿且没有继承人的应收款项，应当在取得相关法律文件后，作为坏账损失。

（3）涉诉的应收款项，已生效的人民法院判决书、裁定书判定、裁定其败诉的，或者虽然胜诉但因无法执行被裁定终止执行的，作为坏账损失。

（4）逾期 3 年的应收款项，具有企业依法催收磋商记录，并且能够确认 3 年内没有任何业务往来的，在扣除应付该债务人的各种款项和有关责任人员的赔偿后的余额，作为坏账损失。

（5）逾期 3 年的应收款项，债务人在境外及我国香港、澳门、台湾地区的，经依法催收仍未收回，且在 3 年内没有任何业务往来的，在取得境外中介机构出具的终止收款意见书，或者取得我国驻外使（领）馆商务机构出具的债务人逃亡、破产证明后，作为坏账损失。

企业集团内部单位互相拖欠的款项，债权人核销债权应当与债务人核销债务同等金额、同一时间进行，并签订书面协议，互相提供内部处理债权或者债务的财务资料。

第4章

采购业务的审查

采购业务是企业生产经营的起始环节。采购成本的真实性，采购形成的相关负债记录的完整性，对于企业财务状况的真实反映和对企业经营成果的正确计算，有着重大影响。因此，加强对采购与付款业务的审查具有十分重要的意义。采购与付款业务涉及第三方（供货方），需要通过第三方查证。并且由于采购业务游离于企业空间之外，审查难度相对更大。

01 采购与付款业务主要涉及哪些活动？

采购与付款业务主要涉及的活动如下。

（1）请购商品和劳务。对需要购买的已经列入存货清单的项目由仓库负责填写请购单，对未列入存货清单的项目由相关需求部门填写请购单。每张请购单须由对该类采购支出预算负责的主管人员签字批准。但对资本支出和租赁合同，企业则通常要求做特别授权，只允许指定人员提出请购。

（2）编制订购单。采购部门在收到请购单后，只能对经过批准的请购单发出订购单。对每张订购单，采购部门应确定最佳的供应来源。对一些大额、重要的采购项目，应采取竞价方式来确定供应商，以保证供货的质量、及时性和成本的低廉。

应在订购单上正确填写所需要的商品品名、数量、价格、厂商名称和地址等，预先予以顺序编号并经过被授权的采购人员签名。订购单一式多联，其中一联应送交供应商，其余各联则分送至企业内部的验收部门、应付凭单部门[1]和编制请购单的部门。随后，应独立检查订购单的处理，以确定是否确实收到商品并正确入账。这项检查与采购交易的“完整性”认定有关。

（3）验收商品。所采购的商品到达企业后，商品验收部门首先应比较所收商品与

1 应付凭单部门负责编制、审核应付凭单。如果按照严格的内部控制制度，应付凭单部门应当是一个独立的部门，如果内部控制并不健全，也可以作为财务部门的一个分支，但是其地位一定要独立。通常企业规模比较大时，可以单设应付凭单部门；企业规模不大的情况下，可以在采购部门单设一独立人员进行编制应付凭单的工作。

订购单上的要求是否相符，如商品的品名、摘要、数量、到货时间等，然后再盘点商品并检查商品有无损坏。

验收后，验收部门应对已收货的每张订购单编制一式多联、预先编号的验收单，作为验收和检验商品的依据。验收人员将商品送交仓库或其他请购部门时，应取得经过签字的收据，或要求其在验收单的副联上签收，以确立他们对所采购的资产应负的保管责任。验收人员还应将其中的一联验收单送交应付凭单部门。

验收单是支持资产或费用以及与采购有关的负债的“存在或发生”认定的重要凭证。定期独立检查验收单的顺序以确定每笔采购交易都已编制凭单，则与采购交易的“完整性”认定有关。

（4）储存已验收的商品。将已验收商品的保管与采购的其他职责相分离，可减少未经授权的采购和盗用商品的风险。存放商品的仓储区应相对独立，限制无关人员接近。这些控制与商品的“存在”认定有关。

（5）编制付款凭单。记录采购交易之前，应付凭单部门应编制付款凭单。在编制付款凭单时，应付凭单部门应该做以下工作。

①确定供应商发票的内容与相关的验收单、订购单的一致性。

②确定供应商发票计算的正确性。

③编制有预先编号的付款凭单，并附上支持性凭证（如订购单、验收单和供应商发票等）。这些支持性凭证的种类，因交易对象的不同而不同。

④独立检查付款凭单计算的正确性。

⑤在付款凭单上填入应借记的资产或费用账户名称。

⑥由被授权人员在凭单上签字，以示批准照此凭单要求付款。所有未付凭单的副联应保存在未付凭单档案中，以待日后付款。经适当批准和有预先编号的凭单为记录采购交易提供了依据。

（6）确认与记录负债。正确确认已验收货物和已接受劳务的债务，要求准确、及时地记录负债。该记录对企业财务报表反映和企业实际现金支出有重大影响。因此，必须特别注意，按正确的数额记载企业确实已发生的购货和接受劳务事项。

应付账款确认与记录相关部门一般有责任核查购置的财产并在应付凭单登记簿或应付账款明细账中加以记录。在收到供应商发票时，应付账款部门应将发票上所记载的品名、规格、价格、数量、条件及运费与订货单上的有关资料核对，如有可能，还应与验收单上的资料进行比较。

应付账款确认与记录的一项重要控制是要求记录现金支出的人员不得经手现金、有价证券和其他资产。恰当的凭证、记录与恰当的记账手续，对业绩的独立考核和应付账款职能而言是必不可少的控制。

在手工系统下，应将已批准的未付款凭单送达会计部门，据以编制有关记账凭证和登记有关账簿。会计主管应监督为采购交易而编制的记账凭证中账户分类的适当性；通过定期核对编制记账凭证的日期与凭单副联的日期，监督入账的及时性。而独立检查会计人员则应核对所记录的凭单总数与应付凭单部门送来的每日凭单汇总表是否一致，并定期独立检查应付账款总账余额与应付凭单部门未付款凭单档案中的总金额是否一致。

（7）付款。通常是由应付凭单部门负责确定未付凭单在到期日付款。企业有多种款项结算方式，以支票结算方式为例，编制和签署支票的有关控制如下。

①独立检查已签发支票的总额与所处理的付款凭单的总额的一致性。

②应由被授权的财务部门的人员负责签署支票。

③被授权签署支票的人员应确定每张支票都附有一张已经适当批准的未付款凭单，并确定支票收款人姓名和金额与凭单内容一致。

④支票一经签署就应在其凭单和支持性凭证上用加盖印戳或打洞等方式将其注销，以免重复付款。

⑤支票签署人不应签发无记名甚至空白的支票。

⑥支票应预先连续编号，保证支出支票存根的完整性和作废支票处理的恰当性。

⑦应确保只有被授权的人员才能接近未经使用的空白支票。

（8）记录现金、银行存款支出。仍以支票结算方式为例，在手工系统下，会计部门应根据已签发的支票编制付款记账凭证，并据以登记银行存款日记账及其他相关账簿。以记录银行存款支出为例，有关控制如下。

①会计主管应独立检查记入银行存款日记账和应付账款明细账的金额的一致性，以及与支票汇总记录的一致性。

②通过定期比较银行存款日记账记录的日期与支票副本的日期，独立检查入账的及时性。

③独立编制银行存款余额调节表。

02 采购业务涉及的主要凭证和会计记录有哪些？

通常，采购与付款循环业务涉及的主要凭证和会计记录有以下几种。

（1）请购单。请购单是仓储部门、资产使用等部门的有关人员填写（对需要购买的已经列入存货清单的项目由仓库负责填写请购单，对未列入存货清单的项目由相关资产需求部门填写请购单），送交采购部门，申请购买商品、劳务或其他资产的书面凭证。

（2）订购单。订购单是由采购部门填写，向另一企业购买订购单上所指定的商品、劳务或其他资产的书面凭证。

（3）验收单。验收单是收到商品、资产时由验收部门所编制的凭证，列示从供应商处收到的商品、资产的种类和数量等内容。

（4）入库单。 入库单是在采购商品验收入库时由仓储部门所编制的凭证，它是对采购实物入库数量的确认，也是对采购人员和供应商的一种监控．如果缺乏实物入库的控制，不能防止采购人员与供应商串通舞弊，虚报采购量、实物短少的风险。

（5）卖方发票。卖方发票是供应商开具的，交给买方以载明发运的货物或提供的劳务、应付款金额和付款条件等事项的凭证。

（6）付款凭单。付款凭单是采购方企业的应付凭单部门编制的，载明已收到商品、资产或接受劳务的厂商，应付款金额和付款日期的凭证。付款凭单是采购方企业内部记录和支付款项的授权证明文件。

（7）转账凭证。转账凭证是指记录转账交易的记账凭证，它是根据有关转账业务（即不涉及库存现金、银行存款收付的各项业务）的原始凭证编制的。

（8）付款凭证。付款凭证包括现金付款凭证和银行存款付款凭证，是指用来记录库存现金和银行存款支出业务的记账凭证。

（9）应付账款明细账。

（10）库存现金日记账和银行存款日记账。

（11）卖方对账单。卖方对账单是由供货方按月编制的，标明期初余额，本期购买、本期支付给卖方的款项和期末余额的凭证。卖方对账单是供货方对有关交易的陈述，如果不考虑买卖双方在收发货物上可能存在的时间差等因素，其期末余额通常应与采购方相应的应付账款期末余额一致。

采购业务涉及的主要业务活动、对应的凭证及记录的关系如表 4-1 所示。

表 4-1　采购业务涉及的主要业务活动、对应的凭证及记录的关系

主要业务活动	对应的凭证及会计记录
请购商品和劳务	请购单
编制订购单	订购单
验收商品	验收单、卖方发票
储存已验收商品	入库单
编制付款凭单	付款凭单
确认与记录负债	应付账款明细账、卖方对账单、转账凭证
付款	付款凭证、付款凭单
记录现金、银行存款支出	库存现金日记账、银行存款日记账

03 物资采购环节中的错弊主要有哪些?

物资采购业务流程，主要涉及编制需求计划和采购计划、请购、选择供应商、确定采购价格、订立框架协议或采购合同、管理供应过程、验收、退货、付款、会计控制等环节，如图 4-1 所示。

物资采购环节中的错弊主要如下。

（1）采购计划阶段的错弊。采购计划程序失控、采购计划依据不当、采购计划分解不到位、采购计划执行不彻底、采购计划与其他计划不协调等。

（2）请购阶段的错弊。缺乏采购申请制度、请购未经适当审批或超越授权审批，可能导致采购物资过量或短缺，影响企业正常生产经营。

（3）选择供应商阶段的错弊。供应商选择不当，可能导致采购物资质次价高，甚至出现舞弊行为。

（4）确定采购价格阶段的错弊。采购定价机制不科学、采购定价方式选择不当、缺乏对重要物资品种价格的跟踪监控，引起采购价格不合理，可能造成企业资金损失。

（5）订立框架协议或采购合同阶段的错弊。框架协议签订不当，可能导致物资采购不顺畅；未经授权对外订立采购合同，合同对方主体资格、履约能力等未达要求、合同内容存在重大疏漏和欺诈，可能导致企业合法权益受到侵害。

（6）管理供应过程阶段。缺乏对采购合同履行情况的有效跟踪、运输方式选择不合理、忽视运输过程保险风险，可能导致采购物资损失或无法保证供应。

（7）验收阶段的错弊。验收标准不明确、验收程序不规范、对验收中存在的异常情况不做处理，可能造成账实不符、采购物资损失。

（8）付款阶段的错弊。付款审核不严格、付款方式不恰当、付款金额控制不严，可能导致企业资金损失或信用受损。

（9）会计控制阶段的错弊。缺乏有效的采购会计系统控制，未能全面、真实地记录和反映企业采购各环节的资金流和实物流情况，相关会计记录与相关采购记录、仓储记录不一致，可能导致企业采购业务未能被如实反映，以及采购物资和资金受损。

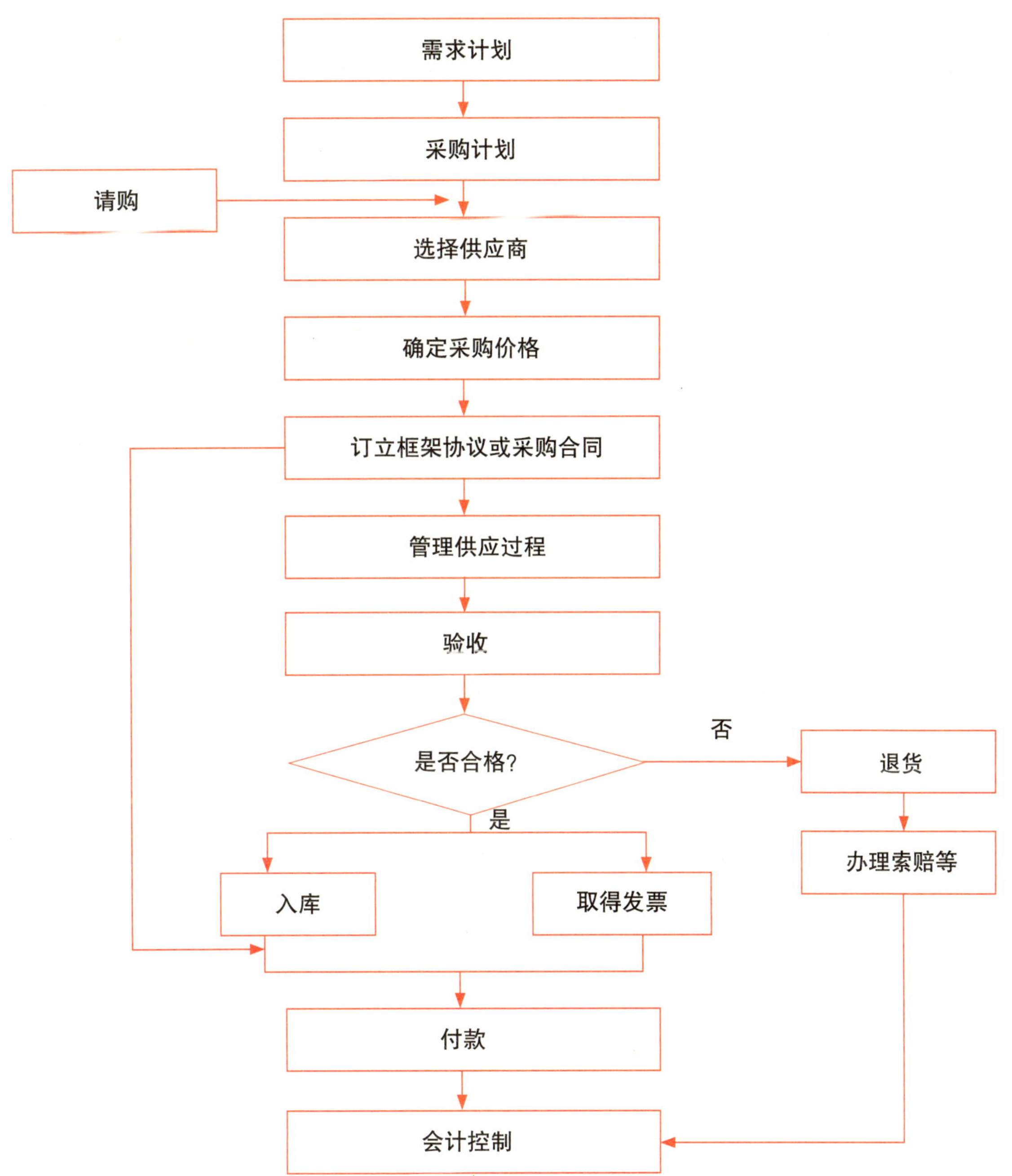

图 4-1 物资采购业务流程

04 如何查证物资采购计划环节中的错弊？

采购计划审查是对采购计划中所列物资价格、数量、质量、采购方式和供货商选择等的真实性、合理性和有效性等进行的审查。审查主要内容与方法如下。

（1）获取相关资料。相关资料包括采购政策、采购计划、物资储备定额补库计划、销售计划、产品产量计划、技术措施计划、生产作业计划、在制品期初存量和期末预计存量、新产品试制计划、物资工艺消耗定额、生产设备大中小修理计划、技术改造计划和物资价格供应状况等。

（2）审查采购计划编制依据的可靠性。查账人员应审查采购计划的编制是否依据经过批准的物资采购申请单，在物资需求计划（Material Requirement Planning，MRP）环境下，采购计划的编制是否依据主生产计划、主产品结构文件、库存文件和各种零部件的生产时间或订货时间精确计算；采购计划是否与生产计划、销售计划、物资库存控制计划和资金供应计划等相协调；采购计划是否符合组织的存货政策、采购政策和资金管理政策。

（3）审查采购计划审批程序的合规性。审查的主要内容如下。

①各物资使用部门是否根据本期生产计划和物资消耗定额确定物资实际需要量，据以填具物资采购申请单。

②物资管理部门是否每月根据物资实际库存和储备需要填具物资储备定额补库计划表，提交补库申请单。

③各部门负责人是否按职责分工和授权范围对提交的采购申请单进行分类初审、对口把关。

④计划部门有无会同物资管理部门核实物资库存。

⑤最终下达的《月份物资采购计划》有无报经组织分管领导审批；对不符合规定的采购申请，有无要求请购部门或人员调整采购内容或拒绝批准。

⑥对重要的和技术性较强的物资采购，是否执行特别授权审批程序，是否组织专家进行论证，实行集体决策和审批。

⑦对生产急需和突发性的紧急物资采购，是否以适当形式事先通知价格信息部门，并于规定时日内补齐办妥有关手续。

（4）审查采购计划所列价格的合理性。对于重复购置的物资，如价格未发生变化，则以上次成交价格为依据，将高出确定标准的计划价格作为重点审查对象；如价格已发生变化，应以最新市场公允价格作为审查标准。审查物资采购计划价格时，应将新购物资作为审查的重点。

（5）审查采购计划所列物资数量的合理性。审查计划部门对申请单是否做了有效的归类，物资采购数量是否考虑了经济批量、是否与生产计划和物资库存相适应。

（6）审查采购方式选择的合理性。物资的取得方式有定点进货和非定点进货，具体包括市场选购、电子商务采购、招标采购、委托加工、互惠购买、融资租赁和企业自制等方式。查账人员应审查采购方式的确定是否综合考虑了下列因素：现有资源的充分利用、物资的重要性程度、资金的贴现幅度、供货商的信誉和各种价格构成要素等。

（7）审查供货商选择的合理性。

根据供货商与组织的业务稳定性，供货商分为定点供货商和非定点供货商。查账人员应重点审查以下内容。

①企业对定点供货商选择的合理性，包括供货商选择评价程序是否规范。

②有无明确的供货商选择目标和评价标准。

③有无建立供货商评价小组，小组人员组成是否合理。

④有无完整、真实的供货商资料。

⑤供货商资料筛选、排序和审批是否流于形式。

⑥是否经集体决策进行供货商优选并形成供货商名单。

⑦是否根据供货商和本组织的实际情况采用实地考察、书面调查、样品检验或试用的方式确定供货商。

⑧有无过度依赖特定供货商，是否设立了备选供货商团队。

⑨有无对供货商档案进行规范管理，建立《合格供货商目录》，定期组织对供货商进行调查和复审。

⑩修改供货商档案是否经过特定授权并进行有效信息沟通等。

05 如何查证物资采购价格申报环节中的错弊？

采购申报价格审查是对采购价格申报内容的完整性、价格标准确定的合理性和申报程序的规范性等方面所进行的审查。审查主要内容与方法如下。

（1）获取相关资料。相关资料包括组织的物资价格制定政策、物资采购价格申报单、价格标准、物价变动信息、市场需求信息、经济政策信息、技术信息、供应渠道变化信息和业务流程再造信息等。

（2）审查《价格申报单》填列的完整性。采购部门应在比质比价的基础上，初步确定物资采购意向，填制《价格申报单》，经采购部门负责人签章后，送交价格信息部门进行价格核定。查账人员应审查《价格申报单》是否包括物资品名、规格、型号、数量、单价、金额、使用部门、技术要求、供货单位、货比三家情况等栏目。

（3）审查价格标准确定的合理性。审查的主要内容如下。

①价格信息收集渠道的广泛性和使用的有效性。可供采用的价格收集渠道有网络、报刊、电视、广播、行业公报、供货商提供和竞争对手披露等。查账人员应审查采购部门和价格信息部门是否充分利用了各种价格来源渠道，建立起容量丰富的价格信息资料库；对于获取的各种信息源，是否按照本组织的物资种类进行了适当分类以提高检索能力，发挥信息使用效率；是否在各部门之间进行了信息共享。

②价格信息资料收集的准确性和及时性。审查价格来源渠道是否正规，是否根据环境的变化适时地更换价格信息，能否综合各种信息源较准确地预测未来的价格变化趋势，为组织实施战略物资管理提供价格导向。

③价格标准确定方法的适当性和计算结果的正确性。物资采购价格标准的确定方法有：分别询价法、交叉询价法、调查法、信息资料查询法、历史资料评价法、测算法、专家评估辅助法、集中询价法、公开招标法、提供佐证法、限价法。

④价格标准构成内容的全面性。物资采购价格包括采购物资的买价、运杂费、保险费、途中损耗、入库前的整理挑选费用、采购资金利息和其他相关费用，其中买价和运杂费是物资采购价格的主要影响因素。

（4）审查采购申报价的合理性。审查的主要内容如下。

①是否根据不同的物资采购方式确定申报价。

②申报单中所列物资品种是否在采购计划范围内，是否列入采购预算。

③采购申报价有无高估虚报问题。如某家供应商每次都申报了价格，但是每次报价都高于其他供应商，结果几乎没有采购过该供应商的材料。这很可能是采购人员为了让相关审批人觉得比价是充分的，找一个甚至多个供应商来凑数或做陪衬，让这几个供应商故意报高价，从而选择自己中意的供应商。

④采购申报价的构成是否齐全，是否进行了综合比价。

⑤采购报价单是否有盖章签字。有的公司采购监督控制薄弱，采购报价单上没有盖章，只有签字，甚至连签字都省了，有的公司还存在手工修改采购报价单的情况，这些都明显存在舞弊的漏洞，即使是不想舞弊的人，看到这么多漏洞。不想犯错误都难。

⑥是否存在临时引入新的供应商的情况。供应商的选用要有一整套考察、导入、考评、反馈的管理机制，临时引入未经认证的供应商存在很大风险。有些采购人员故

意利用紧急采购中采购审批人员来自需求部门的压力，临时选用未经考察的非合格供应商，而这家供应商往往是采购人员的关系户，从而达到舞弊的目的。

⑦采购部门有无随意压价而忽视物资质量的现象。

⑧对于重复购置的物资，还要审查申报价是否超过最高限价，最高限价有无根据市场价格变动及时进行相应调整。

⑨采购部门是否进行比质比价。如果不是金额很小的临时紧急采购，一般都需要向多家供应商进行询价，如果采购人员只找来了一两家供应商或者行业内非主流的供应商，那就应该警惕是否存在舞弊或者不作为行为。对于只报一次价或者少于两次报价就回复是最终价格的，属于议价不充分的范畴。

⑩采购比价是否全面，是否存在只比部分价格的情况。如模具的采购中，通常模具和使用模具加工的产品都是单独报价的，这时需要仔细比较模具的价格和使用模具加工的产品的价格。有些供应商的模具便宜，但是产品加工费高；而有些供应商的模具昂贵，加工费便宜，这是一种对固定成本和可变成本的分析比较。最终使用模具生产的产品的销量决定了所要选用的模具的寿命和价格。而如果采购人员存在舞弊行为，会在采购决策的分析当中使用一些误导性的说辞，查账人员需要冷静判断。

（5）审查申报价格核定程序的规范性。审查价格信息部门是否根据确定的价格标准，在测算评估、对比分析的基础上，确定采购部门报价和相关费用的合理性和公允性，并提出核定意见。对违反规定或报价不合理的，价格信息部门具有否决权，提出重新询价的建议或者核定一个最高控制价格。采购部门应参照核定意见，在核定的价格控制标准范围内进行采购。

06 如何查证物资采购合同环节中的错弊？

采购合同审查是对采购合同的合法性、完整性和有效性等所进行的审查。审查主要内容与方法如下。

（1）获取相关资料。相关资料包括合同法、组织内部有关合同制度、合同正文和副本以及供货商资料等。

（2）审查采购合同签订的合规合法性。审查的主要内容如下。

①供货商是否具有签约资格。

②合同的签订程序是否合规。合同的签订需经市场调查、业务洽谈、合同起草、合同评审、合同执行以及合同变更、解除或终止等过程。查账人员应审查在市场调查

阶段是否按“货比三家”的原则进行市场调查，是否取得了供货商完整的档案资料以确认供货商的信誉和履约能力，必要时是否对供货商进行现场考察；参与业务洽谈的代表的业务能力和技术水平是否合格，是否由两人以上参与谈判；合同起草是否使用了正规的合同版本；草签的合同是否经过组织法律部门、财会部门评审；是否根据组织授权要求报经有关领导审批，有无履行分级授权审批手续；是否办理了必要的公证手续；合同变更、解除或终止的理由是否充分，是否签署了书面变更协议并履行了审批手续，对于发现的将严重损害组织利益的已签署合同，是否及时采取了纠正措施。

（3）审查采购合同条款的完备性和合同内容的合法性。查账人员应重点审查的内容如下。

①审查合同内容是否完整，有关规定是否明确、具体。一份完整的采购合同，应该包含合同标的，数量和质量，价格和结算方式，运输方式，履约期限、地点和方式，违约责任等。

②审查签约双方的权利和义务是否明确并具有对等性。

③审查确定有无利用合同从事非法行为的可能性。

④审查合同条款规定是否为组织争取到最大的财务利益，如充分考虑付款条件和资金优势，选择合理的货款支付方式等。

（4）审查采购合同的执行结果。查账人员应重点审查内容如下。

①合同内容是否得到全面、严格的履行。

②有无合同违约、违约的原因及违约处理结果。如对方违约，是否及时组织索赔。如本方违约，责任人是否向分管领导提交书面报告，经审批后办理赔偿手续，并追究相关责任。

③协商不成的合同纠纷是否及时上报上级领导和法律部门，通过申请仲裁或向人民法院起诉解决合同纠纷。

（5）审查合同的管理是否规范。审查的内容主要如下。

①有无设置专门的合同管理机构，合同管理人员是否具备相应资格，合同管理制度是否完善，有无重大合同变更的应对防范措施。

②合同是否按序编号。

③台账登记是否清晰完整。

④支持性文件是否齐全，是否包括采购合同正本、合同补充协议、技术协议、采购订单、合同评审表及其他合同附件。

07 如何查证物资采购计划执行环节中的错弊?

物资采购计划执行情况审查是指在采购物资运达组织后，对物资验收、入库、计量、价格和货款支付等业务执行的适当性、合法性和有效性等所进行的审查和评价。审查主要内容与方法如下。

（1）获取相关资料。相关资料包括物资采购申请单、采购计划、采购合同、价格申报单、采购发票、运费单、检验报告单、入库单、退货单、付款凭单、转账凭证、应付账款明细账、材料采购明细账和对账单等。

（2）审查采购方式执行情况。审查的主要内容如下。

①采购部门是否按照采购计划、采购申报单确定的采购方式和供货商进行采购。如物资采购执行的是定点供货制度，查账人员应取得《物资定点供货目录》作为审查标准，据以确定采购部门是否在合格供货商目录中选择供货商，如有改变，其改变的原因和批准手续是否合理。

②对于发现的供货商供货问题，采购人员是否及时填写《供货商供货问题信息反馈单》交价格信息部门，价格信息部门是否及时发出《纠正 / 预防措施通知单》，限期整改并追踪整改结果；整改无效者，是否暂停其供货或取消合格供货商资格。

（3）审查质量控制执行情况。审查的主要内容如下。

①是否设置独立的质量检验部门组织物资验收，有无采取适当措施防止采购人员、质检人员与保管人员串通舞弊。

②物资验收是否根据货运单、发票和经过批准的采购合同副本、采购价格申报单、采购计划进行。

③物资验收是否签署顺序编号的验收报告，超过采购合同的进货数量和提前到货的采购是否经过适当批准。

④短缺物资和不符合质量要求的物资是否查明了原因，有无根据不同情况及时组织索赔，是否每月编制退货报告，以供采购和质检部门进行审查、分析和考核供货商表现等。

⑤对逾期未交货者，有无按合同规定给予罚款或没收违约金。

⑥对大型或数额较大的物资采购，有无取得供货商合格的检验证明，合同中是否规定了必要的质保内容。

⑦物资验收是否严格，有无存在由于验收不严造成以次充好、以劣充优、不合格物资入库等问题。

（4）审查计量执行情况。审查的主要内容如下。

①计量器具是否经过国家法定检验机构的检验并出具了书面证明。

②内部计量部门是否定期检查和校对计量器具。

③计量器具的操作是否正确、合规；抽查计量记录并核对实物数量，验证计量的准确性。

④审查质量检验对计量结果的影响。对于化工、石油、煤炭、矿山等行业的物资采购，应注意审查是否运用质量检验结果对采购物资的数量进行适当的调整。

（5）审查采购物资途中损耗情况。审查的主要内容如下。

①是否制定了合理的路耗标准。

②实际损耗是否控制在标准范围之内。

③损耗的处理是否合理。

（6）审查价格执行情况。审查的主要内容如下。

①发票、货运单、验收单等原始资料上载明的价格是否与价格申报单、采购计划、采购合同一致，价格的变动是否经过核准，从而查明物资采购是否按批准价格执行。

②运费的组成和数额是否合理。应根据确定的运费价格标准审查物资采购运费，保证实际运费控制在标准范围之内。审查内容包括运输方式的选择、运输里程的确定、运输商的选择、运价组成等。

（7）审查仓储保管情况。审查的主要内容如下。

①审查仓库的位置与内部空间的布置。审查仓库位置的设置是否有利于组织内物资流动的经济性、合理性；仓库内部空间的布置是否有利于利用仓库的有效面积和提高仓库的作业效率。

②审查仓库面积利用率。通过计算和比较“仓库面积利用率”指标，确定仓库利用效率的高低和利用潜力的大小。

③审查仓库存放保管工作。审查物资是否按分区及编号有序排放，物资包装、标示是否符合规范，易燃、易爆、剧毒等危险物资是否隔离存放，库房防火、防盗、防潮等措施是否到位。

④审查物资保管账卡档案是否建立健全并定期与相关资料、账簿核对。

⑤审查物资分类保管情况。审查物资保管是否按照物资的重要程度、消耗数量、价值大小等区别对待，实施 ABC 分类管理法。

⑥审查物资最高储备、经常储备、保险储备和季节性储备等定额是否经济合理，是否做到既满足生产需要，又最大限度地压缩库存。

（8）审查采购票据。审查的主要内容如下。

①审查物资采购的票据是否齐全，是否按照采购业务发生的先后顺序编号。

②审查各种票据载明的采购数量、单价、金额、品种、规格、产地、型号等是否真实，数量、单价、金额等计算是否正确，各种票据相关内容是否一致。

③审查票据的填写是否合规，手续是否齐全，来源渠道是否正规，保管、领用和注销措施是否完善，传递程序是否合规等。

（9）审查采购负债确认及付款执行情况。审查的主要内容如下。

①审查负债的确认是否正确。审查采购部门是否在物资采购申请单、验收单、供货商发票等核对无误的基础上出具付款申请单，并及时通知财会部门；财会部门是否在进一步审核的基础上，编制记账凭证，登记付款凭单登记簿或应付账款明细账，确认负债。

②审查应付账款的登记是否正确。审查应付账款登记和管理是否由独立于请购、采购、验收、付款以外的职员执行；是否根据不同供货商设置明细账进行明细分类核算；是否根据审核无误的原始凭证和记账凭证及时登记账簿记录，有无遗漏、隐瞒负债情况；是否定期将应付账款明细账余额与供货商寄回的对账单相核对、与应付账款总账相核对、与采购部门台账相核对，对存在的差异是否及时妥善处理；对享有折扣的交易，是否以扣除折扣后的货款净额登记应付账款，以防止在付款时贪污折扣。

③审查付款处理是否合规。审查付款是否符合资金结算制度的要求；付款是否在会计人员审核的基础上，经过授权人审批；是否按确定的付款方式付给指定的收款人；核实付款金额和收款人是否正确；有无使用空白支票；已付货款是否在发票上加盖“付讫”戳记等。

④审查预付账款处理是否合规。审查预付账款是否经过申请、审批；收到采购物资后，是否根据供应商发票及时冲减预付账款；是否与供货商定期对账。

⑤审查应付账款余额的整体合理性。审查财会部门是否定期编制应付账款账龄分析表、物资已收发票未到情况汇总表；是否每月计算主要业绩指标据以监控应付账款状况；采用分析性复核方法，通过比较本期与上期各应付账款明细账户余额、相关比率和相关费用账户金额，确定应付账款有无异常变动。

08 招标采购环节中的错弊主要有哪些？如何查证招标采购环节中的错弊？

招标采购是指采购方作为招标方，事先提出采购的条件和要求，邀请众多企业参加投标，然后由采购方按照规定的程序和标准一次性地从中择优选择交易对象，并与提出最有利条件的投标方签订协议等过程。整个过程要求公开、公正和择优。招标采购可分为竞争性采购和限制性招标采购。它们的基本的做法是基本一致的，其主要的区别是招标的范围不同：一个是向整个社会公开招标，另一个是在选定的若干个供应商中招标。除此以外，其他在原理上都是相同的。

一个完整的竞争性招标采购过程由“招标”“投标”“开标”“评标”“定标”五个环节组成。

招标采购环节中的错弊主要有以下表现。

（1）度身定向招标。这种手段是指招标单位为满足让几家“意中”的供应商中标，而在招标文件中故意加上一些针对性的条款，以此来排除其他的竞争对手。在这种情况下，中标的供应商肯定与招标单位之间存在很直接的“利益关系”，并且早已提前达成了一致，整个招标过程实际上都是走过场，私下里招标单位早已有了“理想”的中标供应商。

如某大型国营煤矿对修建职工宿舍进行招标，其内部已经选定了几家曾经在本单位做过工程的、关系较好的施工单位进行投标，于是在招标公告中其公布参加投标的条件中有一条：曾经在本煤矿有过工程业绩。最后，除了已经确定的那几家施工单位，其他施工单位均无法参加投标。

再如，某省级单位建设一个局域网，采购预算为 450 万元。该项目招标文件注明的合格投标人资质必须满足注册资金在 2 000 万元以上、有过 3 个以上省级成功案例的国内供应商，同时载明：有过本系统一个以上省级成功案例的优先。招标结果，一个报价只有 398 万元且技术服务条款最优的外省供应商落标，而中标的是报价为 448 万元的本地供应商（该供应商确实做过 3 个成功案例，其中在某省成功开发了该系统的局域网）。

（2）设置障碍为难部分供应商。招标人故意在资格预审或招标文件中设置某种障碍，意在排斥某些潜在投标人或投标人。这种障碍包括各种不合理的要求，其暗含有利于或排斥特定投标人或潜在投标人的内容。如某技术为某投标人所专有，将其作为评标标准，或在评标标准中定为参数很高的项目；又如在招标文件中提出不必要的产地要求、商号、型号等要求，以此来为难供应商，以达到排挤的目的。

（3）对部分供应商封锁采购信息。采购信息是采购双方能否达成交易的桥梁，将采购信息尽可能广泛地传递到卖方手中是体现采购公平交易的基础。但是有些采购方的负责人怀有各种目的，对部分供应商封锁采购信息，从而有利于“意中人”采购中标。这种手段主要体现在以下几方面。

①信息公告的方式不妥，不在指定的公开媒体上发布，以致采购公告的知晓率太

低，采购信息处于事实上的封锁状态，仅有当地少数几个供应商前来响应。

②信息公告的事项不明，内容过于简单且含糊其词，不能详细列明采购内容、供应商资格条件、截止时间、采购时间等重要事项，有违公开透明的原则，致使投标人经常“跟着感觉走”，犯一些常识性的错误。

③信息公告的时间不够长，主要是公告发布的时效性差、严重滞后，有的公告将法定的节假日时间也计算进去，没有足够的时间让供应商响应，外地供应商由于路途遥远待发现时为时已晚，或仓促响应，或干脆放弃。

④信息公告的内容不全，对采购前期的信息发布较为重视，而忽视了采购期间采购事项变更及采购结果的公告。供应商能否及时、准确地知道采购事项变更的内容很重要，直接影响其对采购文件的响应状况，进而决定能否在“符合性审查”中过关。

如某招标项目属于大型基础设施，关系到社会公共利益，根据《中华人民共和国招标投标法》（以下简称《招标投标法》）必须进行招标。出于某种原因，该项目的招标人希望 A 单位中标。但如果通过正常途径进行招标，招标人无法掌控招标的结果，于是招标人利用了公告发布这一环节：招标人将招标公告只发布在了某一发行量不大的不知名的地方报纸上。结果只有少数几家单位来投标，除了 A 单位，其他两家投标单位的实力比较弱。在评标的时候，评委推荐 A 单位中标，招标人如愿以偿地让自己事先内定的 A 单位中标。

（4）招标人与投标人之间的串通。所谓串通招标投标是指招标人与投标人之间串通投标，或者投标人之间相互串通投标，以排斥竞争对手或者损害招标人的利益，损害国家利益、社会公共利益或者他人的合法权益的行为。

经济生活中串通招标投标表现形式多样，根据串通主体的不同，可以分为招标人与投标人之间的串通投标和投标人之间的串通投标两种。

所谓招标人与投标人之间的串通投标是指招标人与特定投标人在招标投标活动中，以不正当手段从事私下交易，对投标事项进行串通以排挤竞争对手，使招标投标活动流于形式，共同损害国家、社会公共利益或他人合法权益的行为。

所谓投标人之间的串通投标是指参加投标的经营者彼此之间通过口头或者书面协议约定，就投标报价互相通气，以避免相互竞争，或者协议轮流在类似项目中中标，共同损害招标人或其他投标人的利益的行为。

如某企业就机房工程改造进行招标。招标公告发布后，某建筑公司与该企业基建处负责人进行私下交易，最后决定将此工程给这家建筑公司。为了减少竞争，由该建筑公司出面邀请了 5 家私交甚好的施工企业前来投标，并事先将中标意向透露给这 5 家参与投标的企业，暗示这 5 家施工企业投标文件制作得马虎一些、报价高一些。正式开标时，被邀请的 5 家施工企业与该建筑公司一起投标，但由于邀请的 5 家施工企业不是报价过高，就是服务太差，评标结果为该建筑公司为第一中标候选人。

（5）标底泄露或标底不准。在某些项目的招标过程中，招标人可能设有标底。在实际操作过程中，招标人一般将标底作为衡量投标报价的基准，过分高于或者低于标底的报价将被拒绝。

根据《招标投标法》，开标前标底是保密的，任何人不得透露标底。但是设立标底进行招标采购，其信息的保密性有时无法得到保证，很容易滋生出各种各样的舞弊或腐败问题。在招标采购活动中，一旦设立了标底，就等于基本上确定了招标采购项目的“中标”和“成交”价格。

因此，不少供应商或潜在的投标人等不重视其对招标内容的“响应”程度，而是千方百计地从多渠道、多角度去“打听”这“标底”的情况，从而使得一些编标人员、招标采购的工作人员、评标人员等都成了被腐蚀和拉拢的对象。对一些经不起“攻关”或“诱惑”的工作人员来说，往往就会跌倒在“钞票”面前。因而“泄标”现象频繁发生，一些腐败或违法乱纪的苗头屡见不鲜，这就严重地扰乱了招标采购的市场秩序。

如傅某是某市自来水公司总经理。2018 年 9 月，傅某经介绍人毛某认识了 N 公司的经理王某。当时，王某表示想参与自来水公司供水扩建项目的工程招标，希望能中标，并请傅某在其投标时给予支持和关照。为了使王某在该项目中的维修运输机械设备上中标，傅某在投标前将内部已定的机械设备、特种车辆型号、产地以及关键的技术参数和价格透露给王某。2019 年 4 月，王某以其在国外的公司投标并中标，标的为 2 590 万元。2019 年 6 月，傅某又以邀标的形式，邀请王某参加建材的投标。在开标前，傅某又将内定的水泥、钢材标号及产地要求等情况告诉了王某，使王某的公司顺利中标，标的金额为 3 310 万元。以上两个标的总金额为 5 900 万元。王某为感谢傅某对其的关照，在 2019 年 7 月，邀请傅某的妻子李某赴国外旅游，并用她的名字在国外某行存入 10 万美元，将存折交她带回国内。2019 年 8 月、10 月，傅某及其妻子先后两次赴国外取回 3 万美元和 7 万美元，除送给介绍人毛某 1 万美元外，余款被其兑换为人民币用于购买国债及以亲属名义存入银行信用卡。

（6）擅自开标、换标。这种手段通常有下列表现形式：招标人在公开开标前，私下开启投标人的投标文件，并将有关情况泄露给特定投标人，并协助特定投标人更改标价或者协助特定投标人撤换标书。

依照我国《招标投标法》规定，开标应当公开，在此之前标书必须保密，并不得随意更换，以防止在投标截止后与开标前的这一段时间，给不端行为提供可乘之机。标书在未公开前被视为一种商业秘密，对任何投标者都是保密的，这样使得每个投标者，无论提交时间早晚，也无论其与招标者的关系远近，都能在同一起跑线上，凭借自己的实力公平竞争。

如果招标人擅自协助特定投标人，更改标价、撤换标书，既未经法定程序，也不是由于投标人对招标文件的误解或投标文件的遗漏等，仍私自开启了标书，不符合合法的修改、补充、撤回标书的条件，就构成违法行为。

（7）评标时差别对待。这种手段是指招标人在审查评选标书时，对不同投标人相同或类似的标书实行差别对待，常见于综合评标法的招标采购过程中。

在采用最低投标价中标的招标投标中，只要符合招标文件的实质性要求，投标价格最低者中标，中标尺度明显，作弊就比较困难。而在采用综合评标法的招标投标过程中，标准不易掌握，评标委员会的主观意志对于评标过程的影响比较大。如果没有公开、量化的标准作为打分的依据，则很容易出现串通作弊的行为。

如某企业为扩建厂房进行招标，但其只想让几个关系好的施工单位来参加投标，于是该企业在资格预审时对所有报名的单位进行评分。由于资格预审的程序、评审方式不公开，又是采用打分的方式进行，个人操作的空间很大，最后该企业只让跟自己关系好的几个施工单位通过了资格预审。

再如，M 公司内部道路改造招标，A 公司参与了投标。A 公司在 M 公司从事过类似工程，并且与 M 公司合作得非常愉快。故此工程，M 公司仍然希望 A 公司中标。但是评标的结果为 A 公司名列第三名。由于 M 公司的评标办法没有在招标文件中公布，于是 M 公司更改评标办法后，又重新将评标的评委组织起来，再次进行评议，最终使得 A 公司中标。

（8）询标不公正。询标是招标人向投标人就标书中不明确、不清楚、有疑问的地方要求给予澄清，或要求投标人给予新的承诺。有些招标单位的少数工作人员却利用这一机会，只向关系单位询标，不向无关系单位询标，在得到有利于关系单位的回答后就不再询标，匆匆定标，使各投标单位在不公正的条件下竞争。

还有的招标人在要求投标人澄清其标书事项时，故意做引导性提问，促成该投标人中标。评标时，若发现投标文件的内容含义不明确、不一致或存在明显打字（书写）错误或纯属计算的错误的情形，评标委员会则应通知投标人做出澄清或说明，以确定其正确的内容。无论是书面形式还是口头形式的澄清，都不能超出投标文件的范围，也不能改变或谋求、提议改变投标文件中的实质性内容，而使不符合要求的投标成为符合要求的投标，或者使竞争力较差的投标变成竞争力较强的投标。

如在一挖掘机招标项目中，评标委员会委员李某与某一投标人张某关系甚密。招标文件规定发动机的冷却方式为水冷，该投标人张某所在公司制作的标书上却登记用风冷发动机投标。但在询标环节时，评标委员会委员李某故意问张某，投标文件中的风冷发动机是不是打字错误。张某自然心领神会，马上纠正说应当是水冷发动机。这种引导性提问，使投标人改变了投标文件中的实质性内容，使不符合要求的投标变成符合要求的投标。此种招标投标，实质上是特定投标人与招标人的串标，置其他投标者的利益而不顾。

招标程序是决定招标成败的关键环节，此环节若出现问题，将会降低招标效果或直接导致招标失败。设备物资采购完整的招标过程包括“招标”“投标”“开标”“评标”“定标”五个环节，每个环节都有各自特定的程序。因此，对设备物资采购的招标审查，应根据所招设备物资的不同特点，对招标程序的合法性、合规性以及内容有所侧重，重点应放在招标、开标、评标和定标四个环节。

（1）招标审查。审查的内容如下。

①招标准备工作审查。充分的招标准备工作是做好招标投标工作的一个前提。对招标准备阶段的审查，应审查招标项目的审批手续、资金落实情况，同时审查招标所采用的形式，是公开招标还是邀请招标；审查招标内容的合规性、合法性以及与招标方式相关规定的一致性。

②招标文件审查。招标文件包括招标人编制的对所要招标项目的技术要求，投标人资格要求以及报价、评标标准等所有实质性要求和条件的文字说明，它是评标及签订合同的依据。招标文件的编写应实事求是，内容应充分翔实。审查时要关注：招标人是否按规定编制了招标文件，发布了招标公告或发出招标邀请书，以及对招标文件的修改和补充是否按有关规定进行；招标文件中所列示的有关评标要求及评标标准的合理性、规范性，对于不合规的内容应及时予以纠正；招标文件与招标通知书的一致性，由于不一致而造成问题的，应该查明责任。避免招标文件不规范而导致招标工作被动、招标人与投标人发生纠纷等问题的发生。

③标底审查。标底是招标人对所要招标设备物资的预期价格。标底的确定是招标投标工作中非常重要的环节，也是中标与失标的主要衡量标准。因此，标底的审查是对招标工作审查的重要环节，因为对于设备物资采购招标，价格竞争是招标投标竞争方式最直接、最集中的体现。在其他条件相当的情况下，价格就是决定胜负的关键因素。因此，标底的准确与否将直接影响招标投标过程的公正性，影响竞标、评标的准确性，也可以说在一定程度上决定着招标采购工作的成败。

对标底审查应重点审查标底的确定依据、标准和计价原则。

（2）开标审查。所谓开标，就是投标人提交投标文件后，招标人依据招标文件规定的时间和地点，邀请所有投标代表参加，公开开启投标人提交的投标文件，宣布投标人的名称、投标价格及投标文件中的其他主要内容。

开标审查重点要对投标人的资质进行符合性审查，审查标书的密封完好性、有效性，标书的填写格式、标书的递交时间。同时要审查开标程序的规范性，所有标书必须在有关部门和人员的监督下当众开启。投标前必须在招标投标评委库中，采取随机抽签方式临时组建评标小组。

（3）评标审查。评标就是对投标文件的评审和比较，根据什么样的标准和方法进行评审是一个关键问题，也是评标的原则问题。因此，对评标的审查是招标采购审查的重中之重。这一过程应根据招标项目的不同类型，重点审查评标内容、评标依据、评标方法和评标过程。

①评标内容。评标内容是决定投标胜负的关键性竞争。审查时应审查评标内容的全面性和评标标准的合理性和科学性，评标标准不得含有倾向或者排斥潜在投标人的内容，不得妨碍或者限制投标人之间的竞争。

②评标依据。评标应当依据招标文件的规定以及招标文件所提供的内容评议，不得临时采取招标文件以外的标准和方式进行评标。评标时，招标单位不得任意修改招标文件的内容或提出其他附加条件作为中标条件。审查时，应坚持公开、公平、公正的原则，确保评标过程中平等、公正地对待所有投标者。

例如，某单位为采购 20 辆汽车招标，评分标准事先已定好，标底以投标单位中最低的一家为准。共有 A、B、C、D 四家单位投标，现场开标后，招标单位提出可否对定好的评分标准进行更改，查账人员坚持按已定好的原标准执行，从而保证了评标的公正性。

③评标方法。对于设备物资采购，通常的评标方法主要有综合评标价法、全寿命费用评标价法、最低投标价法、百分评定法。采用不同的评标方法，会得出不同的评标结果。因此，审查时应重点审查评标方法采用的合理性和科学性。

专用设备的采购招标不同于工程项目招标，也不同于一般的材料招标，它有自己的特点。对于专用设备招标评标审查，在评标时可以采用综合评标价法、全寿命费用评标价法、百分评定法。一般情况下，对招标的专用设备性能有特殊技术要求的，招标单位会根据本单位的工作环境和工作特点，在招标文件中提出；投标单位则根据这些要求进行生产，具有单件性和排他性。由于各个厂家的生产成本不同，报价有时相差很大。审查时应重点关注设备的性价比，因为真正体现设备优劣的就是其性价比。

对于专用设备招标应采用最合理价格采购原则，有时并非价格越低越好。评标时不仅要看其报价的高低，还要考虑货物运抵现场过程中可能支付的所有费用，以及设备在评审预定的寿命期内可能投入的运营、维修和管理的费用等。切不可盲目追求价格最低，而不考虑以后设备使用中可能发生的费用。对于专用设备招标，评标方法必须采用两阶段评标，即技术评标和商务评标。技术评标必须由懂技术的专家和招标方代表按《招标投标法》规定组成评标小组，进行技术评标。审查评标时，还必须同时考虑投标单位的承诺在合同中体现的充分性，如质量保证、供货期时间等。采取技术阶段和商务阶段分别打分，然后按事先定好的标准，按照技术阶段、商务阶段各自在总分中所占的权数确定总分。

通用（定型）设备、物资和一般材料的招标投标，由于所招设备或材料的性能、质量容易进行比较，生产厂家及其规格、型号在市场上比较透明，招标时一般采取最低价格中标原则，评标时通常把价格作为唯一因素来考虑。由于这种招标竞争最直接、最集中的表现就是价格的竞争，竞争的结果就是质优价廉者中标。

因此，对通用设备及一般物资招标评标审查，应参考招标单位招标前期从市场调研了解到的情况，重点审核投标报价的合理性，是否存在投标单位相互串通、抬高价格、共同作弊的现象。

④评标过程。评标过程应保密，不受外界干预。招标文件中对评标的标准和方法已进行了规定，已列出了价格因素和价格因素之外的评标因素及其量化计算方法。审计时，应要求评标小组成员评标时不能相互研究商量打分，彼此之间应相互独立评标，杜绝人为原因造成的评标不公平现象。

（4）定标审查。定标是招标投标双方相互选择的结果。中标结果以签订合同来约束双方的行为，通过严格履约执行完成标的，从而实现双方希望的目标。定标审查主要是对经评审小组按照法律程序和评标的条件与标准，研究确定的中标单位与招标人履行合同订立之前的手续办理过程的审查。审查定标程序、方法的合规性，切实做到优价中标，使定标价格既符合市场行情，又符合单位设备采购的效益目标。

09 应付账款中的错弊主要有哪些？如何查证应付账款中的错弊？

应付账款是指企业因购买材料、物资和接受劳务供应等而付给供货单位的账款。

应付账款舞弊是最常见的会计舞弊方式之一，应付账款中的错弊主要如下。

（1）虚构应付账款。虚构应付账款的手法：首先，凭空借记材料物资或其他资产账户，贷记“应付账款——××单位”账户；然后，再借记“应付账款——××单位”账户，贷记现金账户或银行存款账户，从中进行贪污。

（2）故意增大应付账款。如采购某物，实际价款为 2 万元，而采购员提出可开票 2.5 万元，要求对方返还 4 500 元，另 500 元作为对方单位的管理费。

（3）利用应付账款，隐匿收入。有些企业为了隐藏一些非法收入或不正常收入、偷逃税款，就会在收到现金（或银行存款）时计入应付账款。

（4）隐瞒退货。企业向供货单位购买货物后，取得了蓝字发货票，但又因故把货退回，取得了红字发货票，作弊人员用蓝字发货票计入应付账款，而将红字发货票隐藏，然后等待时机转出，以贪污应付账款。

（5）应付账款长期挂账。应付账款长期挂账主要表现在企业的若干“应付账款”明细款项长期未付而挂账，有的款项属于合同纠纷或无力偿还，有的款项属于销货单位消亡而无从支付，这样易导致虚列债务。

（6）应付账款不入账，低估企业负债，粉饰财务报表。

对应付账款中的错弊，可采用以下方法进行查证。

（1）对应付账款进行核对。获取或编制应付账款明细表，进行复核，并且与会计报表数、总账数、明细账的合计数进行核对，达到账账、账表相符。

（2）根据被审查单位实际情况，对应付账款进行分析性复核。

①对本期期末应付账款余额与上期期末余额进行比较，分析、复核各账户余额的增减及本期发生额变动情况，确定重点审查的账户。

②分析长期挂账的应付账款，要求被审查单位做出解释，判断被审查单位是否缺乏偿债能力或利用应付账款隐瞒利润。

③了解应付账款惯例以及收回货物的平均天数，并分析应付账款的账龄；查明是否有确凿证据表明被审查单位的应付账款不符合应付账款性质，如由于供货单位破产、撤销等已无法支付。

④计算应付账款对存货和流动负债的比率，并与以前期间对比分析，评价应付账款整体合理性。

⑤计算本期期末应付账款与主营业务成本的比率，与以前各期期末的比率比较，分析异常变动的原因。

（3）函证应付账款。进行函证时，查账人员应选择拥有较大金额的债权的债权人以及那些在资产负债表日债权金额不大甚至为零，但为企业重要的供货人的债权人作为函证对象。同应收账款的函证一样，查账人员必须对函证的过程进行控制，要求债权人直接回函。对未回函的，应再次函证。经过多次函证仍存在未回函的重大项目，查账人员应采用替代审查程序。例如，可以检查决算日后应付账款明细账及现金和银行存款日记账，核实其是否已支付，同时检查该笔债务的相关凭证资料，核实交易事项的真实性。

（4）查找未入账的应付账款。为了防止企业低估负债，查账人员应检查被审查单位有无故意漏记应付账款行为。如结合存货的监盘，检查被审查单位在资产负债表日是否存在“货到单未到”即有材料入库凭证但未收到购货发票的经济业务；检查资产负债表日后收到的购货发票，注意购货发票的日期，确认其入账时间是否正确；检查资产负债表日后应付账款明细账贷方发生额的相应凭证，确认其入账时间是否正确。

（5）检查带有现金折扣的应付账款。企业若形成一笔带有现金折扣的应付账款应按发票上记载的应付金额（不扣除折扣）记账，待实际获得现金折扣时再冲减财务费用项目。

（6）检查被审查单位与债权人进行债务重组的会计处理是否正确。

（7）关注是否存在应付关联方的账款。若有，应通过了解关联方交易事项目的、价格和条件，检查采购合同等方法确认该应付账款的合法性和合理性；通过向关联方查询及函证，以确认交易的真实性。

（8）验明应付账款在资产负债表上的披露是否恰当。一般来说，“应付账款”项目应根据“应付账款”和“预付账款”科目下明细科目的期末贷方余额的合计数填列。

10 其他应付款中的错弊主要有哪些？如何查证其他应付款中的错弊？

其他应付款是指企业除应付票据、应付账款、应付工资、应付利润等以外的应付、暂收其他单位或个人的款项。其他应付款中的错弊主要如下。

（1）利用其他应付款隐匿收入，偷税漏税。由于其他应付款的内容较繁杂，有些企业往往混入某些不合法、不合规的经济业务，将其他应付款作为企业隐匿营业收入的“窝点”，以达到偷逃税款或延期纳税的目的。如企业将营业收入列入其他应付款以偷逃增值税；将租金收入列入其他应付款以偷逃房产税；隐匿收入导致利润下降以偷逃企业所得税。通常情况下当企业营业利润可以满足年度目标时，部分企业往往在会计年度的最后几个月就要煞费苦心地利用虚假的原始凭证或不开具任何原始凭证，将营业收入列入其他应付款。有的贪污分子还利用该账户的过渡性质，将某些通过银行转账结算的收入款项，先转入“其他应付款”账户，然后再伺机用现金从“其他应付款”账户中取出，不仅偷逃税款，更伴有贪污犯罪。

（2）巧立名目，虚列应付款项，如咨询费、劳务费、中介费等，然后借机贪污。

（3）利用其他应付款长期挂账的舞弊。有些名存实亡的往来账款仍然长期挂账，不需偿付债务也不及时报批转作营业外收入。对收取的逾期未退包装物押金故意不及时结转收入，少计当期实现利润、偷逃税金。

可以通过以下方法查证其他应付款中的错弊。

（1）分析账龄，弄清款项性质。查账时，应先计算其他应付款的账龄，关注长期挂账款项的原因，弄清楚各项款项的性质，是借款、代垫暂收款，还是押金保证金等。

（2）询问相关人员。对企业财务等相关人员进行询问，了解其他应付款中是否存在舞弊的情形。

（3）考虑管理层舞弊动机因素。了解企业管理层及企业的内外部经营环境，以发现企业是否有舞弊的“动机”。如企业管理当局管理混乱、品质低下、私取占用情况严重，或者企业有业绩、资质申请等方面的压力，查账人员应高度警惕，被审查单位可能迫切需要虚构收入和虚减成本费用来粉饰其经营业绩。

（4）函证。对大额及发生额异常，或存在疑问的款项进行询问，以证实企业是否存在虚列其他应付款项的情形。

（5）关注企业的资金流向，重点查证以下内容。

①其他应付款明细账设置是否合情合理。在查验的过程中应详细写明明细账的内容性质，以防企业将款项悉数记入“其他应付款”科目中，造成核算对象不清，所以应以其他应付款明细账为审查重点，对明细账设置不合规定的，必要时做出调整。

②“其他应付款”科目的对应账户是否正常，收款单位是否存在。有些企业将营业收入记入“其他应付款”科目隐匿收入，这时账户的对应关系会出现异样。一般企业在确认收入时，应借记银行存款或应收账款相关科目，贷记收入和税金相关科目，如果企业要隐匿收入，就会将收入贷记“其他应付款”科目，在隐匿收入的同时还偷逃税金。凡收款单位根本不存在的，应结合债务性函证的审查程序，实施重要审查调查。因此应加强会计凭证的查验，以防隐藏收入。

③有无其他应付款长期挂账现象。其他应付款属于流动负债，通常在一个营业周期内偿还。若其他应付款长期挂账，应进行详细审查，应以其他应付款的保证金明细账为依据，重点审查原始凭证，分析是否存在该转未转的款项，如对逾期未收取的包装物不再退还的押金和已收取一年以上的押金等，分析其是否应在会计上、税法上分别纳入销售额和应纳税销售额，并缴纳所得税。

④有无虚列其他应付款的行为。有些企业将销货方给予购货方的销售回扣列入其他应付款，偷逃增值税、所得税。查账人员应注意检查银行存款日记账或现金日记账，通过摘要发现问题；若摘要不清，应进一步审查原始凭证。

⑤特别关注年终增减较为频繁的“其他应付款”明细项目。与企业销售额相等或成比例的增加金额就需认真审查。

（6）与存货等联合审查。查账人员还应了解企业的生产工艺流程，同时查看存货状况，了解企业在生产过程中是否会产生大量废料收入未入账，或挂账其他应付款的情形。

（7）实施分析性复核程序。分析性复核是贯穿查账过程的一项重要审查程序，可以通过资料之间的比率或趋势分析发现资料间的异常关系和项目的意外波动。

第5章

生产业务的审查

生产业务是企业经营活动的中间环节，是企业最能自我控制的环节，也是极易产生错弊的环节。许多重大财务舞弊，如蓝田股份、银广夏等造假事件都与存货生产环节造假有关。因此，加强对生产业务的审查具有十分重要的意义。

01 生产业务主要涉及哪些活动?

生产业务是指从请购原材料开始直到形成完工产品为止的过程。生产业务所涉及的主要活动如下。

（1）计划和安排生产。生产计划部门根据订货和市场情况制订生产计划，并以“生产通知单”的形式通知生产部门安排生产。

（2）投入原材料。生产部门根据“生产通知单”填制领料单，并向仓储部门领料，领料单一式三份，一联留存仓库，一联留存领料部门，第三联送会计部门。原材料投入过程如图 5-1 所示。

图 5-1 原材料投入过程

（3）进行生产加工。生产部门根据生产通知单，对原材料进行加工，生产符合要求的产品。

（4）储存产成品。生产部门生产的产成品，经仓储部门点验和检查签收并入库。同时，通知会计部门进行会计处理。仓储部门应对存货严格管理。

（5）核算产品成本。随着生产过程的进行和存货的实物流转，会计部门以生产过程中的各种凭证为基础，进行成本核算，计算产品成本。

（6）产成品的品质认定与价值重估。质量检验部门按规定的检验程序确认产品的合格等级，粘贴产品合格标识，重估产品价值。

（7）废品的界定与损失确认。生产中的废品，是指不符合规定的技术标准、不能按照原定用途使用，或者需要加工修理后才能使用的在产品、半成品和产成品，包括生产过程中发现的废品和入库后发现的废品。按其报损程度和修复价值，分为可修复废品和不可修复废品。废品损失，包括在生产过程中发现的、入库后发现的各种废品的报废损失和修理费用。质量检验部门按规定的检验程序确认废品，会计部门计算确认废品损失。

（8）在产品的盘盈、盘亏等。

生产业务涉及的基本活动如图 5-2 所示。

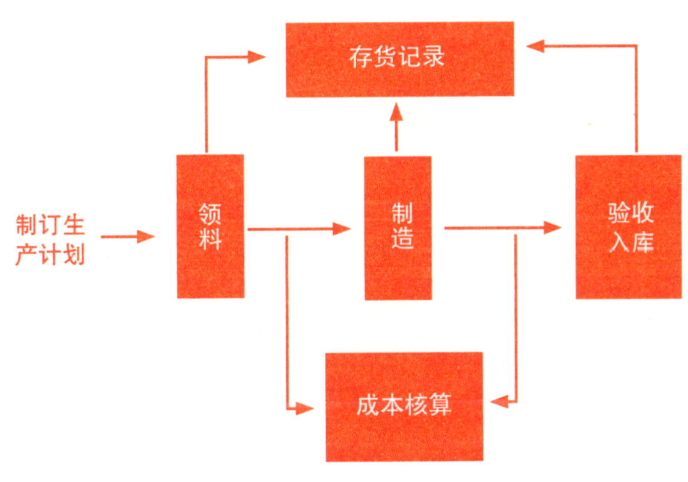

图 5-2 生产过程示意

02 生产业务涉及的主要凭证和会计记录有哪些？

生产业务涉及的主要凭证和会计记录主要如下。

（1）生产指令（生产通知单）。生产指令是生产计划部门下发给现场，用于指导现场生产安排的通知（见表 5-1）。不同的企业通知的样式和内容也有所不同，但基本要素都是一样的，都必须包含生产的产品、数量、作业担当、作业开始时间、作业结束时间等。

生产指令的下达是以“生产指令单”的形式实现的。生产指令单是生产安排的计划和核心，一般交给库管部门、采购部门和生产车间，是这三个部门（有的企业库管部分隶属于生产部门）行动的依据，也是考核和检查的依据。

（2）领发料凭证。领发料凭证是企业为控制材料发出所采用的各种凭证，如材料发出汇总表（见表 5-2）、领料单（见表 5-3）、限额领料单、领料登记簿、退料单等。领发料凭证是由领用材料的部门或者人员（简称“领料人”）根据“生产指令”所确定的需要领用材料的数量填写的单据。其内容有领用日期、材料名称、单位、数量、金额等。为明确材料领用的责任，领料单除了要有领用人的签名外，还需要主管人员的签名、保管人的签名等。

（3）产量和工时记录。产量和工时记录是登记工人或生产班组出勤内完成产品数量、质量和生产这些产品所耗费工时数量的原始记录。产量和工时记录的内容与格式是多种多样的，在不同的生产企业中，甚至在同一企业的不同生产车间中，由于生产类型不同而采用不同格式的产量和工时记录。常见的产量和工时记录主要有工序进程单、工作班产量报告、产量通知单、产量明细表、废品通知单等。

（4）工薪汇总表及工薪费用分配表。工薪汇总表是为了反映企业全部工薪的结算情况，并据以进行工薪结算总分类核算和汇总整个企业工薪费用而编制的，它是企业进行工薪费用分配的依据。工薪费用分配表反映了各生产车间各产品应负担的生产工人工薪及福利费。

（5）材料费用分配表。材料费用分配表是用来汇总反映各生产车间各产品所耗费的材料费用的原始记录。

（6）制造费用分配汇总表。制造费用分配汇总表是用来汇总反映各生产车间各产品所应负担的制造费用的原始记录。

（7）成本计算单。成本计算单是用来归集某一成本计算对象所应承担的生产费用，计算该成本计算对象的总成本和单位成本的记录。

（8）废品损失计算单。废品损失计算单是用来计算废品损失的清单（见表 5-4）。

（9）存货明细账。存货明细账是用来反映各种存货增减变动情况和期末库存数量及相关成本信息的会计记录。

表 5-1　生产通知单

项目（用途）					申请人		时间	
序号	制造产品名称	规格型号	数量			技术标准、质量要求		
			实际用量	预留	合计			
1								
2								
3								
4								
5								
技术说明								
要求完成时间		年　月　日						
部门主管审批								
生产部主管接收								

流程：申请人填写生产通知单→部门主管审核→总经理审核→生产部门接单。（此过程由申请人走流程）

表 5-2　材料发出汇总表

日期	产品型号	水泥（kg）		石粉（kg）	粉煤灰（kg）		炉渣（kg）	锯末（kg）	沙子（kg）	石子（kg）
		1#	2#		罐装	散装				
合计										

表 5-3 领料单

领料部门：　　　　　　　　　　　　　　　　　　　　领料单编号：

生产指令号：　　　　　　　　　　　　　　　　　　　年 月 日

品名	型号规格	单位	单件数量	请领数量	实发数量	备注

制单：　　　审核：　　　领料：　　　发料：

表 5-4 废品损失计算单

项目	原材料	燃料	工薪	制造费用	合计
可修复废品的修复费用					
不可修复废品的净损失					
单位产品成本定额					
定额成本（8 件）					
收回残值					
应索取赔偿					
小计					
废品损失合计					

03 材料领用中常见的错弊有哪些？如何查证此类错弊？

材料领用中常见的错弊如下。

（1）假借领用材料，达到贪污目的。常见的虚构领料舞弊是以生产、管理领用材料的名义，填写领料凭证，未办或伪造审批手续，在办完领料手续后将材料实物据为己有。在对领料有严密的内部控制制度以及有效的门卫制度的情况下，虚构领料不易发生。在一般情况下，所虚构的领出材料多数属于市场上比较紧俏、通用性强的材料，这些材料被贪污后易于脱手，具有良好的变现性，是不法分子偏好的主要对象。

（2）虚构领料，调节利润。这种类型的虚构领料并非以窃取材料为目的，而是以有意虚增生产成本水平，借以有意调节成本水平与利润水平为目的。在这种情况下，材料并未出库，虚构发料可能造成的后果是：发现存在材料的盘盈，此盘盈额较大，与虚构发料数有相关性；当期材料发出数比其他期间明显增多；当期生产成本中的原材料消耗明显偏高。

（3）篡改凭证。篡改领料凭证的舞弊发生在领用材料的原始凭证上，通常采用多列领料数量的形式来实现。作弊者通常是仓库保管人员或领料人，即由领料人填写领料凭证，经部门负责人审批后，再将凭证上的领用数量涂改，由小数字改为大数字，然后据以领出材料，窃取虚列的领出材料。在现实中，容易发生这种舞弊的材料大多数属于通用性较强、易于变卖、体积较小、价值较高的材料。

（4）乱摊价差。在采用计划成本对材料进行会计核算的企业中，每月月末时，要按照发出材料的计划成本，分摊材料成本差异。有些企业借材料成本差异的多摊、少摊或不摊，人为调节生产成本，以达到随意调节利润水平的目的。具体表现有六种：

①多摊超支差异；

②少摊超支差异；

③不摊超支差异；

④多摊节约差异；

⑤少摊节约差异；

⑥不摊节约差异。

在实践中，有的企业为追求少交企业所得税的效果，往往想尽办法减少应纳税所得额，解决这个问题的主要手段是虚减企业利润。这时，可以采用多摊材料成本超支差异、少摊材料成本节约差异和不摊材料成本节约差异等方法，以实现成本、费用虚增并使利润虚减。另外，企业经营者为了业绩等，有意虚增企业的利润，这时，可以采用少摊超支差异、多摊节约差异或不摊超支差异等方法，以实现成本、费用虚减并使利润虚增，粉饰了财务状况，同时带来存货价值虚增，使总资产价值虚增的连带效应，可能发生误导投资者的现象。因此，乱摊价差的问题，一向被视为财务检查的重点内容。

针对材料领用中的错弊，可以采取以下方法予以查证。

（1）针对以贪污为目的的虚领材料的审查。查证主要应采用以下方法。

①评审发出材料的内部控制制度，重点查看发料凭证的控制状况，审批手续的完整性，对发料凭证无专人严格管理、未对其领取与注销、印制进行造册登记的情况应给予特别关注，对无审批手续的发料凭证应追查原因。

②核对用料部门当期领用该种材料数量的统计数与材料明细账上所列领用该种材料数量的一致性，这项工作可能在操作上有较大的技术障碍，因为获得可核对的两种资料往往比较困难，在用料部门未设立用料登记簿的情况下，此项工作无法进行。

③分析生产成本中材料消耗的水平是否正常。如果生产过程中未真正投入这部分材料，该材料却在记账时被计入了生产成本，则可能出现生产成本中材料消耗过高的异常现象，对此现象应进一步追查具体原因，直至水落石出。

（2）针对以调节利润为目的的虚领材料的审查。在这种情况下，材料并未出库，虚构发料可能造成的后果是：发现存在材料的盘盈，此盘盈额较大，与虚构发料数有相关性；当期材料发出数比其他期间明显增多；当期生产成本中的原材料消耗明显偏高。对这种问题的查证，应追查企业材料发生较多盘盈的具体原因，主要应采用询证法以解疑；也可以依据消耗定额为标准，先查寻严重超定额消耗量的材料消耗存在于哪些月份，再进一步查证超定额的具体原因：认为不能作出满意说明的，可以查找月份内或者尤其是月末领料情况，如为月末几天大量领出材料而不可能在既定生产能力下完全消耗，并且未见办理假退料手续，则可以认定存在虚列材料成本的弊端。在一般情况下，要想找出充分的证据以证明某企业存在虚列材料成本的问题是困难的，因为领料凭证上手续齐全，材料实体已因消耗无法辨认，只能看到材料消耗过高的异常情况，找不到无可辩驳的铁证支持对虚列材料成本的判断，促使对这一舞弊的认定障碍重重。

（3）针对篡改凭证的审查。查证领用凭证篡改问题，应分别根据具体情况采用具有针对性的查证步骤。

①由仓库保管人员篡改凭证。如果在设计发料内部控制制度时仅要求发料凭证为一联单，保管员通过篡改发料数量借以舞弊的可能性就必然增大。篡改过的发料凭证上的数量记录可能显露出被涂改的痕迹，采用现场审阅凭证的方法可以直接判定。由于仅有一联领料凭证，最终确认存在虚列数量的舞弊还有很大困难，关键是缺少证明

被涂改数字被谁涂改、是否改大的证据。能够采取的取证方法是，询问经手此票据的各个人员，查出涂改出自何人之手，在此基础上再由涂改者以外的人员回忆涂改前的数据，以证明发生虚列领用数量的弊端。然而，事过境迁，真正能够依据有关人员的回忆得到原始数据作为证据的情况并不多见，尤其是领用凭证仅设计一联的条件下，缺少钩稽验证的依据，势必为日后检查带来障碍。实践表明，相当一部分舞弊者都通过寻找缺乏可验证的业务漏洞据以舞弊。

如果在设计发料内部控制制度时设计了三联单的领料凭证，其中一联留存于用料部门，一联据以发出材料，交保管员登记实物付出，一联据以会计核算，交会计员登记材料账户，那么，只要交保管员与会计员的两联票据均由领料人转交，发生涂改领料凭证的机会将很少。因为，保管员仅涂改他所持有的一联，尽管材料实物也可能被付出并以虚列的发出数记入材料实物账簿，保持了实物库存数与实物账面结余数的一致性，表面上不存在什么问题，但是，将会计员所记录材料明细账与保管员所记录材料实物账（材料卡片）进行核对，则很容易发现前者余额大于后者余额的异常现象，如果进一步核对发生额，可以直接找出是哪一笔记录存在不一致。

在不少企业中，为简化会计核算，只在仓库设置一套数量金额式明细账，会计部门不再设材料明细账，在日常由仓库保管员将发出材料时收到的领料凭证作为记录材料明细账中实物数量的依据，每经过一段时间（三天、五天或一周），再由会计员在领料凭证上实施计价，并据以登记设在仓库的材料明细账上的金额栏。很明显，在这种制度下，会计员所获得的领料凭证来源于保管员夹在“变动账页”中的凭证，一旦由保管员虚构发料、篡改凭证，会计员常常极难察觉，其结果是，会计员将错就错，丧失了应有的牵制作用。对于在这种制度下篡改凭证的舞弊，可以采用核对法进行证实：以领料部门填写领料凭证的存根为依据，检查会计员与保管员合记材料明细账与此存根的一致性，当发现账面记录大于存根上的数量，则存在虚列发料、涂改凭证的可能性，宜进一步查询其他证据以予支持，如追查账簿与凭证的金额不一致的原因、面询有关当事人等。如果在只设一套账的情况下，同时只设计一联单的领料凭证以记账，若此无存根联的领料凭证被篡改，进行检查的难度无疑会被加大。篡改凭证在一般情况下具有一定直观的外表形式，以此作为突破口实施追溯性检查能够取得较理想效果。可是，现实中使用某些高品质的褪字灵等产品，有时不会留下篡改的痕迹，这为检查时寻求审查的线索带来了困难，也表明对篡改凭证的查实具有不彻底性。

②由领料人篡改凭证。对这种问题的检查，也应考虑发出材料的内部控制制度状况。

如果领料凭证仅为一联单，即使是制单、审批与领料三种职能由三个人兼任，保持了应有的分工牵制关系，但领料人涂改领料凭证后据以多领材料的问题仍难以察觉，其中一个重要的原因是缺乏可稽核涂改数的充足依据。采用面询当事人的方式，在查证实务中效果并不理想。

如果领料凭证为三联单形式，制单、审批与领料三种职能由三个人担任，领料人将领料凭证中送会计部门记账与仓库据以发料的两联涂改，对此问题的查证比较简单：以发料凭证的存根联为依据核对另外两联上的领料数字，能够直接发现后者大于前者的现象，再通过面询领料人的方法，可以认定涂改行为的主体。

如果领料凭证为三联单形式，制单、审批与领料为同一人员，通常对舞弊人而言，几乎无须采用涂改发料凭证来实现多领材料予以贪污的目的，他可能按开大头小尾数发票的原理，在存根联写上正确领料数，在会计记账联与仓库发料联写一个被虚列过的错误数，这样做，目的达到了，未留下明显的涂改痕迹，查账人员不易看出漏洞。在包括审查在内的常规检查中，由于不采用针对某些特定舞弊所制订的侦查技巧与策略，这种舞弊难以察觉或揭示。因为，只有在将存根联与其他两联凭证核对时才能找出问题的端倪，可是，数以千计或万计的发料凭证中哪一张可能存在这一舞弊，则几乎具有相同概率。采用逐个排查的详查法进行检查，一方面受成本限制，另一方面类似于大海捞针，技术上缺乏可操作性。这说明，不涂改发料凭证的舞弊更难检查。

在企业中，会计员很少发生涂改发料凭证的舞弊。一般企业均有管物与管账分离的内部控制制度，会计员涂改发料凭证尽管可能导致账面多记材料付出，但他缺少拿走材料的合理机会，反而可能造成会计记录的材料明细账与仓库的材料卡片、实物结存不一致，从理性角度看，会计员不会通过涂改发料凭证进行舞弊。

（4）针对乱摊价差的审查。应从以下方面实施检查。

①复核企业材料成本差异率，再在此基础上复核当月发出材料实际负担材料成本差异的正确性。

②如果发现企业账面所记分摊的材料成本差异额与复核计算确定的应分摊的材料成本差异额不一致，应由会计人员对其原因进行说明，不能说出正当原因并且未发现查证人员存在计算差错时，可认定该企业存在乱摊材料成本差异的舞弊。

在常规情况下，以当月材料成本差异账户余额为分子，以同一材料当月月末余额为分母，可以乘以100%，计算出一个简单的材料成本差异率；依据这个差异率的高低，初步评价该企业在材料价差分摊方面是否存在问题。例如，某企业某种材料的材料成本差异率为50%，明显过高，可能存在两个问题：一是有意少摊、不摊价差，导致材料成本差异账户上累积的差异额越来越多；二是计划水平太差，制订的计划成本严重脱离实际，使计划控制失去作用，也说明这个企业不应再采用计划成本进行材料的会计核算。在大多数情况下，第一种问题存在的可能性较大。

如果某一企业材料成本差异总分类账或明细分类账期初余额与期末余额相同，但当月有大量材料领用（可从原材料总分类账或明细账上查得），在排除材料成本差异账户当期借方记录与贷方记录恰好一样的可能性后，可以认定该企业有意不摊当月应摊的材料成本差异。

04 应付职工薪酬中常见的错弊有哪些？如何查证此类错弊？

职工薪酬，是指企业为获得职工提供的服务而给予各种形式的报酬以及其他相关支出。职工薪酬不仅包括企业一定时期支付给全体职工的劳动报酬总额，也包括按照工资的一定比例计算并计入成本费用的其他相关支出。企业应设置“应付职工薪酬”科目，核算企业应付职工薪酬的提取、结算、使用等情况，并按照“工资”“奖金”“津贴”“补贴”“职工福利”“社会保险费”“住房公积金”“工会经费”“职工教育经费”“解除职工劳动关系补偿”“非货币性福利”“其他与获得职工提供的服务相关的支出”等应付职工薪酬项目进行明细核算。

应付职工薪酬中常见的错弊如下。

（1）通过变动职工人数调节利润。职工人数的变动会影响企业利润，若企业职工人数变动频繁，极有可能存在利用职工薪酬人为调节利润的情况。例如，在企业生产规模并未发生变化的情况下职工人数大幅上升，就可能存在利用职工薪酬来调减利润，少缴税金。再如，在企业生产规模没有减小、工作效率未提高的情况下职工人数显著减少，就可能存在利用职工薪酬来调增利润，粉饰报表。常见的舞弊方法为：当企业想虚增利润粉饰报表时，其一会将部分职工薪酬在母公司或者合并范围以外关联企业列支，其二直接隐瞒员工人数进行账外核算，其三在支付职工薪酬时计入往来款项等，从而降低本企业当期成本费用，虚增当期利润；当企业想虚减利润少缴税金时，其一会将母公司或合并范围以外的关联企业人员职工薪酬在本企业列支，其二虚构职工人数，增加职工薪酬支出等，从而提高本企业当期的成本费用，虚减当期利润。

（2）混淆收益性支出与资本性支出调节利润。职工薪酬属于收益性支出还是资本性支出会对当期利润产生很大影响，当企业想虚增利润粉饰报表时，会将应列入收益性支出的职工薪酬转入资本性支出；当企业想虚减利润少缴税金时，会将应列入资本性支出的职工薪酬转入收益性支出。常见的舞弊方法为：当企业想虚增利润粉饰报表时，会将部分生产工人的薪酬列入基建工程人员的薪酬，即将本应记入“生产成本”账户核算的职工薪酬列入 “在建工程”账户核算，从而降低当期成本费用，达到增加盈利的目的；当企业想虚减利润、少缴税金时，就会将部分从事基建工程人员的薪酬（计入在建工程）列入生产工人的薪酬（计入生产成本），从而实现增加当期成本费用，达到适当降低盈利的目的。

（3）利用非货币性福利调节利润。企业会计准则规定，企业以其生产的产品作为非货币性福利提供给职工的，应按该产品的公允价值和相关税费计入相关资产成本或当期损益，并确认应付职工薪酬；同时确认主营业务收入，其销售成本的结转和相关税费的处理与正常商品销售相同。公司将自有房屋等资产无偿提供给职工使用的，应根据受益对象，将住房每期应计提的折旧计入相关资产成本或当期损益，同时确认应付职工薪酬。公司将租赁住房等资产提供给职工无偿使用的，应根据受益对象，将每期应付租金计入相关资产成本或当期损益，并确认应付职工薪酬。难以认定受益对象的非货币性福利，直接计入当期损益和应付职工薪酬。同时，在计提折旧或交纳租金时，冲销应付职工薪酬。常见的舞弊为：企业不计或少计主营业务收入，或是违规进行折旧、租金的处理；多计或少计当期成本费用，从而调节当期利润和偷漏税金。

（4）利用辞退福利调节利润。《企业会计准则第 9 号——职工薪酬》规定，企业在职工劳动合同到期之前解除与职工的劳动关系，或者为鼓励职工自愿接受裁减而提出给予补偿的建议，同时满足下列条件的，应当确认因解除与职工的劳动关系给予补偿而产生的预计负债，同时计入当期费用（管理费用）：①企业已经制订正式的解除劳动关系计划或提出自愿裁减建议，并即将实施。该计划或建议应当包括拟解除劳动关系或裁减的职工所在部门、职位及数量；按工作类别或职位确定的解除劳动关系或裁减补偿金额；拟解除劳动关系或裁减的时间。②企业不能单方面撤回解除劳动关系计划或裁减建议。常见的舞弊为：为了虚减当期利润、少缴税金，企业提前进行解除劳动关系给予补偿的处理，即提前将补偿款列入当期管理费用；而为了虚增本期利润、粉饰报表时，企业将补偿的处理放在以后年度，即列入以后年度的管理费用。

（5）利用税收减免政策偷逃税金。《财政部、国家税务总局关于安置残疾人员就业有关企业所得税优惠政策问题的通知》（财税〔2009〕70 号）明确规定，企业支付给残疾人（盲、聋、哑、肢体残疾的“四残”人员和智力残疾、精神残疾）的实际工资可在企业所得税前据实扣除，并可按支付给残疾人实际工资的 100% 加计扣除，但应同时具备以下条件。

①依法与安置的每位残疾人签订了 1 年以上（含 1 年）的劳动合同或服务协议，并且安置的每位残疾人在企业实际上岗工作。

②为安置的每位残疾人按月足额缴纳了企业所在区县人民政府根据国家政策规定的基本养老保险、基本医疗保险、失业保险和工伤保险等社会保险。

③定期通过银行等金融机构向安置的每位残疾人实际支付了不低于企业所在区县适用的经省级人民政府批准的最低工资标准的工资。

④具备安置残疾人上岗工作的基本设施。

常见的舞弊为：企业不按上述规定进行处理，对残疾人员和企业生产人员人数任意调节，从而在计算企业所得税时多抵扣职工薪酬，利用税收优惠政策，偷逃税金。

针对应付职工薪酬中的错弊，可以采取以下方法予以查证。

（1）审查企业职工人数的变动。

查账人员在执行正常查账分析程序时还需注意以下事项。首先获取人力资源信息并核对。从人力资源部取得的职工信息与其他职能部门职工信息进行核对；将人力资源部提供职工信息与企业代扣代缴个人所得税及各项保险费等信息进行核对。经过以上核对分析后，可以初步确定或排除企业利用职工人数变动进行利润调整的嫌疑，降低或规避相应的查账风险。其次关注企业前后年度职工薪酬的波动。如果在企业生产规模、劳动效率以及经营能力等未发生大幅度变化的情况下，企业职工薪酬有较大波动，则可能存在人为调节利润的情况。

（2）审查企业工程建设情况。

查账人员可以深入企业内部，利用观察、询问等方法了解企业在建工程人员的实际情况，在审阅企业提供的工资部门记录的工资支出、生产部门记录的工时工资结算单、出纳记录的工资支付数，以及会计部门记录的生产成本、在建工程、管理费用明细账等相应数据后进行核对分析，以确定是否混淆资本性支出和收益性支出，检查是否存在将应由在建工程负担的职工薪酬计入当期成本费用来虚减当期利润，或是将生产人员的工资列入在建工程或无形资产以达到虚增当期利润的情况。

（3）审查非货币性福利的会计处理。

查账人员可以采用审阅、核对等方法检查以自产产品发放给职工的非货币性福利，检查是否根据受益对象，按照该产品的公允价值，计入相关资产成本或当期损益，同时确认应付职工薪酬；对于难以认定受益对象的非货币性福利，是否直接计入当期损益和应付职工薪酬；检查无偿向职工提供住房的非货币性福利，是否根据受益对象，将该住房每期应计提的折旧计入相关资产成本或当期损益，同时确认应付职工薪酬。检查租赁住房等资产提供给职工无偿使用的非货币性福利，是否根据受益对象，将每期应付的租金计入相关资产成本或当期损益，并确认应付职工薪酬。

（4）审查往来账户和职工薪酬的支付。

当企业面临亏损时，部分企业会利用隐瞒职工人数来降低职工薪酬。对此除实地查看与询问外，还可检查企业是否存在众多职工借款以及大额拆借款的情况，若存在以上情况，则很可能是职工薪酬未计入企业成本费用而记入往来账户。当企业经济效益很好而职工人数大量增加时，除实地查看与询问外，还可以对企业职工薪酬的支付进行跟踪检查，确认企业职工薪酬是否真正支付到个人或者是否存在支付后又返还的情况。

（5）审查企业享受的税收优惠。

对于安置残疾人员就业享受所得税优惠的企业，以及存在集中解除与职工劳动关系而确认预计负债的企业，或传言有解除与职工劳动关系而账务上未确认预计负债的企业，可采取实地观察法与随机询问法进行必要的核实。通过实地查看与询问了解企业残疾职工的情况，不仅可以降低或规避企业偷逃税金的风险，也可以降低企业通过隐瞒职工人数或虚构职工人数、提前或延迟解除与职工劳动关系等进行利润调整而造成的查账风险。

05 制造费用中常见的错弊有哪些？如何查证此类错弊？

制造费用是企业为生产产品或提供劳务而发生的间接费用，即生产单位为组织和管理生产而发生的费用，包括分厂和车间管理人员的工资、提取的职工福利费、折旧费、修理费、办公费、水电费、取暖费、租赁费、机物料消耗、低值易耗品摊销、劳动保护费、保险费、设计制图费、试验检验费、季节性和修理期间的停工损失以及其他制造费用。

制造费用中常见的错弊如下。

（1）制造费用不真实。即虚构本不存在的交易或事项，骗取本单位报销付款，主要包括虚构工资、虚构折旧费用、伪造发票报销虚构的费用等。

（2）制造费用不正确。即存在导致费用发生的交易或事项，但是报账时设法加大或缩小费用金额，如多提或少提折旧、多摊或少摊低值易耗品摊销等。

（3）制造费用不合规。主要包括超范围列支费用，开支超标准等。

（4）制造费用归集、分配不合理。例如，将在建工程发生的工资支出、材料消耗列入制造费用，将医务室工作人员的工资支出列入制造费用等。

（5）制造费用的会计处理不恰当。有些企业不按照规定结转产品制造费用，多转、少转或不转销售费用，从而人为地调节利润。

对制造费用中的错弊。审查的重点一般为以下几个方面。

（1）获取或编制制造费用明细表，复核其加计数是否正确，并与报表数、总账数和明细账合计数核对是否相符。

（2）审查制造费用的真实性。由于制造费用项目繁多、数额悬殊，查账人员应按重要性原则，有针对性地对数额较大、升降幅度大、易与其他费用相混淆的项目及制度规定有提取或开支标准的项目进行审查。审查时，查账人员可以通过追查原始凭证、进行复算、结合其他项目进行审查等方法予以核实。

（3）审查制造费用的合规性。重点查明企业所选用的折旧政策（尤其是当企业采用加速折旧法时）是否符合企业会计准则和其他有关财务会计制度的规定，计提折旧的基数是否正确，固定资产增加、减少时对折旧的会计处理是否正确等。通过审阅制造费用明细账及有关的凭证，查明制造费用的组成项目是否符合有关规定，有无混入非本部门的制造费用，有无混入应属于管理费用、销售费用、其他业务支出、营业外支出等的各种耗费。对此，查账人员可通过记账凭证直接审阅某些付款原始凭证来发现问题，或检查企业编制“发出材料汇总表”“工薪汇总及分配表”时的各项原始凭证，看有无乱结转的现象。

（4）审查制造费用分配方法的合理性。制造费用计入产品成本，是通过制造费用分配表进行的。制造费用的分配方法一般有按生产工人工资、按生产工人工时、按机器工时、按耗用原材料的数量或成本、按直接成本、按产品成本分配等。各种方法一般均有其适用的范围。会计制度规定企业具体采用哪一种方法，由企业根据实际情况自行决定。分配方法一经确定，不得随意变更。企业任意改变分配方法，就有可能造成少缴企业所得税的后果。因此，制造费用计算方法的前后一致性是审查的重点。主要检查年度之间、月度之间的制造费用分配表，看其所用的分配标准是否前后一致。

（5）审查制造费用分配标准的正确性。对生产多种类型产品的企业，其制造费用是按照企业的生产经营特点，选用合理的分配标准，经计算分配计入各成本对象的。审查方法如下。

①到企业相关部门核实企业的职工工资概况卡、产品和工时记录等数据，这些数据都是据以计算制造费用分配率的关键。

②复核相关“制造费用分配表”，将经过复核得出的分配率和分配额与原“制造费用分配表”相比较，如果不相符，应将其差额根据其去向进行补计或冲减。

（6）进行分析性复核。要点如下。

①将制造费用中的工资、折旧等与相关的资产、负债科目核对，检查其钩稽关系

的合理性。

②对制造费用进行趋势分析和比率分析，检查看其支出水平及其变化趋势是否合理，有无异常情况，如有应查明原因。

（7）对重要或异常项目进行详查。选择重要或异常项目的产品制造费用项目，如修理费、水电费、折旧费、租赁费等，检查其原始凭证是否合法，支出内容是否合理，会计处理是否正确。

06 在产品核算中常见的错弊有哪些？如何查证此类错弊？

在产品是指企业正在制造尚未完工的生产物，包括正在各个生产工序加工的产品和已经加工完毕但尚未检验或已检验但尚未办理入库手续的产品。

对于在产品的会计核算，如果企业在产品数量很小，对完工产品成本影响不大，可以不计算在产品成本；如果企业在产品数量各月较均衡，也可以将在产品成本按年初数固定计算。除此之外，企业一般应当根据月末在产品数量的多少、各项费用在成本中所占的比重等，采用合理、简便的方法，将生产费用在完工产品与在产品之间进行分配。

在产品核算中常见的错弊如下。

（1）将不属于在产品成本的费用，计入在产品成本。如企业月末在产品还需要进行一定时间的加工，才能制造成产品，但在选用完工产品与在产品费用分配方法时，选择了在产品成本按完工产品成本计算法。这样就会使得在产品成本加大，完工产品成本减小，少计成本，虚增利润。

（2）将属于在产品成本的费用，不计入在产品成本。如完工产品与在产品费用分配时，采用在产品成本按所消耗原材料费用计价法。把应计入在产品成本的燃料和动力费用、直接人工费等费用，全部计入完工产品成本。这样计算的在产品成本不符合该企业的实际情况。因为在产品成本按所耗原材料费用计价法，适用于原材料费用在成本中所占比重较大的产品，所占比重大小没有具体规定。某些企业就是利用没有具体规定这一点，在成本计算时采用了这一计算方法，达到少计在产品成本、少计利润、少纳所得税的目的。

（3）企业在完工产品与在产品费用分配方法选择上存在错误。某些企业的各项消耗定额、费用定额根本不准，长时间没有对定额进行修改，因此计算在产品定额成本与在产品实际成本之间的差异（脱离定额差异）增大，而且全部由完工产品负担，故没有如实反映产品的真正成本，影响利润的准确性。

（4）有意低估或高估在产品完工程度。在产品数量乘以完工程度，就是在产品的成本。如果在计算在产品约当产量时有意高估或低估，这样在进行完工产品与在产品费用分配时，在产品成本将会变大或变小，完工产品成本就会变小或变大，达到调节利润的目的。

（5）虚构在产品数量，或少计在产品数量，增加或减少在产品成本，达到调节利润的目的。

针对在产品核算中的错弊，审查的重点一般为以下几个方面。

①了解对被审查单位的产品生产、工艺过程，根据生产部门报送的生产统计报表，可以了解在产品的加工情况，审阅生产成本计算单，确定是否存在将不属于在产品成本的费用计入在产品成本的情况。

②审阅生产成本计算单或明细账，查证完工产品与在产品费用的分配方法，然后再计算原材料成本占总成本的比重，确定是否存在将属于在产品成本的费用不计入在产品成本的情况。

③审阅生产成本计算单或明细账，审阅有关定额资料，查询、确定各项定额指标的准确性，进而查明企业完工产品与在产品费用分配方法是否正确。

④在审阅生产成本计算单或明细账时，核实在产品的实际完工程度，进一步审阅各工序完工率的测算，结合查询车间管理人员及查账人员对企业产品生产过程的了解，判断完工程度与约当产量的计算是否有意压低或高估。在此基础上，根据“产品成本计算单”及“在产品盘存表”核实在产品是否包括了全部材料成本。要注意是否按成本项目分别按不同的约当数计算在产品成本。因为原材料一般是一次性投入，各阶段的每一产品都含有相等的原材料成本，所以，不能把原材料与工资及其他费用按同一比例折合，否则就会少计在产品的原材料成本。

⑤审阅“在产品收发结账表”，根据该记录与实物盘点进行核对，查明在产品的数量是否账实相符。

07 产成品成本计算中常见的错弊有哪些？如何查证此类错弊？

产成品，又称“成品”，是指在一个企业内已完成全部生产过程、按规定标准检验合格、可供销售的产品。产成品成本计算中常见的错弊如下。

（1）在产成品成本核算中，有意加大产成品成本。如企业采用综合逐步结转分步法计算产品成本。自制半成品将由上一步骤转入下一步骤，直到完工成品为止，在自制半成品转移过程中，加大由上一步骤转到下一步骤自制半成品成本，这样就加大了产成品的成本。

（2）企业把新开发的产品试制费计入产成品的成本中，加大产成品成本。企业产成品成本核算，应把新开发的产品作为成本计算对象，设置明细账，按成本项目归集费用，月末将新开发的产品费用，由“生产成本——基本生产成本”账户贷方转入“管理费用——新技术开发费”账户的借方。有些企业没对新开发的产品单独设置明细账，把新产品试制费分配到半成品成本中去，从而加大了产成品的成本。

（3）将副产品作为账外物资，加大产成品成本。企业在生产主要产品的同时，可能会有副产品产出。此外，在三废治理中，废气、废液、废料一经利用，也就成了副产品。这样，企业在成本核算中，应采用分类法核算产品成本。也就是说应把生产主要产品的费用，采用一定的方法扣除副产品成本，所得的差异为主要产品成本。而有些企业不采用分类法进行产品成本核算，将副产品作为账外物资，将生产过程中的费用全部计入主要产品成本，加大了产成品的成本。

（4）在产成品成本核算中，对应该计入产成品成本的费用，因采用不合理的产品成本核算方法，而未计入产成品成本之中。

如在分批法计算产成品成本时，如果跨月陆续完工的情况不多，可以按计划单位成本、定额单位成本或近期相同产品的实际单位成本计算完工产品成本，从产品成本明细账中转出，剩余数额为在产品成本（对已经转账的完工产品成本，不做账面调整）。如果企业按年初 1 月的相同产品的实际单位成本计算 10 月完工产品成本，但企业 10 月生产条件与年初生产条件相差很大（如更换了新的设备），产品成本仍按 1 月实际单位成本计算，因此必将导致少计产成品的成本。

（5）没有正确划分各种产成品之间的费用界限，人为确定一些产品成本的高低。如把可比产品成本应负担的费用，划给不可比产品成本去负担，掩盖了生产过程中的真实情况，虽然可比产品成本的降低额、降低率的指标完成了，但是不真实，对加强成本管理、降低产品成本不利。

（6）在产品和产成品数量不正确，故意少计或多计在产品数量。

针对产成品成本计算中的错弊，审查的重点一般为以下几个方面。

①审阅自制半成品的明细账，在审阅过程中发现有关产品的自制半成品的明细账期末余额为红字，需进一步查询，确定企业是否有意加大产成品成本的情况。

②审阅生产计划，发现有无新产品试制。如有，再进一步审查新产品试制计划及

生产成本计算单，经查询、落实后，确定企业是否存在把新开发的产品试制费计入产成品的成本中，加大产成品成本的情况。

③对企业产品性质及产品生产工艺进行了解，发现有无副产品情况。如有，再审阅生产统计报表和生产成本计算单，确定企业有无将副产品作为账外物资，加大产成品成本的情况。

④审阅生产成本计算单，了解企业采用的成本计算方法，在此基础上，查证企业在产成品成本核算过程中，有无存在应该计入而未计入产成品成本费用的情况。

⑤审阅生产统计报表，审查统计人员是否存在有意将可比产品生产工时少报，将不可比产品生产工时多报的情况。

⑥认真核对“期末在产品盘存表”，将该表与“产品成本计算单”有关数字对照，并深入车间、班组了解企业对在产品是否经过认真盘点，有无漏项。如发现盘点不实，可选择价值较大的在产品进行重点抽查或全面复查核实。

08 仓储管理中常见的错弊有哪些?

仓储管理是保证存货（原材料、半成品、产成品、商品等）在仓库安全存放的一种活动，主要责任人是保管人员。仓储管理中常见的错弊如下。

（1）监守自盗。由材料保管人员在负有监护材料责任的条件下借助职务上的便利窃取企业的材料，是一种比盗窃更为严重的违法行为。监守自盗一旦发生，先表现出与普通盗窃一样的特征，在经过侦查鉴定后，才可能将责任落到保管人员的身上。这种行为，一方面以偷偷摸摸的隐蔽方式实施，另一方面侵犯了企业财物的所有权，并且是在对所侵占财物拥有监护责任的有利条件下发生的违法行为。以上是判定监守自盗的主要标准。

（2）贪污存货。保管人员利用职务之便，通过虚构发货、多计领用、少计入库等多种手段，可以在保证其所登记存货卡片与实物盘点结果一致的情况下将企业的存货据为己有。此行为与上述监守自盗之差异在于，它强调在账上同时做手脚，掩盖舞弊行为，不具有明显的表现特征。如果企业具备良好的内部控制制度，保管人员贪污存货的可能性就会大大减少。

（3）设置账外物资。有的企业为了让职工有额外收入，或进行一些非法支出，设账外物资，将企业物资材料移到账外，作为随时可供自己调用的物资“蓄水池”。主要手法如下。

①购进存货时即作为生产费用或作为待摊费用，未使用便计入成本费用。

②领用的材料不用或少用，却计入成本费用，采用不做退料或假退料、退库不记账等方式，积少成多，形成大量账外物资，将其报出，存入“小金库”。

③回收的边角废料不入账。

④盘盈、接受捐赠的物资不做账。

⑤自制材料不入账。

⑥外发加工退回材料的余料不入账。

例如，某企业车间和管理部门领料，实物以领代耗，将领取的材料物资不用或少用，但在账务处理却依据领料单将领取的材料物资数额，全部作为耗用计入了成本费用。由此而形成的大量账外材料物资，即不做退库处理，也不做盘盈入账，而是将其卖出，获取的价款存入“小金库”，以便给职工购买生活用品或者以发放奖金的名义直接发放现金。

（4）利用存货盘盈或盘亏舞弊。企业由于存货品种多、规格型号复杂、收发次数频繁，在计量和计算上难免发生差错，在仓储保管中可能发生自然损耗、损毁和被盗等问题。因此，企业应在年终时对各种存货进行实地盘点，并将实存数量与账面数量核对，对于存货盘盈、盘亏应查明原因，按照规定进行转账处理。但在实际工作中，许多企业却利用不正确处理盘盈或盘亏的手法，甚至虚列存货盘盈或盘亏，以调节企业利润。如有的企业经济效益较好，但企业领导人担心“枪打出头鸟”，为了压低利润，采取了只列报和处理存货盘亏，而对存货盘盈隐匿不报和不做转账处理。相反，效益不好的企业，为了争取多实现一部分利润，就采取了只对存货盘盈做转账处理，而对存货盘亏采取留待下年度处理的做法，还有的企业随意转账，将盘盈存货记入“营业外收入”或“其他业务收入”科目，或将存货盘盈或盘亏与物资储备中发生的非常损失或溢出金额相互冲销，不转出其相应的“进项税额”，以增加增值税的抵扣数。

（5）存货假出库，虚列成本费用。有的企业为了逃避缴纳所得税，虚减利润，就采用办理存货假出库手续，虚列费用，人为提高产品成本。如某企业在年终车间办理领料手续，填制领料单，而实际未领料，车间成本核算员根据领料单填写的用途，以产品生产用料和车间维修用料为名，分别做增加产品生产成本和制造费用的账务处理；年终，再以少保留在产品成本、多分配完工产品成本的舞弊方式，将虚增的产品成本人为地转入销售成本，相应地虚减利润总额。

（6）随意变更存货的计价方法。根据企业会计准则规定，企业可以根据自身的需要选用制度所规定的存货计价方法，但选用的方法一经确定，年度内不能随意变更，如确实需要变更，必须在会计报表中说明变更原因及其对财务状况的影响，但在实际工作中，许多企业都存在随意变更计价方法的问题，造成会计指标前后各期口径不一致，人为调节生产或销售成本，调节当期利润。如某企业某年选用先进先出法计算发出存货的成本，但由于受多种因素的影响，该商品购进价格上涨时，改用后进先出法计算发出成本，购进价格下降时再用先进先出法，使该商品在一个会计年度内先进先出法和后进先出法交替使用，人为地调节利润。

09 如何查证仓储管理中的监守自盗行为?

监守自盗一旦发生，先表现出与普通盗窃一样的特征，在经过侦查鉴定后，才可能将责任落到保管人员的身上。在现实中，对盗窃案件的侦查与破获需要司法机关专门负责。当有迹象表明存在被盗的情况时，企业有关人员应立即报案，由司法机关派人到现场勘察和进行技术测定，这涉及大量复杂的专业性手段，非司法机关的人员一般不具备这一领域的技巧，加上对经济犯罪案件专由司法机关审定的社会分工，普通的检查人员一般不介入其中。如果在常规的会计检查中遇到此类问题，宜委托公安机关等权威机构进行查证。

10 如何查证仓储管理中的贪污行为?

对于虚构发货、多计领用、少计入库等贪污存货的情况，由于保管员常伪造出入库凭证、篡改出入库凭证，或在自填入库单时少计入库存货数量，从而将“多”出来的存货贪污。查账人员在查证时，一要查阅存货验收单是否有涂改痕迹，二要核对发票上的购货数量与验收单上的入库数量是否相一致，对不一致的应一查到底，以掌握导致不一致的具体原因。具体方法如下。

（1）抽取入库单据，重点检查。

①检查产品入库，是否有检验报告，生产成本录入是否有错误。

②检查采购入库，是否超过经批准的订单数量，检查是否有检验报告，价格是否与经批准的采购合同（或订单）上的价格一致。

③如果根据手工单据录入计算机，检查是否有错误。

④检查“其他入库单”入库依据是否正常，是否存在绕过控制流程的情况。

（2）抽取出库单据，重点检查。

①产品出库，检查是否有经批准的发货单。规定款到发货的，检查是否有财务的收款依据或者已收款确认，检查是否有对方单位或者承运单位的提货人签字。

②材料出库，检查是否与生产计划一致，检查是否有领用人及审批人签字。

③如果根据手工单据录入计算机，检查是否有错误。

④样品出库、盘亏等非正常出库，检查是否有批准手续。

11 如何查证仓储管理中的私设“账外物资”的行为？

行为人利用仓储管理上存在的“漏洞”，通过各种方式形成账外物资，其隐蔽性较强，但在账务处理上一般都会留有痕迹，查账人员应从账面记录入手，采用分析性复核、盘存、查询等多种查账方式来查找账内外违法违纪问题。

（1）熟悉企业的产品生产过程和会计核算程序。

查账人员首先要了解被审查单位所处环境和经营状况等基本情况，特别是要熟悉企业的产品生产流程和会计核算程序，在此基础上，了解相关内部控制制度的建立情况，如不相容职务是否分离并存在制约关系、记录控制是否健全、凭证传递手续是否健全、是否定期或不定期对存货进行盘点等，并对内控制度执行情况进行测试，据以明确利用产品成本形成账外资产的可能性，确认查账重点。

（2）利用分析性复核，了解被审查单位的异常变动情况。

如通过审阅企业各月和年度利润表及其他有关会计报表，了解年度内产品生产成本、销售成本及有关费用的总体水平，并与以前年度或年度内各月进行比较，找出异常变动，把成本费用项目各月或年度变动幅度较大的作为审查重点；向生产、工艺等部门询问或查阅有关资料，了解企业生产经营中各工序、各车间主要物料消耗，投入与产出比例，通过重点审阅生产车间的领料单，查实有无以领代耗情况，如发现异常要追查相关材料物资的去向；对列入物资采购核算的非正常项目要审阅有关记账凭证、采购合同，看是否属于生产经营耗用，从中发现查账线索。

（3）做好企业存货的清查核实工作。

认真做好企业存货的清查核实工作，是发现账外物资的有效途径之一。通过对产品、材料物资、库存商品的盘点，核实账实是否相符，确定账外物资存在的可能性。

第6章

投融资业务的审查

投融资指的是投资与筹资。投资与筹资业务通常涉及的单笔金额较大，一旦舞弊也会给单位带来较大的损失。投融资业务通常也涉及第三方，需要通过第三方查证。

01 投资业务主要涉及哪些活动？

投资业务的主要活动如下。

（1）拟定投资方案。应根据企业发展战略、宏观经济环境、市场状况等，提出本企业的投资项目规划。在对规划进行筛选的基础上，确定投资项目。

（2）投资方案可行性论证。对投资项目应进行严格的可行性研究与分析。可行性研究需要从投资战略是否符合企业的发展战略、是否有可靠的资金来源、能否取得稳定的投资收益、投资风险是否处于可控或可承担范围内、投资活动的技术可行性、市场容量与前景等几个方面进行论证。

（3）投资方案决策。按照规定的权限和程序对投资项目进行决策审批，要通过分级审批、集体决策来进行，决策者应与方案制订者适当分离。重点审查投资方案是否可行、投资项目是否符合投资战略目标和规划、是否具有相应的资金能力、投入资金能否按时收回、预计收益能否实现，以及投资和并购风险是否可控等。重大投资项目应当报经董事会或股东大会批准。

投资方案需要经过有关管理部门审批的，应当履行相应的报批程序。

（4）投资计划编制与审批。根据审批通过的投资方案，与被投资方签订投资合同或协议，编制详细的投资计划，落实不同阶段的资金投资数量、投资具体内容、项目进度、完成时间、质量标准与要求等，并按程序报经有关部门批准，签订投资合同。

（5）投资计划实施。投资项目往往周期较长，企业需要指定专门机构或人员对投资项目进行跟踪管理，对投资计划的实施进行有效管控。

（6）投资业务会计处理。在投资项目执行过程中，必须加强对投资项目的管理，密切关注投资项目的市场条件和政策变化，准确做好投资项目的会计记录和处理。企业应及时收集被投资方经审计的财务报告等相关资料，定期组织投资效益分析，关注被投资方的财务状况、经营成果、现金流量以及投资合同履行情况，发现异常情况的，应当及时报告并妥善处理。同时，在项目实施中，还必须根据各种条件，准确对投资的价值进行评估，根据投资项目的公允价值进行会计记录。如果发生投资减值，应及时提取减值准备。

（7）投资项目的到期处置。对已到期投资项目的处置同样要经过相关审批流程，妥善处置并实现企业最大的经济收益。

企业应加强投资收回和处置环节的控制，对投资收回、转让、核销等决策和审批程序作出明确规定。重视投资到期后本金的回收；转让投资应当由相关机构或人员合理确定转让价格，报授权批准部门批准，必要时可委托具有相应资质的专门机构进行评估；核销投资应当取得不能收回投资的法律文书和相关证明文件。

投资业务的流程如图 6-1 所示。

02 投资业务涉及的主要凭证和会计记录有哪些?

投资业务涉及的主要凭证和会计记录如下。

（1）投资项目可行性研究报告。

（2）股票或债券。

（3）经纪人通知书。

（4）债券契约。债券契约是一张明确债券持有人与发行企业双方所拥有的权利与义务的法律性文件，其内容一般包括：债券发行的标准；债券的明确表述；利息或利率；受托管理人证书；登记和背书；如系抵押债券，其所担保的财产；债券发生拖欠情况如何处理，以及对偿债基金、利息支付、本金返还等的处理。

（5）被投资企业的章程及有关投资协议。

（6）股票或债券登记簿。

（7）有关的记账凭证和会计账簿，包括交易性金融资产、其他债权投资、债权投资、长期股权投资、投资性房地产、应收利息、交易性金融负债等相关的记账凭证、明细账和总账。

投资相关法律法规
宏观经济形势
企业发展战略
投资项目
拟定筹资方案
是
否
未通过
是否重大
未通过
股东大会/董事会审议
相关部门审批
通过
投资计划编制与审批
投资计划执行
投放
使用
处置与回收
投资活动评价与责任追究

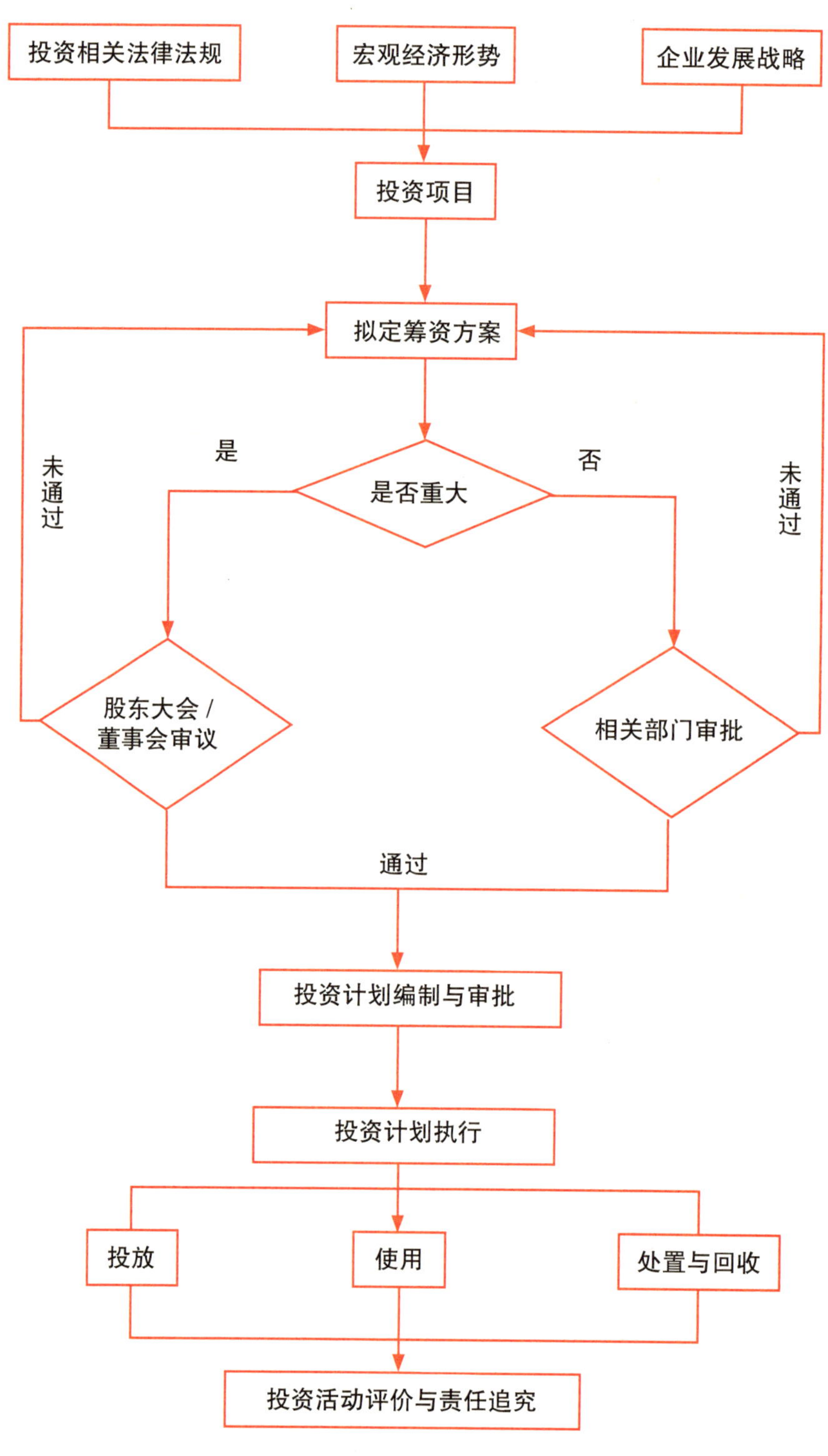

图 6-1　投资业务的流程

03 交易性金融资产中常见的错弊有哪些？

交易性金融资产是指企业为了近期内出售而持有的债券投资、股票投资和基金投资，如以赚取差价为目的从二级市场购买的股票、债券、基金等。

交易性金融资产会计核算中常见的错弊如下。

（1）入账价值错误。表现形式如下。

①未将购买价中包含的已经宣告发放但尚未发放的股利或到付息期但尚未领取的债券利息从交易性金融资产成本中扣除，列入应收股利或应收利息中。

②已存入证券公司但尚未进行短期投资的现金，没有按照要求作为其他货币资金处理，待实际投资时再作为交易性金融资产。

③取得交易性金融资产所发生的相关交易费用没有在发生时计入投资收益，而是计入交易性金融资产的账面成本。

（2）股利、利息收入账务处理不正确。

在企业持有交易性金融资产期间，被投资单位宣告发放现金股利或在资产负债表日计算利息收入时冲减交易性金融资产。

（3）出售交易性金融资产时账务处理不正确。

企业出售交易性金融资产时，未冲销其相应的公允价值变动和未领取的现金股利、利息。

04 如何查证交易性金融资产中的错弊？

针对交易性金融资产中的错弊，审查的重点一般为以下几个方面。

（1）审查交易性金融资产的入账价值是否正确。

检查“交易性金融资产”“应收股利”“应收利息”“银行存款”“其他货币资金”“投资收益”等明细账，发现疑点后进一步追查相关原始凭证。

（2）审查股利、利息收入账务处理是否正确。

检查“投资收益”“交易性金融资产”“应收股利”等明细账，并与相关股票、债券的购入业务的原始凭证相核对，以发现错弊。

（3）审查出售交易性金融资产时的账务处理是否正确。

审阅“交易性金融资产”有关明细账及其会计凭证以发现疑点。

【案例】查账人员在审查甲公司 2020 年财务报表时，发现甲公司在购入股票时所做的会计分录如下。

借：交易性金融资产　　500 000
　　投资收益　　80 000
　　贷：银行存款　　580 000

出售股票时所做的分录如下。

借：银行存款　　310 000
　　贷：交易性金融资产　　310 000

查账人员认为此笔分录有问题，决定进一步查证。

查账人员进一步追查了后附的原始凭证，发现甲公司 2020 年 10 月购入长江公司股票 10 000 股，拟持有 4 个月，每股面值 30 元，购入价为每股 58 元，实际支付金额为 580 000 元，其中包含有已宣告发放但尚未支付的股利，即每股 8 元。2020 年 12 月甲公司以每股 62 元价格出售 5 000 股。

查账人员分析认为，按企业会计准则规定，购买交易性金融资产实际支付的价款中包含的已宣告而未领取的现金股利应作为应收股利处理，而该企业却将其作为投资收益处理。另外，出售交易性金融资产时，按出售的处置收入与短期投资账面价值或账面余额的差额确认为投资收益。若该项交易性金融资产尚有列为债权单独反映的应收股利或应收利息未收回，则确认处置收益时还应扣除这部分应收项目，但该企业在出售股票确认投资收益时未将应收股利予以扣除。

结论：由于投资收益处理的错误，使该企业投资收益虚减 100 000 元，减少了本期的利润总额，少缴纳了企业所得税。

将购买的股票进行调账如下。

借：应收股利　　80 000
　　贷：投资收益　　80 000

将出售股票时的分录进行调整如下。

借：交易性金融资产　　60 000（310 000−5 000×50）
　　贷：应收股利　　40 000
　　　　投资收益　　20 000

【案例】查账人员在审查甲企业 2020 年 2 月份的账目时，发现企业有一笔会计分录如下。

借：交易性金融资产　　800 000
　　管理费用　　2 400
　　贷：银行存款　　802 400

查账人员进一步追查相应的原始凭证，发现甲企业 2020 年 2 月 1 日购入某公司债券 80 万元，准备短期持有以赚取差价，支付佣金 1 000 元、手续费 1 400 元。根据企业会计准则的规定，企业取得交易性金融资产所发生的相关交易费用应当在发生时计入投资收益。

结论：甲企业违反了企业会计准则的规定，将取得的交易性金融资产所发生的相关交易费用计入了管理费用，属于账务处理错误。

调账如下。

借：投资收益　　2 400

　　贷：管理费用　　2 400

05 债权投资中常见的错弊有哪些?

债权投资，也称债券投资，是指债券购买人（投资人、债权人）以购买债券的形式投放资本，到期向债券发行人（借款人、债务人）收取固定的利息以及收回本金的一种投资方式。企业从二级市场上购入的固定利率国债、浮动利率公司债券等，都属于债权投资。

债权投资中常见的错弊如下。

（1）计价不正确。企业进行债券投资时不是按实际支付的价款入账的，对支付的价款中含有应计利息的，不按规定在价款中予以扣除。

（2）投资的收益计算、核算不正确。企业在确认各期投资收益时，不考虑摊余成本和实际利率。

（3）混淆与其他债权投资的区别。债权资产与其他债权投资的区别主要是管理模式的不同。如果企业持有债券仅以收取合同现金流量为目标，且在特定日期产生的现金流量仅为对本金和以未偿付金额为基础的利息的支付，则这种债券投资属于以摊余成本计量且其变动计入当期损益的金融资产，在会计上，通过“债权投资”科目核算。如果企业持有债券既以收取合同现金流量为目标又以出售该债券为目标，则此类债券投资属于以公允价值计量且其变动计入其他综合收益的金融资产，在会计上，通过“其他债权投资”科目核算。

06 如何查证债权投资中的错弊？

针对债权投资中的错弊，审查的重点一般为以下几个方面。

（1）审查投资的计价是否正确。审阅“债权投资”下有关明细账中投资价值与摘要内容的记录，审阅债券登记簿，通过账证、证证核对，确定有关债权投资的计价情况是否正确。

（2）审查债权投资的收益计算及会计处理是否正确。查账人员应了解被审查单位债券投资的结息时间，在规定的结息时间内调阅相关的记账凭证，查明投资收益的会计处理是否准确、投资收益的计算是否正确。

【案例】查账人员 2020 年 2 月对甲企业的债权投资进行审查，发现甲企业 2020 年 1 月 2 日购入乙企业 2019 年 1 月 1 日发行的 4 年期债券，面值为 100 000 元，票面年利率为 4%。甲企业以 99 277 元的价格购入，另支付手续费 2 000 元。该债券每年 1 月 5 日付息，最后一次付息连同本金一起支付。购入债券的实际年利率为 5%。通过了解，甲企业按年计算利息。

查账人员调阅甲企业的记账凭证，其记录如下。

甲企业 2020 年 1 月 2 日购入债券时：

借：债权投资——成本　　100 000

　　财务费用——手续费　　2 000

　　贷：银行存款　　101 277

　　　　债权投资——利息调整　　723

2020 年 1 月 5 日收到债券利息时：

借：银行存款　　4 000

　　贷：债权投资——应计利息　　4 000

2020 年 12 月计息时：

借：债权投资——应计利息　　4 000

　　债权投资——利息调整　　864

　　贷：投资收益　　4 864

查账人员分析认为，按照企业会计准则规定，债权投资的账务处理如下。

（1）确定初始入账价值。

①“债权投资——成本”科目只反映面值，支付的价款中包含已到付息期但尚未领取的利息，应在“应收利息”科目中单独核算。

②支付的价款中包含的佣金、手续费等，应记入“债权投资——利息调整”科目。

所以，利息调整不仅包括折溢价，还包括佣金、手续费等。

取得债权投资的会计处理如下。

借：债权投资——成本（面值）

　　应收利息（已到付息期但尚未领取的利息）

　　债权投资——利息调整（倒挤出差额，也可能在贷方）

　　贷：银行存款

（2）资产负债表日计算利息。

①计算应收利息。分期付息、一次还本，记入“应收利息”科目；到期一次还本付息，记入“债权投资——应计利息”科目。注意两者只是支付时间不同，利息数额都根据“面值 × 票面利率”计算。

②计算本期投资收益。本期投资收益 = 摊余成本 × 实际利率。

③利息调整。应收利息（应计利息）和投资收益的差额，数额可能在借方也可能在贷方。

在本例中，甲企业持有债权投资的账务处理不正确。甲企业的做法既对投资收益有影响，又会影响各期会计报表中债权投资的会计信息。

调账如下。

（1）购买债券时，正确的分录如下。

	借方	贷方
借：债权投资——成本	100 000	
应收利息	4 000（100 000×4%）	
贷：银行存款		101 277
债权投资——利息调整		2 723

调整分录如下。

	借方	贷方
借：应收利息	4 000	
贷：财务费用		2 000
债权投资——利息调整		2 000

（2）2020年1月5日收到债券利息时，正确分录如下。

	借方	贷方
借：银行存款	4 000	
贷：应收利息		4 000

调整分录如下。

	借方	贷方
借：债权投资——应计利息	4 000	
贷：应收利息		4 000

（3）2020年12月31日计提利息时：

应确认的投资收益 =97 277×5% =4 864（元）

债权投资的利息调整 = 4 864-100 000×4%= 864（元）。

正确分录如下。

借：应收利息　　4 000

　　债权投资——利息调整　　864

　　贷：投资收益　　4 864

调整分录如下。

借：应收利息　　4 000

　　贷：债权投资——应计利息　　4 000

07 以公允价值计量且其变动计入其他综合收益的金融资产中常见的错弊有哪些？

依据《企业会计准则第 22 号——金融工具确认和计量》（2017）规定：金融资产同时符合下列条件的，应当分类为以公允价值计量且其变动计入其他综合收益的金融资产。

（1）企业管理该金融资产的业务模式既以收取合同现金流量为目标又以出售该金融资产为目标。

（2）该金融资产的合同条款规定，在特定日期产生的现金流量，仅为对本金和以未偿付本金金额为基础的利息的支付。

在会计处理上，初始确认时，此类金融资产的相关交易费用应当计入初始成本，增加其他权益工具或其他债权投资的价值。

后续计量时，此类金融资产所产生的利得或损失，除减值损失或利得和汇兑损益外，均应当计入其他综合收益，直至该金融资产终止确认或被重分类。

以公允价值计量且其变动计入其他综合收益的金融资产中的常见的错弊如下。

（1）入账价值错误。

①未将购买价中包含的已经宣告发放但尚未发放的股利或到付息期但尚未领取的债券利息从其他债权投资成本中扣除，列入“应收股利”或“应收利息”科目中。

②取得其他债权投资所发生的相关交易费用在发生时计入投资收益，而未计入其他权益工具或其他债权投资的账面成本。

（2）对持有期间公允价值变动的会计处理不正确。

依据企业会计准则规定，该类金融资产持有期间，公允价值变动应该记入“其他综合收益”科目，而有的企业将其记入“投资收益”科目。

（3）股利、利息收入账务处理不正确。

在企业持有此类金融资产期间，被投资单位宣告发放现金股利或在资产负债表日计算利息收入时，应该冲减“其他权益工具”或“其他债权投资”，将计算的利息收入记入“投资收益”科目，而有的企业未冲减“其他权益工具”或“其他债权投资”，或者将计算的利息收入记入“其他综合收益”科目。

（4）当公允价值发生较大幅度下降时，未按规定对“其他债权投资”计提信用减值损失，对此类金融资产发生的减值损失，未记入“其他综合收益——信用减值准备”科目，而记入“投资收益”科目。

（5）出售此类金融资产时账务处理不正确。

企业会计准则规定，企业出售此类金融资产时，按收到的价款与金融资产账面价值的差额确认投资收益，同时将“其他综合收益”科目中公允价值的累计变动额一并转入投资收益。即应按实际收到的金额，借记“银行存款”等相关科目，按账面价值，贷记“其他权益工具（或其他债权投资）——成本、公允价值变动损益、利息调整、应计利息”科目，按应从所有者权益中转出的公允价值累计变动额，借记或贷记“其他综合收益”科目，按借贷方差额，贷记或借记“投资收益”科目。但有的企业在会计处理时，未将“其他综合收益”科目中公允价值的累计变动额转入投资收益。

08 如何查证以公允价值计量且其变动计入其他综合收益的金融资产中的错弊？

针对以公允价值计量且其变动计入其他综合收益的金融资产中的错弊，审查的内容和方法如下。

（1）获取或编制此类金融资产明细表，复核其加计数是否正确，并与总账数和明细账合计数核对相符。

（2）获取此类金融资产对账单，与明细账核对，并检查其会计处理是否正确。

（3）检查此类金融资产的库存，并与有关账户余额进行核对，如有差异，应查明原因，并做出记录或进行适当调整。

（4）向相关金融机构发函询证此类金融资产期末数量，并记录函证过程。取得回函时应检查相关签章是否符合要求。

（5）对期末结存的此类金融资产，向被审查单位核实其持有目的，检查核算范围是否恰当。

（6）抽取此类金融资产增减变动的相关凭证，检查其原始凭证是否完整，会计处理是否正确。

（7）复核此类金融资产的期末公允价值是否合理，检查会计处理是否合理。如果金融资产的公允价值发生较大幅度下降，并且预期这种趋势属于非暂时性的，应当检查被审查单位是否计提资产减值准备，计提相关会计处理是否正确。

（8）对于已确认减值损失的此类金融资产，当公允价值回升时，检查其相关会计处理是否正确。

（9）若其他债权投资发生减值，检查相关利息的计算及会计处理是否正确。

（10）检查此类金融资产出售时，其相关损益计算及会计处理是否正确，已记入“其他综合收益”科目的公允价值累计变动额是否转入“投资收益”科目。

（11）复核金融资产重分类的依据是否充分，会计处理是否正确。

（12）检查其他债权投资计入损益的利息收入计算所采用的利率是否正确。

（13）结合银行借款等相关科目，了解是否存在已用于债务担保的金融资产。如有，则应取证并做相应的记录，同时提请被审查单位做恰当披露。

09 长期股权投资中常见的错弊有哪些？

长期股权投资是指通过投资取得被投资单位的股份。持有长期股权投资是为长期持有被投资单位的股份，成为被投资单位的股东，并通过所持有的股份，对被投资单位实施控制或施加重大影响，或为了改善和巩固贸易关系，或持有不易变现的长期股权投资等。

依据投资企业对被投资企业的控制程度，分为：控制、共同控制、重大影响和无控制。

控制，是指有权决定一个企业的财务和经营政策，并能据以从该企业的经营活动中获取利益。企业能够对被投资单位实施控制的，被投资单位为本企业的子公司。通常，当投资企业直接拥有被投资单位 50% 以上的表决权资本，或虽然直接拥有被投资单位 50% 或以下的表决权资本，但具有实质控制权时，也说明投资企业能够控制被投资单位。

共同控制，是指按合同约定对某项经济活动所共有的控制。共同控制，仅在与该项经济活动相关的重要财务和经营决策需要分享控制权的投资方一致同意时存在。投资企业与其他方对被投资单位实施共同控制的，被投资单位为本企业的合营企业。共同控制的实质是通过合同约定建立起来的、合营各方对合营企业共有的控制。

重大影响，是指对一个企业的财务和经营政策有参与决策的权力，但并不决定这些政策。企业能够对被投资单位施加重大影响的，被投资单位为本企业的联营企业。当投资企业直接拥有或通过子公司间接拥有被投资单位 20% 以上但低于 50% 的表决权股份时，一般认为对被投资单位具有重大影响。

合营企业与联营企业等投资方式不同的特点在于，合营企业的合营各方均受到合营合同的限制和约束。一般在合营企业设立时，合营各方在投资合同或协议中约定在所设立合营企业的重要财务和生产经营决策制定过程中，必须由合营各方均同意才能通过。

无控制。无控制、无共同控制且无重大影响具体表现如下。

（1）投资企业直接拥有被投资单位 20% 以下的表决权资本，同时不存在其他实施重大影响的途径。

（2）投资企业直接拥有被投资单位 20% 或以上的表决权资本，但实质上对被投资单位不具有控制、共同控制和重大影响。

长期股权投资的核算方法有两种：一是成本法，二是权益法。能够控制的采用成本法，共同控制与重大影响采用权益法。

不能控制的不在“长期股权投资”科目中核算，而在“交易性金融资产”科目或“其他权益工具”科目中核算。

长期股权投资中常见的错弊如下。

（1）长期股权投资的入账价值不正确。

①企业在确认长期股权投资成本时没有包括相关的税费和手续费。

②实际支付的价款中并没有扣减已宣告但尚未领取的现金股利。

（2）长期股权投资的核算方法选择不准确。

企业不按照企业会计准则的规定，随意采用成本法和权益法进行核算，造成企业长期股权投资的会计信息不真实、会计处理不正确。

（3）长期股权投资收益的确定不正确。

①企业在采用成本法核算长期股权投资时，将被投资企业宣告分派的现金股利直接确认为投资收益。

②企业在采用权益法核算长期股权投资时，并不是随着被投资企业净资产的增减

而增减投资收益，而是随意确认投资收益。

（4）长期股权投资减值准备的计算不正确。

按照企业会计准则的规定，企业应当定期或至少于每年度终了，对长期股权投资进行逐项检查，然后按照各个投资项目计算确定长期股权投资的减值准备。而有些企业按照长期股权投资总体计算长期股权投资减值准备。

10 如何查证长期股权投资中的错弊？

针对长期股权投资中的错弊，审查的重点一般为以下几个方面。

（1）审查长期股权投资的入账价值是否正确。

应了解被审查单位投资合同或协议，对于重大投资，还应了解董事会的有关决议，查看被审查单位在投资时是否发生了相关的手续费用，以此来判断其长期股权投资的入账价值是否准确。

（2）审查长期股权投资的核算方法选择是否准确。

查账人员应首先检查企业有哪些投资项目适合用权益法，并通过询问管理当局或函证投资企业等方式，确认企业是否确实对接受投资企业拥有共同控制或重大影响，检查企业对这些项目是否采用了权益法。如果企业未按规定选择权益法核算，查账人员应该取得该企业不能对接受投资企业拥有共同控制或重大影响的证据。

（3）审查长期股权投资收益的确定是否正确。

①按照不同种类的股票，分别从公开印发的股利手册或证券公司及付款单位查证各种股票的股利收入。

②通过核对企业有关货币资金账户和“投资收益”账户，检查企业所获得的股利收入是否得到适当、正确的记录。

③采用权益法核算长期股权投资时，应主要检查企业投资收益增减额的正确性，即是否按其在被投资企业的投资比例来分享投资收益。

（4）审查长期股权投资减值准备的计算是否正确。

查账人员应审查被审查单位的投资项目，然后索取市价资料来源，对比审核被审查单位长期股权投资减值准备计算的正确性。

【案例】2020 年 2 月 15 日，股权人员对 A 公司进行查账时发现，A 公司在 3 年前对 B 公司投资 3 000 000 元，但一直没有取得 B 公司的会计报表，也没有从 B 公司取得投资收益的记录。经过对 B 公司的初步了解，得知 B 公司自投产以来一直是当地的盈利户，A 公司应当有取得投资收益的业务事项。

查账人员为了审查这一事项，首先落实投资的真实性，采取的方式是按会计账簿记录查到了投资时的会计凭证。会计分录如下。

借：长期股权投资　　3 000 000

　　贷：固定资产　　2 500 000

　　　　库存商品　　500 000

经审查原始凭证，所编的记账凭证是准确无误的。按会计凭证记录内容，查账人员又审查了投资时双方签订的协议。协议书上注明：A 公司以实物资产的账面价值出资，出资额占 B 公司的 30%。协议还规定，A 公司按其所持股份参与 B 公司的董事会决策；自盈利年份起，B 公司应从其税后利润中按 A 公司的出资比例向 A 公司派发股利。为了进一步调查 B 公司分派股利的情况，查账人员向 B 公司发出了询证函。在询证函发出一星期后，查账人员收到了 B 公司寄来的会计报表。从会计报表资料中可知，B 公司在 2019 年度盈利 2 400 000 元，截至 2019 年底已累计实现税后利润 5 800 000 元。由于 B 公司业务形势好，需要扩大生产规模，但不易取得信贷资金，因此在征得股东同意的前提下一直未对外分配现金股利。B 公司的会计报表上没有应付股利的记录。

查账人员在取得上述查账证据后，与 A 公司的会计主管人员交换意见。A 公司的会计主管认为，进行长期股权投资核算可使用成本法和权益法，在没有明确的划分标准时使用成本法核算，在没有收到现金股利时不记录投资收益；使用成本法核算有利于正确核算利润额，也有利于正确计算企业所得税。

按企业会计准则第 36 号——关联方披露的要求，A 公司已持有 B 公司有表决权股份的 30%，并参与 B 公司的董事会决策，属于对投资单位有重大影响，应采用权益法核算长期股权投资，因此在 2019 年年末的会计报表中应按权益法的要求对长期股权投资及投资收益进行正确表述。

结论：A 公司连续 3 年未反映企业投资收益，影响了企业的收益，少纳了企业所得税。

调账：根据 B 公司累计实现的净利润，按 A 公司投资占 B 公司股份的比例，应调增“长期股权投资”账户数额 1 740 000 元（5 800 000×30%），并将调增的数额记入“未分配利润”和“投资收益”账户，调整的分录如下。

借：长期股权投资　　1 740 000

　　贷：投资收益　　720 000（2 400 000×30%）

　　　　未分配利润　　1 020 000

11 筹资业务主要涉及哪些活动?

筹资业务的主要活动如下。

（1）提出筹资方案。一般由财务部门根据企业经营与发展战略、预算情况与资金现状等因素，提出筹资方案。一个完整的筹资方案应包括筹资金额、筹资形式、利率、筹资期限、资金用途等内容。提出的筹资方案同时还应经过其他生产经营相关业务部门沟通协调，在此基础上形成初始筹资方案。

（2）进行可行性论证，包括以下三部分内容。

一是筹资方案的战略性评估。主要评估筹资方案是否符合企业整体发展战略，控制企业筹资规模。

二是筹资方案的经济性评估。主要分析筹资方案是否符合经济性要求，是否以最低的筹资成本获得了所需的资金，筹资期限等是否经济合理，利息、股息等费用支出是否在企业承受的范围之内。

三是筹资方案的风险评估。对可能出现的风险进行有效应对。

（3）筹资方案审批。通过可行性论证的筹资方案，需要在企业内部按照分级授权审批的原则进行审批，重点关注筹资用途的可行性。对于重大筹资方案，应当提交股东大会审议。筹资方案需经有关管理部门批准的，应当履行相应的报批程序。审批人员与编制筹资方案人员应适当分离。在审批中，应贯彻集体决策的原则，实行集体决策审批或者联签制度。

（4）筹资计划编制与执行。企业应根据审核批准的筹资方案，编制较为详细的筹资计划，经过财务部门批准后，严格按照相关程序筹集资金。

（5）签订合同或协议。

（6）获得资金。

（7）计算应付利息或股利。

（8）偿还本息或发放股利。

（9）筹资活动监督、评价与责任追究。加强筹资活动的检查监督，严格按照筹资方案确定的用途使用资金，确保款项的收支、股息和利息的支付、股票和债券的保管等符合有关规定。

筹资活动完成后要按规定进行筹资后评价，对存在违规现象的，严格追究其责任。

筹资业务的流程如图 6-2 所示。

筹资相关法律法规
宏观经济形势
企业发展战略
筹资项目
拟定筹资方案
是否重大
是
否
未通过
未通过
股东大会/董事会审议
相关部门审批
通过
筹资计划编制与审批
筹资计划执行
取得资金
支付利息或股利
到期还本
筹资活动评价与责任追究

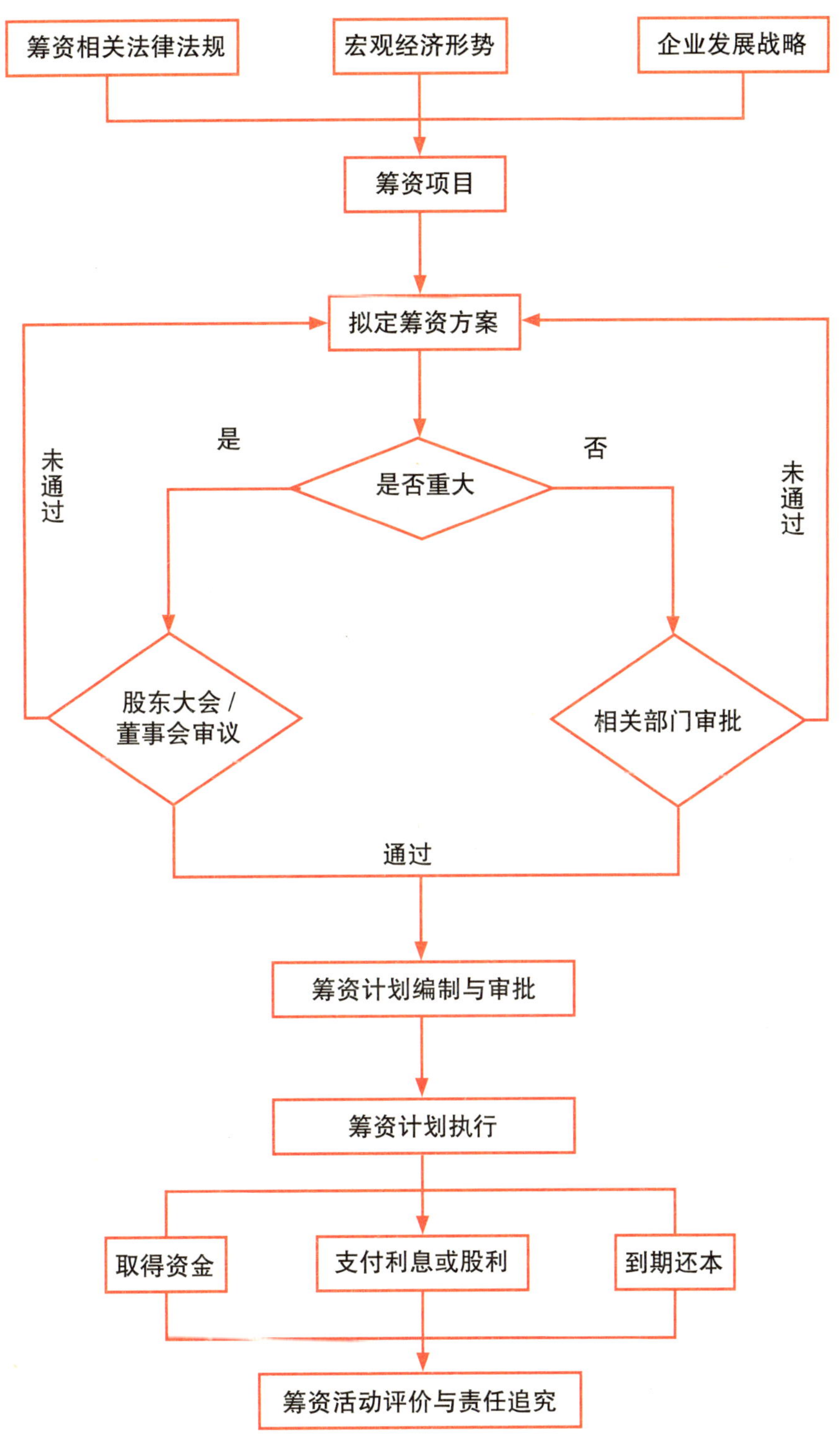

图 6-2　筹资业务的流程

12 筹资活动涉及的主要凭证和会计记录有哪些？

筹资活动涉及的主要凭证和会计记录如下。

（1）筹资方案可行性研究报告。

（2）债券。债券是公司依据法定程序发行、约定在一定期限内还本付息的有价证券。

（3）股票。股票是公司签发的证明股东所持股份的凭证。

（4）债券契约。债券契约是一张明确债券持有人与发行企业双方所拥有的权利与义务的法律性文件。其内容一般包括：债券发行的标准；债券的明确表述；利息或利率；受托管理人证书；登记和背书；如系抵押债券，其所担保的财产；债券发生拖欠情况如何处理，以及对偿债基金、利息支付、本金返还等的处理。

（5）股东名册。发行记名股票的公司应记载的内容一般包括：股东的姓名或者名称及住所；各股东所持股份数；各股东所持股票的编号；各股东取得其股份的日期。发行无记名股票的，公司应当记载其股票数量、编号及发行日期。

（6）公司债券存根簿。发行记名公司债券应记载的内容一般包括：债券持有人的姓名或者名称及住所；债券持有人取得债券的日期及债券的编号；债券总额、债券的票面金额、债券的利率、债券还本付息的期限和方式；债券的发行日期。发行无记名债券的应当在公司的债券存根簿上记载债券总额、利率、偿还期限和方式、发行日期和债券编号。

（7）承销或包销协议。公司向社会公开发行股票或债券时，应当由依法设立的证券经营机构承销或包销，公司应与其签订承销或包销协议。

（8）借款合同或协议。公司向银行或其他金融机构借入款项时与其签订合同或协议。

（9）有关记账凭证。

（10）有关会计科目的会计账簿包括明细账和总账。有关会计科目主要有：银行存款、短期借款、长期借款、应付债券、长期应付款、股本等。

13 短期借款中常见的错弊有哪些？

短期借款是指企业用来维持正常的生产经营所需的资金或为抵偿某项债务而向银行或其他金融机构等外单位借入的、还款期限在一年以下（含一年）或者一年的一个经营周期内的各种借款。企业的短期借款主要有经营周转借款、临时借款、结算借款、票据贴现借款、卖方信贷、预购定金借款和专项储备借款等。

短期借款中常见的错弊如下。

（1）短期借款业务程序和手续不完备、不合规。

企业发生的短期借款业务未经有关机构批准，或者所签订的借款合同条款不完备等。

（2）短期借款利息处理不合理。

①企业人为地调节当期损益，虚计银行存款利息，通过企业的期间费用转入当期损益。

②企业为了虚增当期利润，减少期间费用，采取本期不提借款利息或者少提借款利息的做法，从而将短期借款利息转嫁到下期或延长摊销，使账面利润出现虚假增加现象。

（3）企业未按合同约定的范围使用短期借款。

14 如何查证短期借款中的错弊?

针对短期借款中的错弊，审查的重点一般为以下几个方面。

（1）短期借款业务程序和手续不完备、不合规。

审阅企业的短期借款计划，检查企业是否编制了短期借款计划，计划项目内容是否全面，有关数字计算是否准确，编制计划的依据是否科学、合理等。同时将计划的有关内容与企业现金流量表或筹资计划书核对，在调查了解有关实际情况的基础上予以证实。

（2）审查短期借款利息处理是否合理。

①审阅短期借款明细账的记录，进而审阅相关的记账凭证，查看短期借款的期限及支付利息金额、付息时间。

②进一步审查利息支出的核算，看其是否按月预提利息，各月预提利息的计算是否准确，预提利息记入什么科目，有无将预提利息集中在某一较长计算期或者不按规定计入当期损益的现象。

③如果还不能准确判断，则应更进一步审阅“财务费用”账户的明细记录或者记账凭证，从而确认企业按月预提了短期借款利息，并按月记入了“财务费用”科目。

（3）审查企业是否按合同约定的范围使用短期借款。

①根据短期借款有关明细账内的记录确定借款的具体种类及金额，追踪检查相应时期的会计资料，查证企业对其取得的有关短期借款是否按规定的用途使用。

②根据企业有关财产物资账户及会计资料检查取得该项借款时有无物资保证，并分析、鉴定作为保证的物资是否是适销、适用的产品、商品及材料，同时查明作为借款保证物资的价格、金额计算是否正确，有无故意多计的情况。

【案例】查账人员于2×14年2月12日对某企业2×13年1月份的短期借款项目进行审查时，发现有一张计算借款利息的记账凭证比较可疑。该记账凭证反映的业务内容为预提某农业银行借款利息，共计100 000元，会计分录如下。

借：财务费用　100 000

　　贷：预提费用　100 000

查账人员通过对该企业短期借款各明细账户的审查，发现该企业2×13年1月末的全部短期借款总额为3 000 000元，其中从农业银行取得短期借款为2 000 000元。查账人员经过测算，发现企业负担的农业银行短期借款年利率高达60%［（100 000÷2 000 000）×12×100%］，这显然和银行利率很不相符。由此判断，该项账务处理是不正确的。

经过查阅有关借款协议、账簿记录，查明该企业在2×12年12月向农业银行某支行借入短期借款2 000 000元，年利率为12%，借款期限为半年，到期一次还本付息，因此企业应每月预提利息费用20 000元。

结论如下。

①该企业的会计处理使得企业多提利息80 000元，从而导致2×13年的税前利润虚减了80 000元，同时少交所得税20 000（80 000×25%）元。

②根据企业会计准则，企业预提借款利息不通过“预提费用”账户核算，而是通过“应付利息”账户核算。该企业没有按照企业会计准则进行账务处理。

调账如下。

借：预提费用	100 000	
贷：财务费用		80 000
应付利息		20 000

15 长期借款中常见的错弊有哪些？

长期借款是指企业向银行或其他金融机构借入的期限在一年以上（不含一年）或

超过一年的一个营业周期以上的各项借款。

长期借款中常见的错弊如下。

（1）长期借款无计划或计划编制不合理。

企业借款无计划，随意举借信贷资金，或者借款计划编制依据不科学，内容不完整，计划不合理。

（2）长期借款的使用不合规。

有的企业故意违反合同规定，将借款挪用到其他方面，如将借款转贷以获取利息收入、将借款用于股票投资以获取投资收益等。

（3）长期借款利息的计算不正确。

企业未按会计期间计提借款利息，或者虽然每期计提了长期借款利息但计算不准确。

（4）借款利息资本化处理不正确。

借款利息资本化是指将借款利息支出确认为一项资产。借款利息资本化的问题涉及两个方面：可予资本化的资产的范围，可予资本化的条件。

可予资本化的资产的范围：依据企业会计准则规定，需要相当长时间才能达到可销售状态的存货以及投资性房地产等所发生的借款利息支出，可以将利息资本化。

可予资本化的条件：企业会计准则规定只有在同时符合以下 3 个条件时，借款利息才能开始资本化。资产支出已经发生，借款费用已经发生，为使资产达到预定可使用状态所必要的购建活动已经开始。

在计算出了企业每期实际发生的借款费用、应予资本化的借款费用和应计入当期损益的借款费用之后，企业应当及时进行相应的账务处理。

①对于当期应予资本化的借款费用，应当计入在建工程成本，反映在“在建工程”科目中。在每一会计期末或者所购建固定资产达到预定可使用状态时（即停止借款费用的资本化时），企业应当根据当期所计算的应予资本化的借款费用金额，借记“在建工程”科目，贷记“长期借款”“应付债券”“银行存款”等科目。

②对于当期应当计入损益的借款费用，应当通过“财务费用”科目进行核算。在每一会计期末，企业应当根据当期应计入损益的借款费用金额（其金额等于当期实际发生的借款费用总额减去当期应予资本化的借款费用金额之后的余额），借记“财务费用”科目，贷记“长期借款”“应付债券”“银行存款”等科目。

但有的企业在确认借款利息资本化时没有按照上述规定，对借款利息随意资本化或费用化。

（5）长期借款的归还不及时。

企业为了占用贷款人的资金，故意拖欠长期借款，不按时归还长期借款。

16 如何查证长期借款中的错弊？

针对长期借款中的错弊，审查的重点一般为以下几个方面。

（1）审查长期借款有无计划或计划编制是否合理。

检查借款合同和授权批准，了解借款数额、借款条件、借款日期、还款期限、借款利率，并与相关会计记录相核对。

（2）审查长期借款的使用是否合规。

将工程项目价值的增加与长期借款的增加进行核对，并审查企业近期的重大支出项目，通过比较分析，查明有无挪用借款或长期占用借款的现象。

（3）审查长期借款利息的计算是否正确。

计算长期借款在各月份的平均余额，结合利率计算利息支出，并与“财务费用”“在建工程”账户的相关记录核对，判断企业是否高估或低估利息支出，必要时进行适当调整。

（4）审查长期借款利息资本化的会计处理是否正确。

①审查可予资本化资产的范围是否正确。依据企业会计准则规定，需要相当长时间才能达到可销售状态的存货以及投资性房地产等所发生的借款利息支出，可以利息资本化。

②审查可予资本化的条件是否符合。

（5）审查长期借款的归还是否及时。

检查年末有无到期未偿还的借款，逾期借款是否办理了延期手续，分析计算逾期借款的金额、比例和期限，判断企业的资信程度和偿债能力。

【案例】查账人员于2×13年12月5日在审查某企业“长期借款”明细账时，发现该企业2×13年8月20日从银行借入购买设备款项2 000 000元（年利率为6%），但“在建工程”账户中却没有增加的记录，从该企业2×13年第三季度的资产负债表上反映的内容来看，增加了交易性金融资产3 000 000元。查账人员怀疑该企业很可能改变了8月从银行借入资金的用途，用于股票或债券投资。

查账人员进一步查阅了“交易性金融资产”账户及其记账凭证，并向有关经办人员询问，证实该企业10月12日用购买设备的贷款购买了价值2 000 000元的股票。

结论：该企业虚设贷款项目，从银行套取资金用于股票投资，违反了借款合同的规定及银行信贷纪律。

调账：查账人员应提请该企业立即出售股票，归还借款并支付罚息。假设该企业未对长期借款计提利息，还款时应支付罚息10 000元，12月20日出售股票取得价款

2 200 000 元。

①出售股票时（不考虑有关税金）。

借：银行存款 2 200 000

贷：交易性金融资产 2 000 000

投资收益 200 000

②偿还借款、支付利息及罚息。

借：长期借款 2 000 000

财务费用 40 000

营业外支出——罚息 10 000

贷：银行存款 2 050 000

17 应付利息中常见的错弊有哪些?

应付利息是指企业按照合同约定应支付的利息，包括吸收存款、分期付息到期还本的长期借款、企业债券等应支付的利息。

应付利息中常见的错弊如下。

（1）超额计提或计提不足。

（2）虚列应付利息。

（3）应付利息支付不实。

（4）应付利息挪作他用。

18 如何查证应付利息中的错弊?

针对应付利息中的错弊，审查的一般程序如下。

（1）核对应付利息明细账与总账的余额是否相符。

（2）获取或编制应付利息明细表，复核加计数是否正确。

（3）抽查大额应付利息提取的原始凭证及相关文件，确定提取金额和会计处理是否正确。

（4）抽查大额应付利息转销的原始凭证及相关文件，确定转销金额和会计处理是否正确。

（5）检查有无不属于应付利息性质的会计事项。

（6）检查有无长期未转销的应付利息，查明原因并做适当调整。

（7）审查应付利息余额是否正确。

19 财务费用中常见的错弊有哪些？

财务费用指企业在生产经营过程中为筹集资金而发生的各项费用，包括企业生产经营期间发生的利息支出（减利息收入）、汇兑净损失（有的企业如商品流通企业、保险企业进行单独核算，不包括在财务费用内）、金融机构手续费，以及筹资发生的其他财务费用，如债券印刷费、国外借款担保费等。但在企业筹建期间发生的利息支出，应计入开办费；与购建固定资产或者无形资产有关的，在资产尚未交付使用或者虽已交付使用但尚未办理竣工决算之前的利息支出，计入购建资产的价值；清算期间发生的利息支出，计入清算损益。

财务费用中常见的错弊如下。

（1）混淆利息费用的期间界限，将不属于本期列支的利息支出计入本期损益，或将应属于本期利息支出计入下期损益。

（2）混淆资本性支出与收益性支出的界限，将应记入在建工程等资本性支出的利息记入财务费用，或将应记入财务费用的利息支出记入在建工程。

（3）利息计算、支付不正确。

（4）利息收入不入账，或在财务费用中支出除金融手续费、利息支出、汇兑损失、融资租赁费外的其他费用等。

20 如何查证财务费用中的错弊？

查证财务费用错弊的一般程序如下。

（1）取得或编制财务费用明细表，复核其加计数是否准确，并与明细账、总账和报表有关项目进行核对。

（2）实施分析性复核。就异常项目或重大波动进行调查，查清原因。

①将本年度的财务费用与上年度的财务费用进行比较，有无重大波动或异常情况。

②将本年度各月份的财务费用进行比较，有无重大波动或异常情况。

（3）结合对被审查企业长期借款、短期借款查账结果，检查利息支出是否合规、正确。

①检查有无资本性利息支出与生产经营性利息支出混淆的问题。

②核实利息支出金额是否正确。查账人员根据借款的种类、借款期限、借款额和借款利率等资料，复核借款的利息金额。按借款金额审核各月份的预提数，验证当期利息支出额的正确性。同时通过复核，查明当期银行存款利息收入数是否从利息支出额中扣除，验证利息支出净额的正确性。

③检查企业与银行或其他非银行金融机构签订的贷款合同以及补充合同、利息结算单等资料。检查被审查企业利息支出是否合规，超过国家法定利率向银行或非银行金融机构支付的高额利息是否进行了纳税调整。

（4）检查计入财务费用的汇兑损益计算方法是否正确，采用的汇率是否正确，方法前后期是否一致。对于从筹建期间转入的汇兑损益，查明其摊销或转销方法前后期是否保持一致、摊销或转销金额是否正确。

（5）通过检查银行或其他非银行金融机构转来的费用结算单据，检查金融手续费是否真实、正确。

（6）结合企业银行开户情况的查账，核实企业应计的利息收入是否全部计入财务费用，有无隐瞒利息收入或转移利息收入的问题。

（7）抽查年末和下年初发生的财务费用及结转记录，并追查至记账凭证和原始凭证，检查有无跨期入账现象。

（8）检查财务费用是否已在利润表及附注中恰当披露。

21 分配利润中常见的错弊有哪些？

利润是指企业在一定会计期间的经营成果，包括营业利润、利润总额和净利润。

企业实现的利润总额缴纳所得税后就是会计净利润。用公式表示：净利润 = 利润总额 − 所得税。按照有关规定，企业取得的净利润，应按下列顺序进行分配：弥补以前年度亏损→提取法定盈余公积→提取法定公益金→支付优先股股利→提取任意盈余公积→支付普通股股利。

为了反映企业的利润分配情况，在会计实务中，通常是在“利润分配”科目下分别设置“提取法定盈余公积”“提取法定公益金”“应付优先股股利”“提取任意盈余公积”“应付普通股股利”“转作股本的普通股股利”“未分配利润”等明细科目，进行分项明细核算。

利润分析中的错弊主要表现在以下几个方面。

（1）亏损弥补的错弊。企业发生的年度亏损，可以用下一年度的利润弥补；下一年度利润不足弥补的，可以在 5 年内继续弥补，5 年内不足弥补的，应当用税后利润弥补。企业发生的年度亏损已超过用利润抵补期限的，可用企业的法定盈余公积弥补。实际中存在的企业亏损弥补的会计错弊，是指该用税后利润或法定盈余公积弥补的年度亏损却用税前利润弥补了，从而少缴纳了所得税，或者企业对亏损不予弥补，虚拟利润，任期结束领导人卸职之后，才发现企业已经亏空。

（2）利润分配顺序的错弊。在实际工作中，有的企业优先提取法定公益金，然后支付股利，最后用税后利润弥补亏损，使企业亏损越来越大，却仍在大肆提取法定盈余公积和法定公益金，使企业的资金流进某些人的腰包，或进行不合理的企业设施建设等。

（3）利润分配标准的错弊。利润分配中的一些项目是有很明确的规定的。提取法定盈余公积时，应按照税后利润扣除违反税法的滞纳金和罚款弥补以前年度亏损后的 10% 提取；盈余公积已达注册资金 50% 时可不再提取；对股份有限公司，当年无利润时，不得分配股利，但在用盈余公积弥补后，经股东会特别决议后，可以按照不超过股票面值 6% 的比率用盈余公积分配股利，在分配股利后，企业法定盈余公积不得低于注册资金的 25%。实际工作中，存在未按规定标准进行利润分配的问题。有的企业私自提高计提比率，擅自改动其计提基数，造成利润分配不合规、不真实；有的企业在法定盈余公积金已超过资本金总额的 50% 之后，仍旧提取法定盈余公积；有的企业在不应分配股利的情况下（既未经股东会决议通过，法定盈余公积金也已低于注册资金的 25%）出于某种目的，向投资者发放股利或发放的比率高于规定要求。

（4）转移利润的错弊。有些企业利用其所属子公司免税的福利，将企业的利润转移到其所属公司的名下，以达到偷税的目的。如将材料、设备、半成品等无偿转到其附属公司，经过一些加工，再以高价买回，使企业利润转移。

22 如何查证利润分配中的错弊？

查证利润分配中的错弊有以下几种方法。

（1）对亏损弥补的查证。对亏损弥补不正确的查证， 查账人员在审阅被查企业分配利润的有关资料时， 若发现有用税前利润弥补以前年度亏损的情况， 应通过追踪审阅、检查被查企业以前利润实现及分配的会计资料，了解其亏损弥补期限及有关情况。

（2）对利润分配顺序的查证。对于利润分配顺序不正确的查证，查账人员首先应审阅核对企业利润分配的会计凭证，根据本年转入的净利润额，按正确分配顺序逐项计算核对，发现问题再找有关人员核对，确定问题的实质。

（3）对利润分配标准的查证。对利润分配标准不正确的查证，查账人员应审查利润分配的会计凭证及其他有关账簿所反映的分配标准，并将其与有关规定进行核对。如审查“盈余公积”账户，了解是否提取了盈余公积金，如果未提取，应计算法定盈余公积金是否已超过了资本额的 50%；如果已提取应按规定分配顺序和标准计算提取额是否正确；发现问题后立即核实，并进行调整。

（4）对向投资者分配利润问题的查证。对向投资者分配利润不正确的问题，首先根据当年有关利润判断应否向投资者分配利润，同时审阅实收资本明细账，以查明外部投资的真实性或调阅投资协议，核实投资协议的合理性、有效性，了解有关利润分配的规定，然后根据有关协议与利润分配的会计凭证相核对，确认向投资者分配利润的真实与否，发现问题后向企业有关部门及外部有关投资者查询、确认。

第7章

现金管理业务的审查

现金是企业中流动性最强的资产，也是最容易被舞弊嫌疑人盯上的对象。大多数的财务舞弊案都与现金有关。所以，如何查出现金管理中存在的错弊，是查账工作的重中之重。

01 什么是现金管理？为什么说现金管理比利润管理更为重要？

现金包括库存现金、银行存款和其他货币资金。现金管理就是对企业现金的流入、流出和库存余额进行全方位的规划与控制。

规划现金流主要是通过运用现金预算的手段，并结合企业以往的经验，来确定一个合理的现金预算额度和最佳现金持有量。如果企业能够精确预测现金流，就可以保证充足的流动性。企业的现金流预测可以根据时间的长短分为短期、中期和长期预测。通常期限越长，预测的准确性就越差。到底选择何种现金流的预测方式就要纵观企业整体的发展战略和实际要求。同时企业的现金流预测还可以从现金的流入和流出两方面出发，来推断一个合理的现金存量。

控制现金流量是对企业现金流的内部控制。控制企业的现金流是在正确规划的基础上展开的，主要包括企业现金流的集中控制、收付款的控制等。现金的集中管理将更有利于企业资金管理者了解企业资金的整体情况，在更广的范围内迅速而有效地控制好这部分现金流，从而使这些现金的保存和运用达到最佳状态。

获利是企业生存和发展的基础，而现金则是企业日常经营中的“血液”。现代会计制度以应收应付制为前提，并不是以现金的实际收入和支出作为确认收入和费用的标准，因而造成了账面盈利与现金周转的割裂。虽然，企业作为营利主体，获利无疑是企业的核心目标。但是，许多企业尽管账面上表现出丰厚的利润，却因无力支付和清偿到期的债务而陷入财务困境，仍然摆脱不了破产清算的厄运。相反，有些企业则可能账面利润表现平平，但因其现金流量状况良好，支付能力较强，获得投资者、债权人的“青睐”。可见，会计利润仅仅是一个账面数据，易受人为因素的干扰与操纵。

而现金流量则表现为企业实实在在的现金流入与流出，是企业现金流量的真实反映，并体现出其客观公正性。正因如此，现代企业进入了一个“现金为王”的时代，现金管理比利润管理更重要。

02 什么是现金管理的“八不准”？

这里所说的现金管理，主要是库存现金管理。按照《现金管理暂行条例》及其实施细则的规定，企业、事业单位和机关、团体、部队现金管理应遵守“八不准”。这“八不准”是：

（1）不准用不符合财务制度的凭证顶替库存现金；

（2）不准单位之间相互借用现金；

（3）不准谎报用途套取现金；

（4）不准利用银行账户代其他单位和个人存入或支取现金；

（5）不准将单位收入的现金以个人名义存入储蓄；

（6）不准保留账外公款（即小金库）；

（7）不准发行变相货币；

（8）不准以任何票券代替人民币在市场上流通。

开户单位如有违反现金管理“八不准”的任何一种情况，开户银行可按照《现金管理暂行条例》的规定，有权责令其停止违法活动，并根据情节轻重给予警告或罚款。

03 库存现金收支业务的错误主要有哪些?

库存现金收支业务的错误主要如下。

（1）钱账不分。有的单位会计与出纳一人兼管，或虽有两人，但当出纳不在时，由会计兼任出纳；当会计不在时，由出纳兼任会计。这样给有关人员独揽全部印章、涂改或伪造凭证以可乘之机。

（2）现金收付手续不健全，会计人员把关不严，致使不应报销的支付项目或内容不全的原始凭证报销入账。

（3）收支现金不及时入账，造成库存现金盈亏。

（4）超结算起点结算，即应通过银行转账结算的业务而以现金进行结算。

（5）收款、付款过程中计算或操作错误。

04 库存现金收支业务的舞弊主要有哪些？

库存现金收支业务的舞弊主要有以下两类。

（1）贪污现金。这是指当事人通过篡改、伪造会计凭证，进行虚假的账务处理，以达到非法侵吞现金的目的。其主要手法如下。

①少列现金收入总额或多列现金支出总额。即出纳员或收款员故意将现金日记账收入或支出的合计数加错，少列收入或多列支出，从而导致企业现金日记账账面余额减少，从而将多余的库存现金占为己有。

②涂改凭证金额。即会计人员利用原始凭证上的漏洞或业务上的便利条件，更改发票或收据上的金额，一般是将收入的金额改小，将支出的金额改大，从而将多余的现金占为己有。

③使用空白发票或收据向客户开票。这种手法较为隐蔽，可以将这部分收入据为己有。

④隐瞒现金收入。这指会计人员撕毁票据或在收入现金时不开具收据或发票，也不报账或记账，这样一来，收入就可以流入自己的腰包。

⑤换用“库存现金”和“银行存款”科目。根据规定，对于超过 1 000 元的收支业务，应通过银行转账的方式进行结算。在实际工作中，存在着超出此限额几倍、几十倍的现金收支业务，这为企业会计人员贪污现金创造了极好的条件。会计人员可以将收到的现金收入不记入现金账，而是虚列银行存款账，从而侵吞现金；也可将实际用现金支付的业务，记入“银行存款”科目，从而将该部分现金占为己有。

⑥利用“阴阳”发票，使现金存根的金额与实际支出或收入的金额不一致，从而少计收入，多计支出，以贪污现金。

⑦侵吞未入账借款。这指会计人员与其他业务人员利用承办借款（现金）事项的便利条件和内部控制制度上的漏洞，对借入的款项不入账并销毁借据存根，从而侵吞现金。

（2）挪用现金。这是指有关当事人利用职务之便或未经单位领导批准在一定时间内将公款私用的一种舞弊行为。挪用现金比贪污现金在舞弊性质上较轻，因为挪用现金后，当事人未涂改、伪造会计凭证，未进行虚假的账务处理。挪用现金舞弊的形式有很多种，其主要手法如下。

①利用现金日记账挪用现金。一般来说，当库存现金与现金日记账余额和现金总账余额相符时，现金不会出现问题。但是，因为总账登记往往是一个星期或一日登记一次，当登完总账并进行账账和账实核对后，就可利用尚未到下一次登记总账之机，采用少加现金收入日记账合计数或多加现金支出日记账合计数的手段，来达到挪用现金的目的。

②利用借款挪用现金。企业在日常的生产经营过程中，常常会发生一些零星的现金支付，如职工预借差旅费、采购员预借采购款等。在这些业务中，如果企业确实发生了相关的业务，会计处理上不会有什么相关的错弊发生。但是，在有的情况下，企业的主管人员却可以利用合理借款的借口，来达到挪用现金的目的。例如，某企业主管人员利用借款的形式为单位职工签批借条一张，职工借款后并未利用借款实现借条上的业务，而是将其挪作私人之用。

③利用延迟入账挪用现金。按照财务制度的规定，企业收入的现金应及时入账，并及时送存银行。如果收入的现金未制证或虽已制证但未及时登账，就给出纳员提供了挪用现金的机会。

④利用循环入账，挪用现金。企业在营销过程中，出于商业上的目的，往往利用商业信用销售商品或提供劳务。当企业广泛利用商业信用开展业务时，就为企业会计人员或出纳人员挪用现金打开了方便之门，其可采用循环入账的手法挪用现金。企业会计人员或出纳人员可在一笔应收账款收到现金后，暂不入账，而将现金挪作他用；待下一笔应收账款收现后，用下一笔应收账款收取的现金抵补上一笔应收账款，会计人员或出纳人员继续挪用第二笔应收账款收取的现金；等第三笔应收账款收现后，再用第三笔应收账款收取的现金抵补第二笔应收账款。如此循环入账，永无止境。

⑤利用白条抵库挪用现金。根据现金管理的有关规定，不允许企业用不符合财务制度的白条顶替库存现金。但部分企业人员利用职务上的便利开出白条抵充现金，利用白条借出的现金为自己或他人牟取私利。

05 如何通过盘点查证库存现金收支业务中的错弊？

查证库存现金收支业务中的错弊的方法主要有两种：一是盘点，二是查账。

对库存现金的盘点应采取突击方式进行。在盘点查证前不通知出纳员及其他相关人员，以防其采取措施掩盖贪污挪用的事实或转移账外资金，盘点时间应安排在营业起讫时间，尽量避免现金收支高峰期。实地盘点现金的方法如下。

（1）在盘点现金之前，一切收付现金业务应立即停止，所有的现金和可流通的票据、有价证券应置于查账人员控制之下，直至库存现金查证完毕。

（2）在查证过程中，应要求出纳员和企业的主管会计人员在场，以防现金短缺时分不清责任。

（3）查证完毕，应根据盘点结果填制库存现金清点表，反映库存现金应有数和实有数。如查证日与结账日不一致，应做调整，即现金结账日实有数 = 现金查证日实有数 + 查证日至结账日支出现金数 - 查证日至结账日收入现金数，将结账日现金实有数与结账日现金账面结存数比较，以确定盈缺金额。

（4）按企业会计准则要求，出纳员每日终了进行盘点现金时，发现有待查明原因的现金短缺或盈余，应通过“待处理财产损溢”科目核算。

06 如何通过查账查证库存现金收支业务中的错弊？

对库存现金的查账，可以现金日记账为核心，抽查1—2个月的会计凭证，以查证现金收支业务的真实性、合理性及合法性。查账的主要做法如下。

（1）了解与评价与库存现金相关的内部控制制度。内部控制调查表如表7-1所示。

表7-1　库存现金内部控制调查表

调查内容	调查结果		评价				备注
	是	否	良好	好	一般	不好	
现金出纳和会计记录工作是否分离							
库存现金是否每日清点							
现金支出是否有严格的审批制度							
是否存在白条抵库现象							
出纳办理收支业务是否在收付款凭证上加盖“收讫”“付讫”戳记							
现金是否在规定的范围内使用							
现金日记账是否根据经审核合法的收付款凭证登记入账							
收入的现金是否当日送存银行							
库存现金是否遵守银行规定的限额							

（2）根据对库存现金内部控制评价的结果，选用实施一定范围的抽查法。对内部控制较完善的企业和环节，可采取重点抽查的方法；对内部控制较差或执行不力的企业可采用详查法。

（3）审查现金日记账。查账人员可抽取一定时期的现金日记账进行查证，在查证中要注意以下内容。

①根据日期和凭证号数栏记载，查明是否以记账凭证为依据逐笔序时登记收支业务并逐笔算出余额，有无前后日期和凭证编号前后顺序颠倒的情况。

②根据摘要栏、金额栏和对方科目栏的记载，判断经济业务的会计处理、会计科目的使用是否恰当。同时，还要进一步查证零星的现金收入是否及时如数送存银行，有无违反规定以收抵支、坐支现金，库存现金收付的内容和金额是否符合国家规定的范围和限额。

③根据结存栏的记载，查证是否有异常的红字余额。如出现红字余额，可能是漏记收入、多记支出所致，查账人员应查明原因。同时，还要查证现金日记账的每日账面余额是否遵守银行核定的余额，超过限额的现金是否及时送存银行。如现金经常超过限额，应向出纳人员了解是否有白条抵库、挪用现金的情况。

（4）抽查大额现金收支款凭证，重点审查以下内容。

①凭证的内容是否完整。查证时要注意凭证在签发单位名称、地址，接受单位名称、签发日期、内容摘要等方面的内容是否齐备，若有疑点应进一步查证。

②凭证的计算是否正确。查证时要注意凭证的数量、单价、金额、合计等方面有无漏洞，大小写是否相符。

③凭证本身是否合法合规。查证时要注意企业的正式发票是否印有税务监制的印章，如不符合有关规定，须指出并酌情处理。

④凭证所反映的经济业务是否真实。查证时应注意有无弄虚作假、营私舞弊等情况。

⑤抽取部分现金业务收入凭证与每日银行送款单回单联、现金日记账记录对照比较，从日期和金额上可以判断现金业务收入是否及时入账、及时如数送存银行。如果发现入账时少记收入，或只将部分收入款送存银行，就有被挪用、坐支、延迟存款或贪污的可能。

⑥审查部分收回货款业务的现金收入凭证与相关的应收账款明细账的付款人单位名称、金额、日期等记录是否相符。如果发现有张冠李戴的金额、日期相差甚远的情况，应进一步查明是否存在循环入账、挪用现金等行为。

⑦查证由企业填制的收款单据存根联的编号是否连续完整，有无缺号或短号。如

有，应予以进一步查证。然后抽取部分收据存根联与现金日记账进行对照比较，查明存根联上的金额是否与账面记录的日期相近、是否存在有存根而没有入账的现象。

⑧查证企业已签发的现金支票。在银行的多种结算方式中，只有现金支票能够提取现金。可以选择一至两个月份已使用的支票进行查证，了解编号是否连续，有无缺号、断号现象，作废支票是否与存根联一并保存在支票本上并有戳记。然后将本支票上已签发的支票号码和金额与相同月份的银行对账单上支票号码和金额逐一核对，确认已付讫的支票。对于月末尚未付讫的支票，要编列清单，列明未兑现支票的号码和金额，并查证由企业职员编制的相同月份的银行存款余额调节表，查证这些未兑现的支票是否列作“企业已付银行未付”项目。然后，将期末未兑现支票与下一月份的银行对账单核对，核实月末未兑现支票在下月初是否已全部兑现。对于超过正常期限未付讫的支票，应进一步查明原因，做必要的调整。对于银行存款余额调节表上漏记或少记的月末未兑现支票，应进一步查证是否有现金的短缺或挪用。凭证编制是否正确，主要是指根据原始凭证编制的记账凭证是否正确。

⑨查证非正常业务的重要现金支出。非正常业务的重要现金支出包括支付给公司内部股东、董事、高级管理人员、一般职员、子公司、关联公司等巨额的现金。在查证现金支出业务中如发现有非正常的重要支出时，应注意确定这些支出是否经过适当的授权或批准；每一笔支出是否附有已经审核、合乎要求的原始凭证；每一笔支出是否用适当的会计科目来反映。必要时还要查证现金支出所对应的明细账记录，核实业务的来龙去脉和实质。

07 银行存款管理的基本规定有哪些？

银行存款是单位存放在银行的资金，是单位货币资金的主要内容。为加强管理，建立健全银行存款管理制度，按以下办法进行管理。

（1）加强银行存款的管理。根据资金的不同性质、用途，分别在银行开设账户，严格遵守国家银行的各项结算制度和现金管理暂行条例，接受银行监督。

（2）银行账户只限本单位使用，不准搞出租、出借、套用或转让。

（3）严格支票管理，不得签发空头支票。使用空白支票必须严格执行领用、注销手续。

（4）应按月与开户银行对账，保证账账、账款相符。平时开出支票，应尽量避免跨月支取；年终开出支票，须当年支款，不得跨年度。

（5）加强银行存款的管理。银行存款的核算、银行存款的核对，应在结算业务中实行银行存款转账结算。

（6）出纳、会计应按月编制银行存款余额调解表，逐月与银行核对余额，防止错账、乱账。

08 银行存款收付业务中常见的错误有哪些？

银行存款收付业务中常见的错误主要如下。

（1）未将超过库存限额的现金全部、及时地送存开户银行。

（2）通过银行结算划回的银行存款不及时、不足额。

（3）违反国家规定进行预收货款业务。

（4）签发空头支票、空白支票，并由此给单位造成经济损失。

（5）银行存款账单不符。

（6）收款、付款过程中计算或操作错误。

09 银行存款收付业务中常见的舞弊有哪些？

银行存款收支是企业会计核算的主要内容，也极易发生舞弊。常见舞弊如下。

（1）制造余额差错。即会计人员故意算错银行存款日记账的余额，来掩饰利用转账支票套购商品或擅自提现等行为。有的会计人员在月结银行存款日记账试算不平衡时，乘机制造余额差错，为今后贪污做准备。这种手法看起来非常容易被察觉，但如果本年内未曾复核查明，除非以后再全部检查银行存款日记账，否则很难发现。

（2）擅自提现。擅自提现手法，是指会计人员或出纳人员利用工作上的便利条件，私自签发现金支票后，提取现金，不留存根、不记账，从而将提取的现金占为己有。这种手法主要发生在支票管理制度混乱，内部控制制度不严的单位。

（3）混用“库存现金”和“银行存款”科目。会计人员利用工作上的便利，在账务处理中，将银行存款收支业务混同起来编制记账凭证，用银行存款的收入代替现金的收入，或用现金的支出代替银行存款的支出，从而套取现金并占为己有。

（4）公款私存。即将公款转入自己的银行户头，从而侵吞利息或挪用单位资金。其主要手法如下。

①将各种现金收入以个人名义存入银行。

②以“预付货款”名义从单位银行账户转汇到个人银行账户。

③虚拟业务而将银行存款转入个人账户。

④业务活动中的回扣、劳务费、好处费等不交公、不入账，以业务部门或个人名义存入银行等。

（5）出借转账支票。其指会计人员利用工作上的便利条件，非法将转账支票借给他人用于私人营利性业务结算，或将空白转账支票为他人做买卖充当抵押。

（6）转账套现。其指会计人员或有关人员通过外单位的银行账户为其套取现金。这种手法既能达到贪污的目的，也能达到转移资金的目的。在这种手法下，外单位的账面上表现为“应收账款”及“银行存款”等科目以相同的金额一收一付，而本单位的会计分录如下。

①为外单位套取现金，收到该单位的转账支票存入银行时，做分录：

借：银行存款

　　贷：应付账款

②提取现金时做分录：

借：库存现金

　　贷：银行存款

③付现金给外单位时：

借：应付账款

　　贷：库存现金

为了避免一收一付，以掩盖套取现金的事实，有些单位不做上述账户处理，而进行直接入账，分录为：

借：银行存款

　　贷：库存现金

（7）涂改银行对账单。其指涂改银行对账单上的发生额，从而掩饰从银行存款日记账中套取现金的事实。在这种手法下，一般是将银行对账单和银行存款日记账上的同一发生额一并涂改，并保持账面上的平衡。为了使账证相符，有的还涂改相应的记账凭证。

（8）入银隐现。其指会计人员利用工作上的便利条件，在由现金支票提出现金时，只登记银行存款日记账，不登记现金日记账，从而将提出的现金占为己有。实务工作中，由于企业的现金日记账和银行存款日记账是分两本账本记，如果不对照检查，这种手法极难被发现。

（9）存款漏账。其指会计人员利用业务上的漏洞和可乘之机，故意漏记银行存款收入账，伺机转出转存占为己有。这种手法大多发生在银行代为收款的业务中，银行收款后通知企业，会计人员将收账通知单隐匿后不记日记账，以后再开具现金支票提出存款。

（10）重支存款。其指会计人员利用实际支付款项时取得的银行结算凭证和有关的付款原始凭证，分别登记银行存款日记账，使得一笔业务经过两次报账，再利用账户余额平衡原理，采取提现不入账的手法，将款项占为己有。

（11）出借账户。其指本单位有关人员与外单位人员相互勾结，借用本单位银行账户转移资金或套购物资，并将其占为己有。也有单位通过对外单位或个人出借账户转账结算而收取好处费。在这种手法下，一般是外单位先将款项汇入本单位账户，再从本单位账户上套取现金或转入其他单位账户。这样收付相抵，不记银行存款日记账。

（12）涂改转账支票日期。采用这种手法，会计人员将以前年度已入账的转账支票收账通知上的日期涂改为报账年度的日期进行重复记账，再擅自开具现金支票提取现金并占为己有。这种手法下，由于重复记账，银行存款日记账余额将大于对账单余额。记账时的会计分录为：

借：银行存款

　　贷：相关科目

这等于凭空在日记账上增加了借方数额，于是便为提取现金做好了准备。提取现金时，会计分录为：

借：库存现金

　　贷：银行存款

通过上述两笔账务的处理，既侵吞了现金，同时又使日记账与银行对账单之间保持了平衡。

（13）套取利息。采用套取利息手法，会计人员利用账户余额平衡原理，采取支取存款利息不记账手法将其占为己有。企业的贷款利息，按规定应抵减存款利息后，记入“财务费用”科目；月终结算利息时，如果只计贷款利息而不计存款利息，银行存款日记账余额就小于实有额，然后再支出利息部分款项不入日记账，余额就会自动平衡，该项利息也就被贪污了。这种手法，在对账单和调节表由出纳一人经管的单位很难被发现。

（14）涂改银行存款进账单日期。采用这种手法：会计人员利用工作上的便利条件，将以前年度会计档案中的现金送存银行的进账单日期，涂改为本年度的日期，采取重复记账的手法侵吞现金。在这种手法下，根据涂改后的进账单做以下会计分录。

借：银行存款

　　贷：库存现金

这样就能将现金占为己有，但由于日记账与银行对账单不符，因而容易被发现。所以，有些会计人员为了保持日记账与银行对账单余额一致，也相应地在银行对账单上填列借方余额；或采用收款又入账的手法掩饰真相，使日记账与银行对账单自动平衡。

10 如何查证银行存款收支业务中的错弊?

银行存款流动性强，对外界具有极大的诱惑力，容易产生错弊。大量的财务舞弊案例均表明，单位内部人员的贪污舞弊行为基本上都与银行存款项目有关。因此，对银行存款的审查是查账工作的重要内容之一。审查的基本方法如下。

（1）了解、评价与银行存款相关的内部控制制度。重点了解与评价以下内容。

①企业是否根据不同的银行账号分别开设银行存款日记账。

②银行存款的处理和日记账的登记工作是否由出纳专门负责，出纳和会计的职责是否分离?

③银行存款日记账是否根据经审核后合法的收付款凭证逐笔序时登记入账?

④企业除零星支付外的支出是否通过银行转账结算?

⑤对于重大的开支项目是否经过核准、审批?

⑥银行支票是否按顺序签发?

⑦是否严格控制和保管空白支票；作废支票是否加盖“作废”戳记，并与存根联一并保存?

⑧支票是否由出纳和有关主管人员共同签发?签发支票的印章是否妥善保管，大、小印是否分别由专人保管?

⑨银行存款日记账与总账是否每月核对相符?

⑩银行存款日记账是否定期与银行对账单核对；是否定期由独立人员编制银行存款余额调节表，调节未达账项?

根据对银行存款内部控制评价的结果，选用实施一定范围的抽查法：对内部控制较完善的企业和环节，可采取重点抽查的方法；对内部控制较差或执行不力的企业可采用详查法。

（2）执行银行存款余额的函证程序。通过函证，可以获得企业银行存款确实存在的证据；获得银行存款可供企业使用、企业拥有其所有权的证据；还可能发现企业未入账的银行存款。在函证时需注意以下问题。

①要对函证的全过程进行有效控制，并对回函结果进行恰当分析。获取银行对账单是审查银行存款时一项基本的取证程序，但随着造假手段日益高明，查账人员应对银行对账单等银行单证的真实性和可靠性进行审慎评价，对银行存款余额的确认应当以询证为主。另外，为了保证对银行存款余额函证的有效性，防止企业与银行通同作弊，避免企业篡改、变造、伪造银行对账单等单据，查账人员应当在企业的配合支持下，对函证的过程（包括发函、收函）进行有效监控，亲自前往银行询证；如果回函中存在异常情况，应进行二次函证或执行替代程序来排除差错与疑惑。

②准确确定银行存款函证的对象与范围。一般情况下，查账人员仅仅对期末仍有余额的银行发函询证，这样极有可能使银行存款存在遗漏。因此，查账人员在对银行存款进行函证前，应先向企业全面了解企业在银行开户的详细情况；函证时，查账人员应向企业开过户、存过款与贷过款（含外埠存款、银行汇票存款、银行本票存款、信用证存款）的所有银行发函，其中应包括企业银行账户已结清的银行。

（3）查证银行存款日记账。重点关注以下内容。

①根据日期和凭证号数栏的记载，查明是否以记账凭证为依据逐笔序时登记收支业务并逐笔结出余额、有无前后日期和凭证编号前后顺序颠倒的情况。

②根据摘要栏、金额栏和对方科目栏的记载，判断经济业务的会计处理、会计科目的使用是否适当。同时，还要进一步查证其收付业务是否与本单位经营活动有关、是否有出租或出借银行账号之嫌。开具的银行提现支票，其内容是否符合现金结算范围规定，如不属于规定的现金结算范围，又不通过现金日记账反映，应注意可能存在套取现金的可能。

③根据结存余额栏的记载，查明是否有异常的红字余额。如出现红字余额，可能是由于不同银行账号的业务记录出现“串户”，或是收支业务记录的先后顺序颠倒或是开具空头支票等所致。

（4）查证银行存款收付款凭证。银行存款的收付款凭证是银行存款日记账的记账依据，是银行存款日记账正确与否的前提。其查证要点与现金收付款凭证的查证要点相似。重点审查下列账目。

①没有原始凭证而凭白条记账的账目，或没有原始凭证而利用副本记账的账目。

②没有授权审批，即只有事实凭证而无责任凭证的账目。

③原始凭证有涂改痕迹的账目。

④记账日前与业务事项发生日前不符或时间顺序颠倒的账目。

⑤经济业务内容与会计记账内容不符的账目。

⑥大额银行存款收支的账目。

⑦短期内在同一往来单位连续购货，发票号码相连的账目。

⑧收付款项对应往来科目的账目。

⑨应开发票而代以收据开票的账目。

（5）审查银行存款余额调节表。查证的内容主要如下。

①根据银行对账单、银行存款日记账和总账上的结账日余额，核对银行存款余额调节表上调节前的相对应余额，查证列示是否正确。

②将银行对账单记录与银行存款日记账记录逐笔核对，核实调节表上各个调节项目的列示是否真实、完整。任何漏记或多记调节项目的现象，以及大量提取现金的账目，均应引起查账人员的注意。

③在核对银行存款日记账账面余额和银行对账单余额的基础上，复核未达账项加减调节，验证调节后两者的余额计算是否相符、是否正确。如不符，说明其中一方或双方存在差错，应进一步查明原因。

④逐笔查证未达账项，以确定其真实性。银行存款余额调节表的格式如表 7-2 所示。

表 7-2　银行存款余额调节表

币别　　户别　　　　　　××××年××月××日

项 目	金额	项目	金额
银行存款日记账余额		银行对账单余额	
加：银行已收，企业未入账款项		加：企业已收，银行未入账款项	
减：银行已付，企业未入账款项		减：企业已付，银行未入账款项	
调整后银行存款日记账余额		调整后银行对账单余额	

⑤审查相关费用、支出的依据是否合理、合法。

11 支付宝、微信支付等第三方收支业务中的错弊主要有哪些?

当前，支付宝、微信支付等第三方支付已经成为企业收支业务中常见的形式。所谓第三方支付指的是由非金融机构作为支付中介，为消费者和商家双方所搭建的支付平台，用于在线支付、预付卡、银行卡收单等中国人民银行提供的各类支付服务。人们之所以称其为“第三方”，是因为金融机构或平台自身对于这些资金不具有所有权，只是在交易过程中为其提供中转的渠道。第三方支付的本质目的是帮助收付款双方对不同银行之间的线上资金流转顺畅以及解决不正常交易所带来的失信等问题。

其所发生的常见错弊如下。

（1）未按照公司规定摆放二维码。这可能导致员工用个人账户代替企业账户收款、员工私下收取现金再利用个人信用卡向企业付款套现或延期向企业支付以私吞利息等行为。

（2）二维码替换风险。频繁接触现金且使用第三方支付平台提供的二维码进行收付款的企业，无法保证前台或公司其他位置每一个用于收款的二维码都是企业二维码，可能导致企业员工私自利用个人二维码收取客户款项且不入账等贪污行为。

（3）私设小金库风险。频繁接触现金且使用第三方支付平台提供的二维码进行收付款的企业，无法保证前台或公司其他位置每一个用于收款的二维码都是企业二维码，可能导致企业出现私设小金库、私下交易等舞弊行为。

12 如何查证第三方支付业务中的错弊?

（1）深入了解第三方支付收付款的内部控制情况，并对相关内部控制执行有效性进行测试。首先，查账人员需要深入现场查看具体的业务流程、现场台账、现场单据、监控记录，分析业务办理流程过程中是否存在缺陷。其次，查账人员应当深入访谈、询问多部门人员。如与企业管理层、内控人员及业务人员进行访谈，更加详细地知晓企业运营情况或业务流程的环节风险，在此基础上，对企业第三方支付的内部控制执行有效性进行测试。

（2）转换审查切入点。由于第三方支付收付款存在套现、私设小金库等资金控制问题，所以必须采取针对性方法对其加强管控。审查的切入点主要是如何获取实际付款人银行账户信息、如何落实员工使用信用卡套现这两点。

针对无法从纸质凭证中获得付款人相关的银行账户信息这一问题，查账人员从凭证表面无法判断长期接触现金的员工是否存在滥用个人第三方支付平台收款的行为。查账人员可以利用企业银行账户的流水明细、与现金交易相关的所有员工银行账号开展进一步查账程序。具体操作如下。

①当发现有一定证据证明员工可能存在侵吞企业资产、滥用个人第三方平台账户收款的行为时，切忌打草惊蛇。应与相关管理层沟通情况，在管理层帮助下发放《员工收款情况表》，让员工填写工作以来收取现金的每笔交易金额、员工姓名、个人银行卡账户、个人银行卡类别、通过何种方式收取等相关信息，给员工一个自查自证的机会。

②将该表所得到的员工个人银行卡账号信息进行汇总，得到与现金收款业务相关的每名员工的所有银行卡账号信息汇总表。

③利用企业该业务的收款银行账户明细筛选出向企业账户转账次数较多、金额较大的个人银行账户，并把转账次数、金额一一列出。将从中筛选出的大额、大量向企业账户转账的银行卡号与员工个人银行卡账户信息进行比对。由于该企业业务有确切证据表明不可能存在客户向企业频繁且大额转账的可能性，最终确认滥用个人第三方账户进行收款等情况的员工姓名及舞弊金额。

13 外埠存款常见的错弊有哪些?

外埠存款是企业到外地进行临时或零星采购时，汇往外地银行开设采购专户的款项。其所发生的常见错弊如下。

（1）非法开设外埠存款账户。其主要表现形式如下。

①捏造申请书，骗取银行同意，在异地开设采购专户，用于非法交易。

②在异地伙同异地单位开设存款账户，将企业存款汇往异地作为外埠存款。

（2）外埠存款支出不合理、不合法。其主要表现形式如下。

①使用外埠存款采购国家专控商品或其他非法物资。

②采购人员挪用外埠存款。

③将外埠存款用于联营投资，进行炒买炒卖股票、债券等交易活动。

14 如何查证外埠存款中的错弊?

企业的外埠存款通常不是很多，对于外埠存款中的错弊，查账人员主要从以下两个方面开展详查。

①运用详查法，审查以外埠存款购进的全部商品、材料和其他物品，看其有无超出采购存款的佣金。

②审查“其他货币资金——外埠存款”明细账余额，查明其有无长期挂账现象，若“其他货币资金——外埠存款”占用时间长，应进一步分析查证有无挪用资金或者不及时办理结算的问题。

15 银行汇票存款常见的错弊有哪些?

银行汇票存款是指汇款人将款项交存当地银行，由银行签发给汇款人持往异地办理转账结算或支取现金的票据，在办理结算之前的票据存款。

银行汇票的付款期为一个月。遗失可提现的银行汇票，可以挂失。如果遗失了填明收款单位或个体户名称的汇票，银行不予挂失。过期汇票及遗失汇票在一个月内未被冒领，可办理退款手续。

有关银行汇票存款的常见错弊主要如下。

（1）银行汇票使用不合理、不合法。其主要表现形式如下。

①超出银行汇票使用范围。

②用银行汇票套取现金。

③贪污银行汇票存款。

（2）收受无效的银行汇票，给企业带来损失。其主要表现形式如下。

①接受非银行签发的银行汇票或假冒的银行汇票。

②收到的银行汇票，收款人并非本企业。

③接受过期、作废或经涂改的银行汇票。

（3）非法转让或贪污银行汇票。也就是说，企业财会部门收到银行汇票时，不及时存入银行，而是通过背书转让给其他单位，从中获得非法所得。

16 如何查证银行汇票存款中的错弊？

对于银行汇票存款中的错弊，查账人员主要从以下四个方面开展。

（1）审查银行汇票申请书，查明被审查单位与收款单位有无业务往来。

（2）审查购销合同规定的结算方式是否为采用银行汇票结算。

（3）在分析使用银行汇票结算合理的基础上，审查“其他货币资金——银行汇票存款”明细账，审查其是否及时办理结算，有无长期挂账而挪用汇票存款或侵占行为。

（4）核对银行存款和银行对账单，审查其款项是否与银行对账单一致，应分析是否为未达账项。否则，应查明是否收到无效或过期汇票。

17 银行本票存款常见的错弊有哪些？

银行本票存款是指申请人将款项交存银行，由银行签发给其在同城凭以办理转账结算或支取现金的票据，在办理结算之前形成的存款。

银行本票的付款期为一个月，逾期的银行本票银行不予受理，可向签发银行办理退款手续。

银行本票存款的常见错弊与银行汇票存款的常见错弊基本相同。

18 如何查证银行本票存款中的错弊？

银行本票存款的查证方法与银行汇票存款的查证方法基本相同。

19 在途货币资金常见的错弊有哪些？

在途货币资金是指企业与所属单位或上下级之间汇解款项，在月终尚未到达，处于在途的资金。有关在途货币资金的常见错弊主要如下。

（1）虚列在途货币资金。

（2）收到存款或收到在途货币资金不做转账处理，挪作他用或贪污。

20 如何查证在途货币资金中的错弊?

对于查证在途货币资金中的错弊，查账人员主要从以下三个方面开展。

（1）审查“其他货币资金——在途货币资金”明细账，分析其入账时间及占用时间，若发现占用时间较长，则作为疑点进一步审查。

（2）调阅凭证，追踪调查付款单位，并在此基础上，审查银行对账单，查明有无已收款未转账或收款的银行存款已转出的情况。

（3）若付款单位确实已付款，在银行存款日记账和对账单上未做任何反映，应审查付款单位付出款项时填写的收款审查有无差错、银行收款有无错误。若上述无误，则应对在途货币资金的经办人进行调查，查明其有无贪污或其他违法活动。

21 什么是“小金库”？形成“小金库”的资金来源主要有哪些?

“小金库”是指违反法律法规及其他有关规定，应列入而未列入符合规定的单位账簿的各项资金（含有价证券）及其形成的资产。形成“小金库”的资金来源主要如下。

（1）各项生产经营收入，包括销售收入、营业收入、出租收入、出售残次品和边角废料收入、处理报废固定资产变价收入、逾期押金收入、销售不动产收入、发售股票认购申请表售表收入、股票发行费收入等。

（2）各项服务和劳务收入，包括加工、维修、运输和代理业务收入，服务业收入，广告收入，出版发行收入，技术转让、技术咨询、技术服务、技术培训收入等。

（3）各项价外费用，包括价外收取的基金、集资费、返还利润、补贴、违约金、手续费、包装费、储备费、优质费、运输装卸费、代收款项及其他形式的价外收费。

（4）各种集资、摊派、赞助、捐赠等收入。

（5）股票、债券等投资收益。

（6）各种形式的回扣和佣金。

（7）各项行政事业性收费。

（8）各项罚没收入。

（9）各类协会、学会的会费收入等。

（10）其他应列入本单位或企业财务会计部门账内或应交存财政专户的收入。

（11）通过虚列支出、资金返还等方式将资金转到本单位或企业财务会计部门账外的款项。

22 如何查出“小金库”？

“小金库”以其成因的复杂性、手段的多样性、存放的隐蔽性等特征，成为监督检查的重点和难点之一。但无论“小金库”的资金来源怎样隐蔽，总会有一些蛛丝马迹。查出“小金库”的关键是取得必要的证据，而取得证据的前提是发现和掌握必要的疑点与线索。以下总结出十四种查出小金库的常用方法。

（1）银行账户核对法。该办法就是从账户入手，对被审查单位所有的银行账户进行清查核对，从中发现“小金库”在划转资金时留下的痕迹。对此不仅要核对银行日记账与银行对账单余额是否相符，而且要对银行对账单进行逐笔勾对，重点关注银行对账单有记录而单位银行日记账未做反映的款项以及长期未达账项，并且要鉴别银行对账单的真伪，防止单位篡改银行对账单。

（2）现金库突击盘点法。就是在查账前对被审查单位的现金库进行突击盘点；或者在查账后，发现该单位财务收支有异常，明知该单位存在公款送礼、吃喝招待、滥发钱物等违纪现象，而账面上没有反映时，有针对性地进行突击盘库。清点现金库要选择恰当的时机，也可采取多次盘点现金库的方法，从中发现问题。

（3）审查核对存根法。收据存根是证明单位收入的必备手段，隐匿收入必定要隐藏票据存根，通过向发放票据的上级机关或财政、主管部门清点票据，看是否齐全，然后再同记账收入核对，从中可查出未记账收入的资金。

（4）可疑收入、支出外调法。此法主要是针对可疑的收入票据和支出票据，特别是数额较大的收支，要到相关单位和出具票据的单位进一步核对票据的真实情况。从中发现“阴阳”票据、涂改票据和开具假票据套取现金用于不合法开支或贪污的问题。特别是有专项资金的单位，名义上是为了争取专项资金用于项目，实际上对争取的专项资金不能专款专用，通过开具假发票套取专项资金的手法用于日常开支或挪作他用。

（5）相关单位联查法。“小金库”来源无论怎样隐蔽，总是会在其他单位的账面上反映。一个有心的查账人员，在其他单位审查时，只要发现另一单位出具不合规的收据将其记下或复印，有机会再到这个单位审查，或者追踪审查，注意审查收入是否记账，就会发现问题。

（6）调查询问查证法。在被审查单位审查时，通过座谈、询问等方法，了解被审查单位资金来源情况，然后再同账面核对，从而查出一些收入不入账的行为。座谈、询问要注意方式、方法、时间、地点，并注意保密。

（7）举报线索落实法。就是根据人民来信、群众的举报，落实被审查单位是否存在收入不记账、支出不合法的行为。

（8）资金来源审查法。就是通过审查被审查单位资金来源情况，了解被审查单位一些兴办实体收入、沿街开发、房屋出租、行政性收费等收入是否入账。

（9）顺藤摸瓜延查法。就是在掌握了“小金库”开支的一项或几项证据后，要求被审查单位和有关责任人如实提供与之有关的账户和有关资料，迫其交出账外资金的全部资料，从而掌握“小金库”活动的全貌。在查出一个“小金库”后，要注意分析、判断、推理，看其是否还有其他的“小金库”，因为一个单位可能存在多个“小金库”。

（10）旧账转新账余额核对法。在日常查账中，对旧账转新账余额要逐笔核对，看旧账的期末余额与结转新账的期初余额是否一致，若不一致要查明原因，防止个别会计人员通过这种手段达到其不可告人的目的。

（11）合同比对法。有的单位对某项或几项业务实行承包管理，与承包人签订承包合同或协议。在查账时要取得双方的合同或协议，按合同或协议金额与单位账面收入进行比对，发现有出入，要一追到底，分析原因，找出症结，从中发现收入不入账的问题。要注意以物折款的问题，对取得的实物看其是否已登记，是否已作价处理，处理的收入是否入账。

（12）实地观察法。就是对有些资产要进行实地观察，有些资产要进行丈量、称重、清点，从中发现与账面记录不相符的情况。

（13）询证或函证法。对往来账款宜采用此法，特别是对一些时间较长的应收款项应重点关注，防止对方单位已付款而本单位因财务管理不规范对收取的款项长期不入账，被个别人贪污挪用。

（14）审查承诺法。就是在实施查账前，与被审查单位签订承诺书，促使被审查单位保证所提供会计资料的真实性、完整性、合法性、全面性。承诺书的内容要具体、全面，不能过于笼统。以保证日后审查出账外账、“小金库”，被审查单位无话可说、心服口服，也便于查账取证，减少查账取证的难度和阻力。

第8章

资产管理业务的审查

资产管理业务主要包括存货、投资性房地产、固定资产、无形资产等管理。

01 存货核算中的错弊主要有哪些?

存货是指企业在日常活动中持有以备出售的产成品或商品、处在生产过程中的在产品、在生产过程或提供劳务过程中耗用的材料、物料等。存货区别于固定资产等非流动资产的最基本的特征是，企业持有存货的最终目的是出售，不论是可供直接销售，如企业的产成品、商品等，还是需经过进一步加工后才能出售，如原材料等。

按照经济用途划分，存货可分为以下几类：原材料、在产品、半成品、产成品、商品、周转材料、委托加工物资、消耗性生物资产等。

存货核算中的错弊主要体现在以下四个方面。

（1）通过存货的取得环节进行舞弊。

①虚构存货。通过对并不存在的项目编造各种虚假资料，如没有原始凭证支持的记账凭证、夸大存货盘点表上存货数量、伪造装运和验收报告以及虚假的订购单，从而虚增存货的价值。

②违规分摊，成本不实。一些企业在核算购入材料的采购成本时，将能够直接计入各种材料的采购成本不直接计入，或将应按一定比例分摊计入各种材料的采购成本不按规定进行合理分摊，如在“材料采购”账户中，只核算购入材料的买价，将应计入购入材料的运杂费、运输途中的合理损耗、入库前的整理挑选费用等采购费用全部记入“管理费用”账户；购入材料发生的运杂费，不按材料的重量或买价等比例分摊计入各种材料的采购成本，而全部计入某主要材料的采购成本，以加大主要材料的采购成本，减少其他材料的采购成本。

（2）通过存货的发出环节进行舞弊。

①材料假出库，虚列成本费用。企业为了逃避所得税，虚减利润，就办理假出库手续，虚列材料费用，人为提高产品生产成本，进而增加产品销售成本，相应地虚减利润总额。

②随意变更存货的计价方法。根据企业会计准则规定，企业可以根据自身的需要选用制度所规定的存货计价方法，但选用的方法一经确定，年度内不能随意变更，如确实需要变更，必须在会计报表中说明变更原因及其对财务状况的影响。但在实际工作中，个别企业随意变更计价方法，造成会计指标前后各期口径不一致，人为调节生产或销售成本，调节当期利润。

（3）利用存货盘点进行存货舞弊。

①操纵存货盘点。通过对存货的重复盘点，即将已经盘点过的存货放到将要盘点的存货里面去，进行二次盘点；虚假列示存货存在，即在仓库里堆进已封好的空包装箱；提供虚假出入库数据等办法进行舞弊。

②不报毁损，虚盈实亏。企业在清查财产过程中发现毁损材料，应按照规定程序报批转销其毁损价值。但个别企业为了掩盖其不景气的经营状况，搞虚盈实亏，对年终财产清查中已经查明的毁损材料，不列表呈报，使其损失价值仍潜藏在材料成本中。

③对材料的盘盈或盘亏，不做转账处理。对实地盘点过程中发现的盘盈或盘亏，不进行正确的会计处理，相反却利用不正确的处理手法，人为调节利润。经济效益较好的企业，为了压低利润，采取只列报和处理材料盘亏，对材料盘盈隐匿不报和不做转账处理；效益不好的企业，为了争取多实现一部分利润，就采取了只对材料盘盈做转账处理，而对材料盘亏留待下年度处理的做法。还有的企业随意转账，将盘盈材料记入“营业外收入”或“其他业务收入”账户，或将盘盈或盘亏与物资储备中发生的非常损失或溢出金额相互冲销，不转出其相应的“进项税额”，以增加增值税的抵扣数。

（4）利用存货的特殊业务进行舞弊。

企业通过债务重组、非货币性交易、关联方交易、滥用会计政策及会计估计变更、虚假的时间性差异、虚假披露等手段操纵利润。

如根据我国税法和企业会计准则的规定，企业之间以生产资料串换生活资料，以生产资料对换其他生产资料等，都应视同销售，做购进和销售账务处理，并计算相关税金。但有些企业在这种非货币性交易中，不结算，不走账，摆脱银行、工商行政管理等部门的监督，以偷逃流转税、虚减销售收入，隐瞒利润。

02 如何查证存货核算中的错弊？

面对多种多样的存货舞弊方式，查账人员只有不断总结经验，完善查账技术，切实提高查处舞弊的能力，才能有效防止存货舞弊。查账的主要内容和方法如下。

（1）充分关注舞弊动机。由于舞弊存在被发现的风险以及道德方面的压力，也就是说舞弊也有成本，所以在正常情况下，一般人会尊重客观事实。但一旦面临某种压力和诱惑，舞弊的冲动会变得强烈，可见，查账人员对舞弊的动机进行分析有助于发现舞弊线索。

（2）重视分析性复核程序的应用。存货造假会使有些项目出现异常，因而对存货与销售收入、总资产、成本等项目进行比例和趋势分析，并对那些异常项目进行追查，就很可能揭示出重大舞弊。常用指标有存货增长率、存货周转率、销售利润率及存货占总资产的百分比、运输成本占存货成本的比重等。另外，还可以将财务报表与报表附注、财务状况说明书、纳税申报表等相互核对。

（3）盘点存货。在舞弊中，为了配合收入、利润的舞弊，往往要同时进行存货数量的舞弊，特别是有利润压力的企业，利用虚构存货来调节利润已成为其惯用手法，因此，对存货的盘点（或监盘）要格外小心。

查账人员在存货盘点的过程中，要从数量和质量两方面着手。

①在抽查存货数量时，应亲自计数，而不应听被审查单位工作人员报数，防止“空箱”和虚报，防止遗漏或重复盘点，并将盘点结果与账面数量进行比较。

②盘点时要树立较强的价值观念，发现被审查单位有超储和长期闲置未用的陈旧、呆滞的存货，应分析其质量和使用价值如何、是否属于不良资产、有无减值的迹象。如果发现有霉烂变质和毁损的存货，应查明被审查单位是否对此进行了减值账务处理，并且在查账工作底稿中详细注明这类存货减值的性质、程度及造成减值的原因，以便分析确认被审查单位的存货减值数额及存货减值计算方法的正确性、合理性和科学性。

另外，对被审查单位的抵押存货，因其具有不确定因素，应审查其是否对此项“或有事项”在会计报表附注中充分披露，并将此项“或有事项”详细记录于查账工作底稿。

（4）联系存货所处的整个业务循环，考虑存货与其他业务循环的关联性。

如在对销售成本审查中，查账人员一般仅关注存货计价方法的一贯性，成本倒轧时的钩稽一致，若未发现异常，就下了“确认”的结论。而在实际中，许多企业为了少交税款，通常把损坏的产品、用作样品和礼品的产品、用于非公益捐赠的产品等计入主营业务成本。其做法是，在期末结转销售成本时，销售成本与相应的销售收入不做数量上的配比，直接把产成品各类减少数一并转入销售成本，更有甚者为调节利润而有意少转或多转销售数量及相应的成本。

面对这种作弊手法，应考虑存货所处业务循环中的位置，依据产成品减少量与存货销售在销售收入账户中反映的销售数量结合起来，进行数量方面的配比测试，并关注存货计价的合理性，查看存货采用的计价方法有无任意改变的现象、有无异类存货混淆计价的现象，可以取得满意的效果。

（5）关注往来款项科目余额。某些费用通过“预付账款”或“其他应收款”科目挂账，其实质上已经消耗及价值形态已转化为成本费用。通过函证或根据企业的生产经营性质，为生产何种产品而预付、暂付的款项，该种产品的生产周期、时效性、付款的理由、合同等付款的依据文件、账龄等多方面综合分析其是否存在异常，判定其实质是否已到货或已消耗转为成本费用。

（6）重视对账面红字存货、成本核算、费用分配方法以及相关原始凭证的审查。对于数量为零或正数的账户，金额红字账户，数量和金额都为红字的账户，价值高的存货账户，数量、单价变动幅度大的存货账户，长期账实不符的存货账户，积压毁损报废的存货账户，单位价值变动大的成本核算账户，费用分配方法有重大变化的成本核算账户，有重大会计调整事项的存货账户、成本核算账户以及所依据的原始凭证等，查账人员应予以重点关注。

03 投资性房地产中常见的错弊有哪些？如何查证？

投资性房地产中常见的错弊主要涉及以下几个方面。

（1）会计确认和计量时产生错弊。

投资性房地产是指为赚取租金或资本增值，或者两者兼有而持有的房地产。主要包括已出租的土地使用权、持有并准备增值后转让的土地使用权和已出租的建筑物。在实务中持有并准备增值后转让的土地使用权的情况较少，因此，投资性房地产主要包括出租建筑物、出租土地使用权。

在对投资性房地产进行初始确认时，就有企业为了使资产虚高，在房地产价格不断飙升的情况下，将本不属于投资性房地产的，如自用的房地产和持有并准备增值后转让的建筑物错误地确认为投资性房地产，并采用公允价值计量模式，若转换时公允价值大于账面价值，则将其差额记入“资本公积——其他资本公积”科目，这样就会导致总资产和所有者权益上升，资产内部的固定资产、无形资产虚减；在进行后续计量时，再将公允价值大于账面价值的差额记入“公允价值变动损益”科目，又会同时导致资产和营业利润增加，虚减累计折旧、累计摊销，影响到当期损益的确认。审查时要实地观察，还要询问相关人员，判断固定资产究竟是自用还是出租。针对有的企业可能存在将自用固定资产赠送或贱卖后还继续挂投资性房地产，不反映营业外收支，掩盖交易实质的情况，审查时要重点关注租赁合同。

另外，当上市公司的营业利润指标完成不了时，公司可能会将自用的建筑物类固定资产转作投资性房地产，然后再将其转让，这样就名正言顺地将固定资产清理净损益营业外收入转成了其他业务收入，从而将营业外收入转作了营业收入。

（2）计量模式随意变更产生错弊。

一是成本计量模式转换为公允价值计量模式时，不按会计政策变更处理，公允价值与账面价值之差不调整留存收益，而是直接计入公允价值变动损益，直接影响利润。

二是由于房地产的市场价值一直飙升，企业对原采用历史成本计量的投资性房地产，在不具备采用公允价值计量模式的情况下，强行变更计量模式，采用公允价值计量模式。这样，一方面可以达到拔高资产规模的目的，另一方面可以拔高所有者权益中的留存收益，即盈余公积和未分配利润会上升。

查证时，需要注意审查投资性房地产的计量模式，看其是否符合企业会计准则的规定。尤其要注意计量模式的转换对利润的影响，防止企业利用计量模式的转换来调节利润的目的。

（3）确认租金收入和结转成本时产生错弊。

企业可能隐瞒投资性房地产的租金收入，采取虚挂往来的方式，达到挪用和贪污的目的。还有的企业不将租金收入全部计入其他业务收入，即在银行存款增加的同时，对应账户不仅仅是其他业务收入，而是将一部分作为投资性房地产累计折旧，将租金收入与折旧之差确认为其他业务收入。这样做的后果一是导致其他业务收入计量不完整；二是会导致少交税，如房产税等；三是不反映其他业务成本，体现不出其他业务收入与其他业务成本的配比关系。

查证时，应该注意投资性房地产收入确认的完整性，以及其相应成本结转的匹配性。

（4）在成本计量模式下计提折旧时产生错弊。

投资性房地产在成本模式计量下，每月月末需要计提折旧或摊销，并应将其计入投资性房地产累计折旧或累计摊销，对应账户则是根据出租房地产是企业的主营业务还是兼营业务来判断。如果出租是企业的主营业务，则计入主营业务成本；如果出租是企业的兼营业务，则计入其他业务成本。有的企业把计提折旧或摊销当作利润的“调节器”。月末计提折旧或摊销时，根据企业自身需要，随意提取或摊销，故意不提不摊、少提少摊或多提多摊。当企业实现的利润多时，企业就想多提多摊，以此来虚增成本费用，虚减收益；当企业实现的利润少，完不成利润指标时，企业就会不提或少提、不摊或少摊，以此来虚减成本费用，虚增收益。查证时，需要关注投资性房地产的折旧政策的一致性及其折旧变更的合理性。

（5）在计提减值准备方面产生错弊。

在成本计量模式下，对投资性房地产进行后续计量时，投资性房地产的减值准备的确定是以“董事会认为”为标准的。因此，很多上市公司就利用计提减值准备的人为因素，根据自身需要将其确定的减值损失计提准备，计入资产减值损失，影响利润，做法如下：一是企业在年终时不进行投资性房地产减值测试，不确认投资性房地产减值准备；二是计提减值准备的计提依据考虑不充分，随意计提减值准备；三是投资性房地产处置时不同时转销其减值准备，导致被处置投资性房地产的账面价值虚高，从而虚增其他业务成本，虚减营业收入，影响当期损益和应纳税额；四是无视企业会计准则规定，将计提的减值准备违规转回，利用减值准备调节利润。审查时，可以采用分析性程序，首先计算本期期末投资性房地产减值准备占期末投资性房地产原值的比例，然后将其与期初数比较，判断投资性房地产的质量状态，并与实际观察和了解到的投资性房地产的实际状态、公允价值进行比较。

（6）处置投资性房地产时产生错弊。

在成本计量模式下，对投资性房地产进行处置时，在按实际收到的金额增加银行存款的同时确认其他业务收入的实现，并将因其计提的累计折旧（或累计摊销）和减值准备全部转销，按账面价值计入与其他业务收入对应的其他业务成本。处置时的错弊主要表现为：一是企业在转销累计折旧和减值准备时，故意少冲减累计折旧和减值准备或故意多冲减累计折旧和减值准备，通过虚增或虚减投资性房地产的账面价值，达到虚减或虚增营业利润的目的；二是处置时不同时转销原转换日确认的资本公积（其他资本公积）和累计的公允价值变动损益，导致所有者权益虚高，虚减当期收益；三是投资性房地产毁损时，不冲减残值和理赔（保险公司和责任人的赔款），而是将投资性房地产的账面价值全部确认为损失，企图虚增营业外支出，虚减利润，少纳税；四是投资性房地产转让时不计算增值税，少交增值税，还影响税金及附加，影响营业利润、利润总额，并少计算企业所得税。

04 固定资产核算中的错弊主要有哪些？

固定资产是指企业使用期限超过 1 年的房屋、建筑物、机器、机械、运输工具以及其他与生产、经营有关的、单位价值较大的设备、器具、工具等。固定资产是企业的劳动手段，也是企业赖以生产经营的主要资产。从会计的角度划分，固定资产一般被分为生产用固定资产、非生产用固定资产、租出固定资产、未使用固定资产、不需用固定资产、融资租赁固定资产、接受捐赠固定资产等。

固定资产核算中的错弊主要如下。

（1）固定资产与低值易耗品的划分不符合规定标准。

购入固定资产的支出属于资本性支出，固定资产的价值是在其有效使用期内，以折旧的方式分期转移到生产成本与经营费用中，并从本期收益中得到补偿。

而购入某些低值易耗品的支出则属于收益性支出，低值易耗品的价值则是以一次或分次摊销的形式，计入生产成本或经营费用，从本期收益中得到补偿。

故而两者价值的转移形式不同，每期所转移价值的水平也极不相同。如果固定资产与低值易耗品的划分不符合规定标准，混淆资本性支出与收益性支出的区别，必然造成企业本期与以后各期经营成果的计算不真实。

（2）固定资产分类不正确。

固定资产可以分成七大类：生产经营用固定资产；非生产经营用固定资产；租出固定资产；不需用固定资产；未使用固定资产；土地；融资租入固定资产。主要错弊如下。

①将未使用固定资产划入生产经营使用的固定资产之中，会增加当期的折旧费用，使生产费用上升，还会导致固定资产内部结构发生变化，虚增固定资产使用率，给信息使用者以假象，使管理者做出错误的决策。

②企业将采用经营租赁方式租入的固定资产与采用融资租赁方式租入的固定资产混为一谈，以达到降低或提高折旧费用，从而人为调整财务成果的目的。对企业采用经营租赁方式租入的固定资产按照有关规定，租入企业是不计提折旧的，由租出企业计提折旧；而采用融资租赁方式租入的固定资产，租入企业是要按规定计提折旧的。如果对采用经营租赁方式租入的固定资产计提折旧，其结果只能是人为提高折旧费用，增加当期的生产成本或期间费用。如果对采用融资租赁方式租入的固定资产不计折旧，其结果就是虚假地降低生产成本或期间费用。这两种结果都是对企业财务成果与纳税的人为干扰。

③对土地的分类出现错误。与房屋、建筑物价值有关的因征地支付的补偿费，应计而不计入房屋、建筑物的价值，而将其单独作为“土地”入账，便降低了固定资产的原始价值，造成了固定资产的分类混乱。

（3）固定资产的计价不准。

固定资产根据其来源，有七种计价方式：购入固定资产的计价；自行建造固定资产的计价；其他单位投资转入的固定资产的计价；融资租入固定资产的计价；改建、扩建固定资产的计价；接受捐赠固定资产的计价；盘盈固定资产的计价。

企业在计价方法和价值构成以及任意变动固定资产的账面价值方面常常出现错弊。

①计价方法。依据企业会计准则规定，新增加的固定资产有原始价值的就应按原始价值入账；无法确定原始价值的，按重置完全价值入账；而账面价值则主要用于计算盘盈、盘亏、毁损等固定资产的溢余或损失。有些企业却不按上述规定采用正确的计价方法，从而影响了当期其他的成本费用，使固定资产有效期内的折旧产生差错，使会计信息反映失实，最终误导人们的决策行为。

②价值构成。企业在固定资产价值构成方面发生的问题主要是任意变动固定资产入账价值的范围。有些企业不按规定，在购入固定资产时，将与购入该固定资产无关的费用支出或虽有某些联系但不应计入固定资产价值的支出，统统作为固定资产的价值组成部分，造成固定资产价值虚增；有些企业虚开发票或使用不符合准则规定的凭证，虚构固定资产价格。

③任意变动固定资产的账面价值。有些企业不顾国家规定，任意调整、变动已入账的固定资产的账面价值。如对经营租赁的固定资产，实物虽已转移，但出租单位仍应对该固定资产进行管理，会计部门应对其进行核算。但企业因固定资产已不在本企业使用而随意将固定资产从账户中削减，导致会计信息失真，影响管理当局及外部会计信息使用者的正确判断。

（4）固定资产折旧的舞弊。

依据企业会计准则规定，企业应当根据固定资产的性质和消耗方式，合理地确定固定资产的预计使用年限和预计净残值，并根据科技发展、环境及其他因素，选择合理的固定资产折旧方法（包括年限平均法、工作量法、年数总和法、双倍余额递减法等）。固定资产的折旧方法和折旧年限一经确定，不得随意变更。常见的错弊如下。

①未按规定的范围计提折旧，任意扩大或任意缩小计提固定资产折旧的范围，以通过增加或减少折旧费用最终达到减少或增加利润的目的。

②未按规定确定折旧年限。

③折旧方法与折旧年限随意变动。

④对已使用的固定资产不办决算手续，少提折旧。

⑤对在建工程提前报决算，多提折旧。

⑥对房屋、建筑物以外的不使用、不需用的固定资产、以经营方式租入的固定资产计提折旧。

⑦对提前报废的固定资产补提折旧。

（5）固定资产增减中的舞弊。

①对固定资产增加或减少不真实。

②对固定资产盘盈、盘亏，不做账务处理。

③将接受捐赠的固定资产，计入其他收入。

④隐瞒固定资产出售变价收入。

（6）固定资产减值准备的舞弊。

企业会计准则规定，企业应当在期末或者至少在每年年度终了，对固定资产逐项进行检查，如果由于市价持续下跌或技术陈旧、损坏、长期闲置等导致预期可收回金额低于账面价值的，应当将可收回金额低于其账面价值的差额作为固定资产减值准备，计入资产减值损失。固定资产减值准备中的舞弊如下。

①任意计提固定资产减值准备，调节当年损益。

②全额计提固定资产减值准备，私自处置固定资产。

（7）固定资产租赁的舞弊。

①将固定资产出租收入，挂“其他应付款”账户，调节利润，逃交税金。

②对在建工程试运转收入，不冲减在建工程成本。

③对固定资产出租收入不入账，私设“小金库”。

（8）固定资产修理费用的列支不合理。

①将应列入期间费用的修理费用支出列入制造费用或辅助生产成本。

②将应列入制造费用或辅助生产成本的修理费用支出列入期间费用。

③将应列入期间费用的修理费用支出资本化，虚增当期利润。

05 如何查证固定资产核算中的错弊?

针对固定资产核算中的错弊，查证时可以采用以下方法。

（1）审查固定资产与低值易耗品的划分是否符合规定标准。

①索取并审阅企业有关固定资产与低值易耗品划分标准的书面文件，抽查部分固定资产和低值易耗品入账的原始凭证，查明固定资产与低值易耗品的划分是否正确。

②仔细审阅低值易耗品与固定资产的明细账发现疑点或问题，进而通过查阅会计凭证及其所附单据弄清实际情况，做出判断。

③在审阅低值易耗品明细账时，要将每类低值易耗品的数量与总金额分别搞清楚，以便准确计算出其单位价值，作为判断的依据之一。

④在审阅固定资产明细账时，要结合固定资产卡片所记录的各项固定资产，逐项进行审核，搞清其用途、使用年限、单位价值。若发现问题，应进一步查阅会计凭证及所附单据，通过经济业务所提供的原始凭证，做出最后结论。在必要时，还应将各类明细账的余额相加汇总，通过对比总账余额发现某些问题。

（2）审查固定资产分类是否正确。

索取并审阅企业有关固定资产分类的书面文件，抽查部分固定资产入账的原始凭证，查明固定资产的分类是否正确。

（3）审查固定资产计价的准确性。

重点核对购货合同、发票、保险单、发运凭证等文件，抽查测试其计价是否正确、授权批准手续是否齐备、会计处理是否正确。重点检查竣工结算、验收和移交报告是否正确，与在建工程相关的记录是否核对相等。对于有在建工程转入的固定资产，要仔细检查相关原始凭证，核对其计价及会计处理是否正确、法律手续是否齐全。

（4）审查固定资产折旧。

①审阅“固定资产折旧计算表”，将其中所列计提折旧固定资产的具体内容与“固定资产”账户所属的明细账和固定资产卡片逐一核对。必要时，可以对有关固定资产的使用情况、需用情况、大修理情况、出租情况、在建工程的完工情况等其他有关问题进行实地察看了解，以确定其实际情况，从而查证有无任意或错误地放大与缩小计提固定资产折旧的范围。

②审阅“固定资产折旧计算表”“固定资产卡片”“固定资产登记簿”等资料，了解并确定其所采用的具体折旧方法。对具体情况和固定资产的特点进行调查了解，再将上述情况进行综合分析。最后判断出对其各类固定资产所分别采取的折旧方法是否科学、是否合理、是否符合国家有关规定，并在进一步调查询问、了解有关情况的基础上查证问题，并改正。

③审阅“固定资产折旧计算表”“固定资产卡片”“固定资产登记簿”及有关会计资料，确定对某项固定资产所采用的折旧年限，并将其与制度规定该项固定资产的折旧年限对照分析，检查其是否相符，从而查证有无未按财务制度规定的折旧年限计提折旧的问题，若有立即改正。

④审阅“固定资产折旧计算表”“固定资产卡片”“固定资产登记簿”等会计资料，分析“累计折旧”各月贷方发生额的变化，然后再调阅会计凭证，进行账证、证证核对，并在调查询问、了解有关情况的基础上查证问题。

（5）审查固定资产增减记录是否正确。

①审阅、核对、复核与反映固定资产增加或减少业务有关的总账、明细账、会计

凭证与原始凭证等会计资料，并与有关人员进行调查、了解、分析企业有关情况的正常与否，从而发现疑点和线索，进而将问题查证核实，并改正。

②对购进的固定资产，一般采用审阅法。通过审查有关固定资产的验收记录手续及检验证明，审核有关固定资产购进的原始发票、运杂费支出证明及安装费用支出的凭证等，结合实地抽查新增固定资产，确定其是否实际存在。抽查有关所有权证明文件，确定新增固定资产是否归被审查单位所有。

③对于自行投资建设的固定资产，则应该更多地关注与其存在密切关系的项目，如“工程物资”和“在建工程”。为了达到虚增固定资产的目的，企业一般会选择在与固定资产密切相关的在建工程上“大做文章”，利用应付在建工程款业务，往来“搭桥”。业务中涉及的预付工程款、设备款很可能都是假的。因此对在建工程的构成及其增加变动情况等相关证明文件进行交叉复核对于固定资产审查极为重要。

④对隐瞒固定资产变价收入的舞弊进行查证，应从以下方面入手：首先，盘点固定资产存量，观察所发现的固定资产盘亏（尤其是机器设备的盘亏）原因，最好通过询问车间使用人、设备管理部门以及财会部门管理固定资产账的人员，查询固定资产的去向；其次，对银行存款日记账上的收款记录进行分析，重点观察非销货业务所引起的收入账项中有无属于变卖固定资产的收入。当然，如果收入了现金，查证工作便只能借助内部人员举报提供线索，这无疑使查证工作陷入被动。

（6）审查固定资产减值准备提取的适当性。

①确定减值准备计提方法及比例的适当性和计提额是否充分。

②确定减值准备增减变动完整记录情况。

③确定固定资产减值准备账户期末余额的正确性。

④结合累计折旧账户，确认已计提减值准备的固定资产是否按照账面价值和尚可使用寿命调整折旧计提金额。

（7）审查固定资产租赁的真实性以及会计处理的适应性。

重点查证租赁合同。如无租赁合同，可考虑向对方发函进行询证。为了避免被审计企业与另一虚设或关联的企业串通，可采用电话或其他形式查询；也可采用现场盘查租入固定资产的方法，确认租赁业务的可靠性；如有必要，还可私下采访设备使用者、设备管理部门知情者等，以了解真实情况。如能确定存在虚构租赁的舞弊，则可以进一步追查虚列租赁费的问题，甚至设法追回。

（8）审查资产修理费用的列支合理性。

审阅“制造费用”“管理费用”等有关费用支出总分类账簿及其明细账簿，从摘要栏到金额栏，看其所反映的业务是否真实与合理，发现疑点和问题后再进一步调阅有关会计凭证及其他有关会计资料，进行查证。

06 无形资产中的错弊主要有哪些?

无形资产是指企业拥有或者控制的没有实物形态的可辨认非货币性资产。资产满足下列条件之一的，符合无形资产定义中的可辨认标准。

第一，能够从企业中分离或者划分出来，并能够单独或者与相关合同、资产或负债一起，用于出售、转移、授予许可、租赁或者交换。

第二，源自合同性权利或其他法定权利，无论这些权利是否可以从企业或其他权利和义务中转移或者分离。

无形资产具有广义和狭义之分，广义的无形资产包括货币资金、应收账款、金融资产、长期股权投资、专利权、商标权等，因为它们没有物质实体，而是表现为某种法定权利或技术。但是，会计上通常将无形资产做狭义的理解，即将专利权、非专利技术、商标权、著作权、土地使用权、特许权等称为无形资产。

无形资产中的错弊主要如下。

（1）无形资产增加不真实、不合规。有些企业增加无形资产没有合法的证明文件，有些无形资产已超出了法定有效期。

（2）无形资产计价不合规、不正确。由于无形资产没有实物形态，也不容易取得完全同类资产的价值资料，在实际中无形资产价值不正确、不合规的现象普遍存在。如投资者作为资本金或者合作条件投入的无形资产，不按评估确认或者合同、协议约定的金额计价；自行开发并且依法申请取得的无形资产，不按开发过程中实际支出计价，而把其他费用项目和其相互混淆；非专利技术和商誉的计价不经法定评估机构评估确认等。

（3）无形资产出售转让不合法。在不正常情况下出售无形资产，如主管或经办人为牟取个人私利擅自出售转让企业正在使用的无形资产。

（4）无形资产的售价明显不正确、不合理。无形资产的价值，应当按照当时的市价，考虑该项无形资产的全部使用有效期，以及出售时尚存的有效期予以确认。如果无市场价格可以参照，则可按无形资产的实际成本，扣除已摊销额，加上适当的利润予以确认。现实情况下，企业无视国家规定，擅自降低售价的行为时有发生，造成无形资产流失，其原因是企业为了拉关系或经办人员为牟取私利而进行不正当交易。

（5）出售无形资产的价款收回不及时，账务处理不正确。出售无形资产的账款收回应及时入账，并按规定计入其他业务收入。而有些企业则把已收回的销售款项长期挂在应收款账户上不予入账，或违反规定将收入冲减成本费用，或把收到的款项不记入“其他业务收入”账户而贷记“其他应付款”账户，形成账外“小金库”甚至被个人侵吞。

（6）无形资产投资转出行为不真实、不合规。许多企业投资行为没有科学的决策程序，不经过可行性分析，往往造成投出资产产出效益少甚至发生亏损的严重后果。

（7）无形资产转出的会计处理不正确、不合规。企业会计准则规定，企业转让或出售无形资产取得的净收入，除国家法规另有规定外，应记入“其他业务收入”账户，其转让成本，记入“其他业务支出”账户。

（8）无形资产摊销不合理、不合规。摊销期限不合理、不合规，对已确定的合理摊销期限任意变动，无形资产未计入管理费用中，而是摊入生产费用或销售费用，任意多摊或少摊无形资产，人为地调节利润的高低。

07 如何查证无形资产中的错弊？

对无形资产中的错弊，可采用以下方法进行审查。

（1）取得或编制无形资产明细表，复核其加计数是否准确，并与明细账、总账和报表有关项目进行核对。

（2）审查无形资产增加的真实性和合规性。查明增加的无形资产是否有合法证明文件，如专利权证书、商标注册证书等复印件；审查各种形式增加的无形资产是否办理了必要产权转让手续，如自行开发的无形资产是否按法定程序申请并取得合法的证明文件。

（3）审查无形资产计价的合规性和正确性。审查时，应审查企业是否按制度规定对增加的无形资产计价入账，有无任意提高和降低无形资产价值的行为，具体如下。

①购入无形资产发票的价款是否真实、正确，有无伪造、篡改的行为，与购入无形资产直接相关的费用是否计入无形资产价值，有无其他无关费用计入无形资产购入成本的行为。

②自行开发的无形资产通常按其开发过程中实际发生的支出计价。审查各项支出是否真实、合规、正确，所列开支是否确为无形资产开发所发生的开支，有无将与无形资产开发无直接关系的费用列入无形资产价值等。可以审阅无形资产及费用明细账来查明此类问题。

③审查无形资产账户，查证企业商誉的作价入账是否只是在企业合并情况下发生，有无在正常的经营期内擅自将商誉作价入账。

④审查由法定评估部门出具的评估证书，从而查明企业有无未经法定评估而擅自对无形资产作价的行为。还要查明这些评估机构是否是经政府主管部门授权的注册会计师事务所、审计事务所和专门的资产评估组织，必要时可向这些部门函证企业无形资产计价的正确性。

（4）审查无形资产出售转让的合法性。要审查企业无形资产明细账中减少的记录，然后查出对应原始凭证，了解出售行为是否在正常情况下产生，有无必要的批准手续，批准手续有无伪造行为，并追查有关负责人的责任。

（5）审查无形资产售价的合理性。查账人员可按计价原则进行审查、验证，必要时可向专家或专业评估机构申请协助。

（6）审查出售无形资产价款收回的及时性及会计处理的正确性。对此可结合应收款和收入的审查进行，查明各项无形资产销售收入是否正确、及时入账。

（7）审查无形资产投资转出的真实性和合规性。查账人员应结合长期投资的审查，查明企业是否与被投资单位签订了合同、协议，其内容是否符合互利、互惠的原则，有无经办人员为个人私利故意签订对企业不利的合同条款。

（8）审查无形资产转出会计处理的正确性和合规性。审查时也可比照出售无形资产的审查，查看企业有无乱列收入账户，违反规定人为增加或减少利润的现象。

（9）审查无形资产摊销的合理性和合规性。审查时可按制度规定摊销期限标准及方法判别企业无形资产摊销是否正确、合规。具体方法如下。

①收集有关无形资产的法规及其证书，如专利法、商标法、版权法和专利权证书、商标证明书等，了解被审查的无形资产有无法定使用年限。

②查阅企业的有关合同、协议和申请书，了解是否对无形资产的期限作出规定。

③根据收集到的有关资料判断企业无形资产有效期限的确定是否正确、合规。

如果法律和合同、申请书中均规定有法定有效期和受益期的，应审查企业是否将其中最短的期限作为有效期限，有无违反规定按最长或较长的期限作为有效限期。

对法律无规定，企业合同或申请书有规定受益期限，应审查企业确定的有效期限与合同或申请书的规定受益期限是否一致。

对法律、企业合同和申请书中均无规定有效期限的，应审查企业确定的有效期限是否不低于 10 年。

④审查企业无形资产摊销是否按规定列入管理费用，有无与其他费用、开支，如制造费用、销售费用、营业外支出、其他业务支出、在建工程支出相互混淆的情况。

08 在建工程中的错弊主要有哪些？

在建工程，指企业固定资产的新建、改建、扩建，或技术改造、设备更新和大修理工程等尚未完工的工程支出。在建工程通常有“自营”和“出包”两种方式。自营在建工程指企业自行购买工程用料、自行施工并进行管理的工程；出包在建工程是指企业通过签订合同，由其他工程队或单位承包建造的工程。

在会计核算中，“在建工程”科目核算企业基建、技改等在建工程发生的价值。

企业与固定资产有关的后续支出，包括固定资产发生的日常修理费、大修理费用、更新改造支出、房屋的装修费用等，满足《企业会计准则第 4 号——固定资产》规定的固定资产确认条件的，也在“在建工程”科目核算；不满足固定资产确认条件的，应在“管理费用”科目核算，不在“在建工程”科目核算。

在建工程中的错弊主要如下。

（1）将期间费用计入在建工程，虚增利润。

（2）借口工程调试将原辅材料成本计入在建工程，虚增利润。

（3）推迟工程结转固定资产时间以少提折旧，虚增利润。

（4）多计利息资本化，虚增利润。

（5）通过工程预付款的形式转移资金。公司股东或管理层为了转移公司资金，往往会与一些工程施工单位合谋以工程预付款的形式，通过合谋的工程施工单位转移资金。

09 如何查证在建工程中的错弊？

针对在建工程中的错弊，查证时可以采用以下方法。

（1）审查企业是否存在将期间费用计入在建工程的情况。

①索取企业工程部或项目部人员名单及月工资单，复核计入工程的工资费用是否远大于工程部人员全年工资费用。

②计算在建工程中的工资费用占当期全部工资费用的比例，大致判断在建工程中核算工资的人数，以总体性分析其合理性。

（2）审查企业是否存在借工程调试为名，将原辅材料成本计入在建工程的情况。

①复核并加总原始领料单中注明的工程领料金额与在建工程中原辅材料金额是否一致。

②索取施工单位调试时间记录以及监理关于试车的记录。

③索取可行性研究报告及工程设计方案，查询单位工时试车定额，如测试电费。

④在试车产品与正常生产产品原辅材料相同的情形下，可结合正常生产产品单位原辅材料消耗量有无异常变动来分析有无将生产领料计入在建工程的情况。

⑤直接向工程部门索取工程试车领料记录并与财务记录进行核对。

（3）审查企业是否存在推迟工程结转固定资产时间以少提折旧的情况。

①索取工程施工合同，查看合同规定的完工时间与企业结转固定资产时间是否有重大出入。

②索取工程验收资料及固定资产移交报告以确定在建工程的实际完工时间。

③索取监理报告以确定在建工程的实际完工时间。

④根据合同规定的付款进度，结合企业实际付款情况，分析工程可能的完工时间。

⑤对重大在建工程必要时可向施工单位进行函证或电话询问。

⑥索取在建工程试车产量月报，分析在建工程是否已达到预定的产量。注意有时产量虽未达产，但可能是由于其他因素导致企业未满负荷生产。

⑦向专家咨询建造与企业在建工程相同规模的项目所需时间。

⑧查询同行业上市公司建造相同规模的工程所需时间。

（4）审查企业是否存在多计利息资本化的情况。

结合在建工程结转时间的审查，判断公司有无延长利息资本化的时间。

（5）审查企业是否存在通过工程预付款的形式转移资金的情况。

查账人员应结合预付工程款、设备款的审查，重点关注：大额工程预付款长期挂账；工程款的支付进度不符合正常的建筑行业的状况；工程预付款存在大额或经常退回的情况；工程设备长期没有发票一直在进行暂估；在建工程大幅超预算的情况。审查的主要内容及方法如下。

①索取工程施工单位的施工合同或设备采购合同，与其他工程施工合同比较，并结合现场工程进度查看情况，检查在款项支付进度方面有无特别优惠之处，并就此与企业进行沟通。

②索取施工单位营业执照及最近期间的财务报表，必要时，到施工单位现场查看检查施工单位的资本规模和年度收入规模，从上述两方面判断大额预付工程款的可能性 。

③索取控股股东长期股权投资账簿，并登录控股股东网站，检查存在大额预付款的单位是否是关联方。

④如若系由施工单位代企业采购设备，则应索取施工单位与设备供应单位签订的

设备采购合同，以及施工单位的付款单据。

⑤索取公司在建工程可行性研究报告及设备清单，与施工单位与设备供应单位签订的设备采购合同进行比较，检查有无重大差异。

⑥索取公司监理报告，检查可疑的工程预付款是否是经过监理人员审核后同意支付的。

⑦函证大额工程预付款，必要时可与施工单位进行沟通。

⑧关注控股股东过去两年及未来两年的投资计划，包括股权类投资及固定资产类投资及其资金主要来源和渠道，以及目前银行信贷额度的使用情况。

⑨对长期进行暂估的设备复核入库记录进行盘点及函证。

第9章

其他日常业务的审查

其他日常业务是指除销售与收款、采购与付款、生产、投资与筹资业务以外的其他管理活动，包括管理费用的开支、营业外收支的形成等。对其他日常业务活动的审查，尤其是对管理费用的审查非常重要。

01 管理费用中常见的错弊有哪些?

管理费用是期间费用的一种，它主要是指企业行政管理部门为组织和管理生产经营活动而发生的各种费用。具体包括的项目有工资福利费、折旧费、工会经费、职工教育经费、业务招待费、技术转让费、无形资产摊销、咨询费、诉讼费、坏账损失、公司经费、劳动保险费、董事会会费等。

管理费用中常见的错弊如下。

（1）将不合规的支出列入管理费用。

①企业将固定资产或者无形资产的购置费用列入企业管理费用账目当中。

②有些企业为了一己之私对政府相关人员行贿，将行贿费用以管理费用的名义列入账簿中。

③一些企业的负责人给自己支付较低的工资（低于缴纳个人所得税工资标准），另外虚构职工人数，给非企业职工的家庭成员发放工资，将发放的工资列入管理费用中。

（2）将列入固定资产的费用列入开办费。

将列入固定资产的费用列入开办费，这样就可以虚增管理费用，虚减利润，达到少缴纳税款的目的。

（3）管理费用的结转不按照规定全部转作当期损益。

有些企业没有完全将管理费用转作当期损益，将其部分计入产品成本或转入下期，目的就是调节利润。

（4）把应计入成本的运输费列入管理费用。

企业购入固定资产、专项投资用的材料和设备的运输费应计入设备或材料的成本，但有些企业将这部分运输费列入管理费用中。

（5）不按规定摊销无形资产。

企业的无形资产摊销一般记入“管理费用”账户，但有些企业为了调节期末利润，人为地多摊或少摊无形资产，从而多计或少计费用，以达到其目的。

（6）任意扩大开支，提高费用。

按照规定，各项开支均有标准，但在实际工作中，却存在着许多乱计费用的问题。有些企业为了自身的经济利益，任意扩大开支范围和提高开支标准，从而提高企业费用水平，如管理费用水平，从而减少当期利润。尤其是在业务招待费中，存在的问题更多。

①企业不按规定提取招待费用，超标准提取和支用招待费：一是任意改变提取比率；二是不按销售额分段提取，通过虚列销售收入，相应多提取招待费用。

②在企业招待费超过提取额时，企业将其转入生产成本或营业外支出。

（7）将管理费用计入生产成本，或将生产成本计入管理费用。

（8）坏账损失计算错误。

①企业的应收款项余额不真实，虚列债权。

②企业一方面提取坏账准备金；另一方面对坏账损失不做冲减，而是列入营业外支出等，造成双重列支。

③对于收回的已核销的坏账，不做增加坏账准备处理，而是将其收入转作他用。

（9）存货盈亏、毁损和报废存在问题。

①虚列存货盘盈、盘亏、毁损和报废，以冲抵管理费用或虚增管理费用。

②只计盘盈不计盘亏，或者相反，造成管理费用虚减或虚增。

③盘亏、毁损和报废的存货不扣减保险公司赔款和残料价值，直接列入管理费用。盘盈的存货也不冲减管理费用，而是将收入转作他用。

④将正常损失的存货亏损价值列入营业外支出，或是将非常损失列入管理费用。

（10）技术开发费用核算不正确。

由于国家对技术开发费的扣除有着种种优惠，许多企业在此很容易钻空子、偷逃税款，因此在查账时必须特别留意。常见的偷税做法是伪造技改文件，将普通技术开发列为新产品、新技术、新工艺开发；将本应列入企业固定资产通过折旧列支的办公设备作为技改的测试仪器，一次性于税前扣除；将其他项目领用的物资或支出的费用计入技术开发费，从而使企业技术开发费的增长达到一定比例，享受税收优惠。

02 如何查证管理费用中的错弊？

对管理费用的审查，主要在于判定企业费用开支范围是否正常，列支标准是否符合规定，列支的项目是否真实、有无虚假行为。由于管理费用项目多，金额较大，又涉及企业内部管理制度的设置，因此在查账中会遇到很大的困难。在查账过程中，查账人员仍然应采取明细账、总账的核对以及分析近几年来管理费用是否有重大波动和异常情况的方法进行审查。审查的重点及方法如下。

（1）获取或编制管理费用明细表，检查其明细项目的设置是否符合规定的核算内容与范围，并与明细账和总账核对相符。

（2）将本年度管理费用与上年度管理费用进行比较，并将本年度各月份的管理费用进行比较，如有重大波动和异常情况应查明原因。

（3）选择重要或异常的管理费用项目，检查其原始凭证是否合法、会计处理是否正确。必要时，对管理费用实施截止日测试，检查有无跨期入账的现象，对于重大跨期项目，应做必要调整。

①坏账损失的查证。对坏账准备金或坏账损失的审查，主要通过各债权明细账的审阅来进行。在查账中主要检查计提标准是否符合规定，以及核销坏账损失时，是否存在在“坏账准备”账户中列支后，又继续在“管理费用”中列支的现象。

②存货盈亏、毁损和报废的查证。详细审查有关单据和批准手续是否有漏洞，必要时，进行相应的实物核对。一般通过管理费用明细账和营业外支出明细账，以及有关凭证的审阅来查证。

③技术开发费用的查证。技术服务费是指向技术提供方（如提供非常规性的计算、设计、测量、分析、安装、调试，以及提供技术信息、改进工艺流程、进行技术诊断、检验检测等服务）所支付的费用。查账人员就在检查相关合同的基础上，分析其必要性和合理性，并对其中变动异常的项目，进一步抽查或详查明细账和原始凭证。

④业务招待费的查证。按照税法规定，企业的业务招待费应控制在全年销售净额（销售收入 - 销货折扣与折让）与其他业务收入之和的规定比例限额内（业务招待费用可列支比例参照有关税法规定）。检查业务招待费用时，可依据“管理费用——业务招待费”账户的发生额，查阅业务招待费列支的原始凭证，核实其开支的数额是否真实、合法，有无超过限额标准。

⑤技术开发费的查证。在审查时，要调阅企业开发新产品、新技术、新工艺的专项批文并证实项目的合法性。另外还应调阅原始凭证、记账凭证，以及管理费用明细账，逐一对照核实。

03 营业外收入中常见的错弊有哪些？

营业外收入是指企业发生的除营业利润以外的收益，主要包括：与企业日常活动无关的政府补助（与企业日常活动相关的政府补助，应当按照经济业务实质，计入其他收益或冲减相关成本费用）、盘盈利得、捐赠利得（企业接受股东或股东的子公司直接或间接的捐赠，经济实质属于股东对企业的资本性投入的除外）等。确实无法支付而按规定程序经批准后转作营业外收入的应付款项、违约金、滞纳金收入、罚款净收入等也属于营业外收入。

营业外收入并不是由企业经营资金耗费所产生的，不需要企业付出代价，实际上它是一种纯收入，不可能也不需要与有关费用进行配比。因此，在会计核算上，应当严格区分营业外收入与营业收入的界限，以及营业外收入与资产处置收益的界限。

营业外收入中常见的错弊如下。

（1）“营业外收入”账户反映的内容不完整。

将应反映在营业外收入中的各种收入通过各种方式反映在“应付账款”“应付职工薪酬”“其他应付款”账户或作为账外“小金库”。

（2）用“营业外收入”账户人为调节利润水平。

如采用虚列营业外收入、多计或少计营业外收入的方式调节利润水平。

（3）混淆营业外收入与营业收入的界限，将属于主营业务收入或其他业务收入的内容列入营业外收入。

（4）混淆营业外收入与资产处置收益界限，将属于主营业务收入或其他业务收入的内容列入营业外收入。

资产处置损益是新设的一个项目。依据财会〔2017〕30 号规定，将原来在“营业外收入（支出）”核算的部分内容，归集到了“资产处置损益”科目核算，使之另立门户，单独核算。资产处置损益是指企业出售划分为持有待售的非流动资产（金融工具、长期股权投资和投资性房地产除外）或处置组（子公司和业务除外）时确认的处置利得或损失，以及处置未划分为持有待售的固定资产、在建工程、生产性生物资产及无形资产而产生的处置利得或损失。债务重组中因处置非流动资产（金融工具、长期股权投资和投资性房地产除外，这类处置计入其他收益）产生的利得或损失和非货币性资产交换中换出非流动资产（金融工具、长期股权投资和投资性房地产除外）产生的利得或损失也属于资产处置损益。

由此可见，资产处置后是记入“资产处置损益”还是“营业外收入（支出）”，需要看该资产处置后是否有使用价值。如果资产处置后还有使用价值，则记入“资产处置损益”，反之，则记入“营业外收入（支出）”。例如，固定资产的毁损报废后，不再有使用价值，则记入“营业外支出”。若用固定资产抵债、投资、捐赠等，这些经营行为是为了换取对价，具有一定的商业价值，则应记入“资产处置损益”。

需要特别注意的是：资产处置损益项目不包括以下资产的处置：①存货、消耗性生物资产、应收账款等流动性资产处置。②金融工具、长期股权投资处置。③投资性房地产处置。④债务重组利得或损失和非货币性资产交换利得或损失。⑤子公司和业务的处置。

04 如何查证营业外收入中的错弊？

针对营业外收入中的错弊，审查的重点一般为以下几个方面。

（1）审查“营业外收入”账户反映的内容是否完整。

查账人员应从以下几个方面入手：一是检查银行存款日记账及现金日记账的记录，从摘要记录及对方科目中发现线索；二是有重点地检查“应付账款”“应付职工薪酬”“其他应付款”等明细账记录，必要时检查有关的记账凭证和原始凭证，了解其会计处理是否符合实际业务情况。

（2）审查企业是否存在利用“营业外收入”账户人为调节利润的情况。

查账人员应重点审查有关会计凭证，核对账证、证证是否相符，检查是否存在无原始凭证的记账凭证、摘要说明是否清楚等，发现线索后做进一步的调查。

（3）审查企业是否混淆营业外收入界限。

查账人员可以通过审阅“营业外收入”明细账发现线索，检查摘要说明是否清楚、明确，必要时再核对有关会计凭证，从而查证落实问题。

05 营业外支出中常见的错弊有哪些？

营业外支出是指企业发生的营业利润以外的支出，主要包括公益性捐赠支出、非常损失、罚款支出、违约金、滞纳金、赔偿金支出、盘亏损失、非流动资产毁损报废损失等。

公益性捐赠支出，指企业对外进行公益性捐赠发生的支出。需要说明的是“非公益性捐赠”需要确定是否具有特定的获取经济利益的商业目的，具有商业目的的非公益性捐赠应该计入销售费用。不具有商业目的的非公益性捐赠不得税前扣除。

非常损失，指企业对于因客观因素（如自然灾害等）造成的损失，在扣除保险公司赔偿后应计入营业外支出的净损失。

“非流动资产毁损报废损失”通常包括因自然灾害发生毁损、已丧失使用功能等原因而报废清理产生的损失。企业在不同交易中形成的非流动资产毁损报废利得和损失不得相互抵销，应分别在“营业外收入”项目和“营业外支出”项目进行处理。

营业外支出中常见的错弊如下。

（1）营业外支出记录不真实。

（2）营业外支出记录不完整。

（3）营业外支出计算不正确。

（4）混淆营业外支出界限，将属于管理费用、其他业务支出、资产处置损益的内容列入营业外支出，或者相反。

06 如何查证营业外支出中的错弊?

针对营业外支出中的错弊，审查的重点一般为以下几个方面。

（1）获取或编制营业外支出明细表，复核其加计数是否正确，并与报表数、总账数和明细账合计数核对是否相符。

（2）检查营业外支出明细项目的设置是否符合规定的核算内容与范围，是否划清营业外支出与管理费用、其他业务支出界限。

（3）检查是否有将资产处置损益混入营业外支出的情形。可结合固定资产、无形资产处置等的审查进行。

（4）检查是否有将非货币性资产交换损失或债务重组损失混入营业外支出的情形。非货币性资产交换损失或债务重组损失应记入“资产处置损益”科目，可结合非货币性资产交换的审查进行。

（5）检查公益性捐赠支出的会计处理是否正确，注意公益性捐赠资产已计提的减值准备是否结转。检查公益救济性捐赠是否按税法规定进行企业所得税纳税调整。

（6）检查公益性捐赠支出的会计处理是否正确，注意公益性捐赠资产已计提的减值准备是否结转。检查公益救济性捐赠是否按税法规定进行企业所得税纳税调整。

（7）审查罚没收支的真实性、正确性。

（8）审查确认无法支付的欠款和非常损失等是否履行审批手续等。

07 应交增值税中常见的错弊有哪些？

应交增值税是指一般纳税人和小规模纳税人销售货物或者提供加工、修理修配劳务活动本期应缴纳的增值税。计算公式如下。

应交增值税 = 销项税额 –（进项税额 – 进项税额转出）– 出口抵减内销产品应纳税额 – 减免税款 + 出口退税

应交增值税中常见的错弊如下。

（1）将不应当用于抵扣的增值税进项税额，如专门用于出租的包装物的进项税额、本应列入管理费用的进项税额（如非动力用电的进项税额）等做了抵扣处理。

（2）将应当缴纳增值税的事项少计或不计销项税额，主要是对视同销售业务的处理，往往只按领用存货的账面成本计算增值税销项税额，甚至不反映增值税的销项税额。

（3）将不需要计算增值税的事项计算了增值税销项税额。根据《财政部 国家税务总局关于全面推开营业税改征增值税试点的通知》（财税〔2016〕36号）规定，下列项目不征收增值税：①根据国家指令无偿提供的铁路运输服务、航空运输服务，属于用于公益事业的服务；②存款利息；③被保险人获得的保险赔付；④房地产主管部门或者其指定机构、公积金管理中心、开发企业以及物业管理单位代收的住宅专项维修资金；⑤在资产重组过程中，通过合并、分立、出售、置换等方式，将全部或者部分实物资产以及与其相关联的债权、负债和劳动力一并转让给其他单位和个人，其中涉及的不动产、土地使用权转让行为等。

（4）没有正确处理增值税进项税额转出事项，对企业存货发生的非常损失没有按规定同时核销相关的进项税额，或对企业存货发生的正常损耗做了进项税额转出处理，对企业在产品和产成品发生的非常损失没有按所耗用的材料成本为基数确定应转出的进项税额。上述错误发生的结果会使国家税源流失或企业少缴纳增值税。

（5）利用不正当手段取得虚假的增值税专用发票抵扣增值税。在实务中，假账真做的手法通常是：在取得虚假的增值税专用发票时，借记“物资采购”和“应交税费——应交增值税（进项税额）”账户，贷记“应付账款”账户；同时由仓库出具虚假的材料入库单，借记“原材料”账户，贷记“物资采购”账户。

对虚增的原材料，一般用以下三种方法进行处置。

①通过开出虚假的领料单，将虚增的原材料价值转嫁到产品成本中去。

②采用实地盘存制，将虚增的原材料价值倒挤计入产品成本。

③在会计期末利用财产清查，将虚增的原材料价值列为存货盘亏，计入当期的管理费用或列为当期的营业外支出。

对挂账的应付账款，一般采用的方法如下。

①长期挂账，经过若干时间后再转作营业外收入。

②通过其他企业或子公司的银行账户将款项转出，再转回本企业“小金库”。

③将该项资金转出后在企业体外循环，成为账外资金，甚至为不法分子占为己有。

（6）利用有业务关系的小规模纳税人以一般纳税人的名义从供货方取得增值税专用发票进行抵扣。

（7）为小规模纳税人和其他一般纳税人出具增值税专用发票，为其偷漏税款提供方便。

08 如何查证应交增值税中的错弊?

一般纳税人企业在应交增值税中出现错误和舞弊必定会在会计资料中反映。对应交增值税中出现的错误事项，只要通过对会计凭证的审查便能发现。对应交增值税中存在的舞弊，通常不像错误事项那么直观、那么容易被发现，被审查单位往往会采用假账真做的办法来掩盖事实真相。为此，在查账中需要透过现象发现疑点，深入分析。查账的方法与重点如下。

（1）获取或编制应交增值税明细表，复核其正确性，并与明细账核对相符。

（2）将应交增值税明细表与被审查单位增值税纳税申报表核对，检查进项税额、销项税额的入账与申报期间是否一致、金额是否相符，如不一致，应分析原因，并做好记录。

（3）执行分析性复核。通常，在应交增值税发生舞弊的企业，可能会出现一些不正常的现象，查账人员应该对以下迹象进行充分关注。

①与同类企业相比较，企业增值税的税负明显过低。

②有材料购进而无相关的运杂费发生。

③产品成本过高或产品成本构成项目发生变异。

④材料领用情况异常或材料报废情况异常。

⑤企业规模较大，却没有对原材料实行永续盘存制，而采用了实地盘存制。

⑥出现部分应付账款的长期挂账。

⑦每年年末都有部分应付账款被转作营业外收入。

⑧将若干个应付账款账户进行并户核算。

⑨在应付账款付款时，收款单位与原账面挂账单位名称不一致。

（4）审查进项税额。重点审查以下内容。

①通过“原材料”等相关科目匡算进项税额是否合理。

②抽查一定期间的进项税抵扣汇总表，检查是否与应交增值税明细表总额一致，如有差异，查明差异原因并做适当处理。

③抽查一定数量的重要进项税发票，注意进口货物、购进的免税农产品、接受投资或捐赠、接受应税劳务等应计的进项税额是否按规定进行了会计处理；因存货改变用途或发生非常损失等应计的进项税额转出数是否正确计算，会计处理是否正确。

④查明本期取得抵扣销项税额在时间上是否一致。主要检查企业预付购货款和货到单未到的购货业务，因为这些货物进厂时，对方销售尚未实现，企业此时也未能取得对方的增值税专用发票，因而不可能存在进项税额。有些企业违反增值税专用发票管理办法规定，擅自开出增值税专用发票，扩大本期进项税额。检查方法：将“应交税费——应交增值税（进项税额）”科目借方发生额与企业“预付账款”科目借方发生额和“物资采购”明细账及其有关原始凭证相核对，检查其进项税额的合法性、正确性。

⑤审查其他投资、捐赠转入、非货币性交易、分红等转入货物的进项税额是否正确。可检查“实收资本（股本）”“资本公积”“库存商品”“投资收益”“原材料”等科目，其增值税专用发票上注明的进项税额计算是否正确。检查时应对照“应交税金——应交增值税（进项税额）”科目，并结合有关原始凭证来核实。

⑥审查免税农产品的进项税额计算是否正确。免税农产品进项税额等于购入农产品的买价乘以规定的抵扣率（目前为9%），因而其进税额计算是否正确，关键是检查购入农产品的买价。商业企业中，农副产品采购成本包括支付的收购价格等，但不包括其进货费用；工业企业中，采购成本包括买价、运杂费、运输中的合理损耗等。可检查“物资采购”等科目，采购成本计价是否正确，通过采购成本乘9%得到其进项税额，与“应交税费——应交增值税（进项税额）”核对，是否相符。

⑦审查销售、外购货物支付运输费用的进项税额计算是否正确。应按运费结算单据（普通发票）所列运费金额（不含杂费）和规定的扣除率计算所得记入“应交税费——应交增值税（进项税额）”科目。

⑧审查企业是否按规定计算“进项税额转出”。重点检查转出的原因是否符合规定以及转出账务处理是否正确等。

（5）审查销项税额。重点审查以下内容。

①对外销售产品的审查。审查纳税义务发生时间同销售实现时间是否一致。可从销货发票、产成品出库单上查清发出商品的时间，与销售明细账、增值税纳税申报表相对照，有无不及时结转销售收入与漏计销售收入的问题；审查从购方取得的价外收入是否全部并入销售额计算了增值税。重点审查企业的销货发票、银行收款通知单和产品销售明细账的贷方金额，三者是否一致，有无将销货发票金额分解，少计销售收入的问题；审查随同产品销售的包装物是否按规定并入了销售收入。可将销货发票、产品销售明细账、其他业务收入与包装物明细账相核对，有无应并入而未并入销售收入的问题。尤其是单独计价的包装物和逾期没收、加收的包装物押金收入，是否通过“其他业务收入”和“营业外收入”科目核算，漏计销售额的问题；审查企业的残次品是否按规定计入销售额；审查企业有无将产品用于赠送、捐献、广告、社会公益、支付回扣、对外投资、转移产品等，这些项目按增值税条例及细则规定，都应视同销售。审查重点是企业的产品出库单、产品明细账和相对应科目，检查是否按计税价格计算应交增值税；审查企业自制材料销售，是否并入了销售收入计算增值税；审查以旧换新的产品是否做了销售处理，新产品按产品销售处理，收回旧产品按购入存货处理。

②自产自用产品的审查。对自制产品用于企业基本建设、专项工程、生活福利等项目的检查，应从“产成品”“在产品”明细账贷方和“在建工程”“应付福利费”明细账借方以及产品出库单，查明有无将自制产品用于在建工程等，是否已按产品的计税价格计算应交增值税；产品计税价格的检查，应按当期同类货物平均销售价格计算销项税额，若没有同类货物销售价格的，应检查企业成本利润率运用是否正确。

③受托加工货物的审查。对其他单位的个体经营者委托加工的货物，应于委托方提货时，按受托方同类货物和销售价格组成计税价格计算纳税。应注意加工收入和产品销售明细账加工收入账户，查明委托加工单位名称，是属于一般纳税人还是小规模纳税人，再与增值税纳税申报表和委托加工产品证明单相核对，有无漏计销售额；对由受托方提供原材料的委托加工货物检查时，应注意由受托方提供原材料生产的货物，或者受托方先将原材料卖给委托方，然后再接受加工的产品，以及受托方以委托方名义购进原材料的货物，这些货物无论企业在财务上如何处理，都不能作为受托加工货物，而应视同销售自制货物并入应税销售额。

④其他错弊问题的审查。对销售废品、下脚料的收入金额是否并入应税销售额，企业往往将这部分收入直接冲减制造费用或记入“营业外收入”科目，应注意检查企业“制造费用”和“营业外收入”科目下明细科目的贷方，是否按规定处理；以产品串换、支付应付款是否漏计增值税，重点检查产成品明细账和产品出库单及应付账款

明细账等。

⑤一般纳税人企业为小规模纳税人出具一般纳税人的增值税专用发票，为其他企业偷漏税提供方便时，其账务处理虽和正常商品销售业务相同，但也会出现异常情况：出现过多的现金交易；在证明同一经济业务发生或完成的原始凭证中，付款单位名称与增值税专用发票中所列的购货单位名称不一致。

（6）增值税应纳税额的审查。企业本期应纳税额 = 当期销项税额 − 当期进项税额。检查时，可从计算的当期应交税费入手，采取倒查的方法，核实应纳税额的正确性。

（7）出口货物应退增值税税额计算的审查。取得出口退税申报材料及办理出口退税有关凭证，复核出口退税的正确性、合法性和及时性。可把企业的产成品明细账与销售明细账核对，以检查企业存货发出计价是否正确。检查企业在出口商品明细账中有无设境内销售专户，记载收取外汇销售给国内的出口商品，而在计算退税是否将这部分金额扣除。重新复核从小规模纳税人购进的特准退税的出口货物进项税额的正确性，并注意购进货物出口是否属于特准退税范围。

（8）经主管税务机关批准，实行核定征收率征收增值税的单位，应检查其是否按照有关规定正确执行。如果按照核定征收率计算的增值税金额大于申报增值税金额，应注意超过申报额部分的会计处理是否正确。

09 企业所得税中常见的错弊有哪些？

企业所得税是对我国内资企业和经营单位的生产经营所得和其他所得征收的一种税。

企业应纳所得税额 = 当期应纳税所得额 × 适用税率

应纳税所得额 = 收入总额 − 准予扣除项目金额 = 税前会计利润 ± 纳税调整项目

税前会计利润 = 营业利润 + 营业外收入 − 营业外支出

营业利润 = 营业收入 − 营业成本 − 税金及附加 − 销售费用 − 管理费用 − 财务费用 − 资产减值损失 − 信用减值损失 ± 公允价值变动收益 ± 投资收益

由于税前会计利润相关项目的错弊在本书前面的内容中已经介绍，这里主要介绍纳税调整项目中的错弊。

按照会计法规计算确定的会计利润与按照税收法规计算确定的应税利润对同一个企业的同一个会计时期来说，其计算的结果往往不一致，在计算口径和确认时间方面存在一定的差异，即计税差异，一般将这个差异称为纳税调整项目。

纳税调整项目主要涉及收入类、扣除类和资产类三大项目（表 9-1）。常见的错弊如下。

（1）收入类调整项目错弊。

①延迟确认收入未进行纳税调整。纳税收入是在会计收入的基础上通过调整计算得来的，但有的企业会计收入确认不完全正确，容易因未及时确认会计收入而造成少计纳税收入的现象，企业汇算清缴中又没有进行纳税调整，造成少计应纳税所得额。例如，某企业当年发生发出商品应收账款 120 万元，会计上没有及时确认为收入，也没有确认为纳税收入，造成当年少缴企业所得税 120×25%=30（万元）。

②视同销售未进行纳税调整。视同销售在会计上一般不确认收入，而税法上确认为收入。《中华人民共和国企业所得税法实施条例》第二十五条规定，企业发生非货币性资产交换以及将货物、财产、劳务用于捐赠偿债、赞助、集资、广告、样品、职工福利或者利润分配，应当视同销售货物、转让财产或者提供劳务，国务院财政、税务主管部门另有规定的除外。但实际操作中，一些企业将产品给客户试用，账务上列作销售费用或（营业费用）；将自产产品用作礼品送给他人或作为职工福利，在账务上列作管理费用。例如，某企业将 80 万元（成本 63.8 万元）自产货物用于市场推广，未做视同销售收入处理，也未进行纳税调整。

③财政补贴收入未进行纳税调整。《财政部、国家税务总局关于专项用途财政性资金企业所得税处理问题的通知》（财税〔2011〕70 号）规定，对企业从县级以上各级人民政府财政部门及其他部门取得的应计入收入总额的财政性资金，凡同时符合以下条件的，可以作为不征税收入，具体包括：企业能够提供规定资金专项用途的资金拨付文件；财政部门或其他拨付资金的政府部门对该资金有专门的资金管理办法或具体管理要求；企业对该资金以及以该资金发生的支出单独进行核算。对不符合上述条件的财政性补贴属于征税收入。例如，某企业获得政府奖励 160 万元，企业认为政府奖励是财政支付的，缴税也是缴给财政，未申报缴纳企业所得税，也未做纳税调整。

（2）扣除类调整项目错弊。

①不合规票据列支未进行纳税调整。有的企业用不规范的票据甚至以假发票、空白发票等列支成本、费用，有的开支没有明细资料作为凭据，这些费用违反了成本、费用列支的真实性原则，应进行纳税调整但未调整。例如，某企业用发票抬头为另一企业的发票列支管理费用 2.7 万元，汇缴时没有进行纳税调整。

②未实际发放工资未进行纳税调整。能够在企业所得税税前列支的工资必须是实际发生的、合理的工资，企业计提而未实际发放的工资不能够税前列支。例如，某企

业某年度计提工资 230 万元，实际发放 190 万元，企业将 230 万元列入工资总额，多计提的 40（230-190）万元工资未进行纳税调整。

③列支与经营不相关的成本费用未进行纳税调整。除税法明确规定外，能够在税前列支的成本、费用必须是与企业经营相关的成本、费用，否则应进行纳税调整。例如，一些企业列支与企业经营不相关资产的折旧、代关联方支付的与企业经营不相关的费用。有的企业福利费余额未用完，却在费用中列支。《国家税务总局关于企业所得税若干税务事项衔接问题的通知》（国税函〔2009〕98 号）文件规定，企业 2008 年以前按照规定计提但尚未使用的职工福利费余额，2008 年及以后年度发生的职工福利费，应首先冲减上述的职工福利费余额，不足部分按新税法规定扣除；仍有余额的，继续留在以后年度使用。如果未冲减福利费余额而直接在费用中列支，应进行纳税调整。

（3）资产类调整项目错弊。

①当期不能列支的资产折旧、摊销未进行纳税调整。能够税前列支的折旧、摊销金额是按计税基础金额并按符合税法规定的折旧、摊销年限计提的金额。由于有的资产折旧、摊销跨几个年度，其资产计税基础与账面价值可能存在差异，有的企业计算企业所得税时未进行纳税调整。例如，某企业购买一项固定资产，未能取得发票，该项固定资产的计税基础为 0。但企业当年在会计上计提折旧 5 万元并在税前列支，没有进行纳税调整。

②未进行会计处理的扣除损失不报批。《企业资产损失税前扣除管理办法》（国税发〔2011〕25 号）规定，企业发生的资产损失可分为实际发生资产损失和法定资产损失。实际资产损失是指企业在实际处置、转让上述资产过程中发生的合理损失；法定资产损失是指企业虽未实际处置、转让上述资产，但符合《财政部、国家税务总局关于企业资产损失税前扣除政策的通知》（财税〔2009〕57 号）和公告规定条件计算确认的损失，如逾期 3 年以上的应收账款等。企业实际资产损失，应当在其实际发生且会计上已作损失处理的年度申报扣除；法定资产损失，应当在企业向主管税务机关提供证据资料证明该项资产已符合法定资产损失确认条件，且会计上已作损失处理的年度申报扣除。例如，某企业 2×20 年 6 月因洪涝灾害损失资产 30 万元，由于当时未取得相关证据，会计上也没有进行处理，因而不能在 2020 年底进行税前列支，但事实上企业却在 2×20 年 12 月自行计算扣除，没有进行纳税调整。

③报废、毁损固定资产审批期间继续计提折旧。税法规定，房屋、建筑物以外未投入使用的固定资产不得计算折旧扣除，报废、毁损停止使用的固定资产，应当自停止使用月份的次月起停止计算折旧。有的企业在资产报损申请报批期间继续计提折旧，

导致企业内部财产使用部门提出申请损失与最终账务处理损失存在差异，没有进行纳税调整。

表 9-1 企业所得税纳税调整项目明细

行次	项目	账面金额	税收金额	调增金额	调减金额
1	一、收入类调整项目				
2	1. 视同销售收入				
3	2. 接受捐赠收入				
4	3. 不符合税收规定的销售折扣和折让				
5	4. 未按权责发生制原则确认的收入				
6	5. 按权益法核算长期股权投资对初始投资成本调整确认收益				
7	6. 按权益法核算的长期股权投资持有期间的投资损益				
8	7. 非同一控制下的免税改组				
9	8. 同一控制下的应税合并				
10	9. 公允价值变动净收益				
11	10. 确认为递延收益的政府补助				
12	11. 境外应税所得				
13	12. 不允许扣除的境外投资损失				
14	13. 不征税收入				
15	14. 免税收入				
16	15. 减计收入				
17	16. 减、免税项目所得				
18	17. 抵扣应纳税所得额				
19	18. 其他				
20	二、扣除类调整项目				
21	1. 视同销售成本				
22	2. 工资薪金支出				
23	3. 职工福利费支出				
24	4. 职工教育经费支出				
25	5. 工会经费支出				
26	6. 业务招待费支出				
27	7. 广告费和业务宣传费支出				
28	8. 捐赠支出				
29	9. 利息支出				
30	10. 住房公积金				
31	11. 罚金、罚款和被没收财物的损失				

续表

行次	项目	账面金额	税收金额	调增金额	调减金额
32	12. 税收滞纳金				
33	13. 赞助支出				
34	14. 各类基本社会保障性缴款				
35	15. 补充养老保险、补充医疗保险				
36	16. 与为实现融资收益相关在当期确认的财务费用				
37	17. 与取得收入无关的支出				
38	18. 不征税收入用于支出所形成的费用				
39	19. 加计扣除				
40	20. 其他				
41	三、资产类调整项目				
42	1. 财产损失				
43	2. 固定资产折旧				
44	3. 生产性生物资产折旧				
45	4. 长期待摊费用的摊销				
46	5. 无形资产摊销				
47	6. 投资转让、处置所得				
48	7. 其他				
49	四、准备金调整项目				
50	五、房地产企业预售收入计算的预计利润				
51	六、其他				
52	合计				

经办人（签章）：　　　　　　法定代表人（签章）：

10 如何查证企业所得税中的错弊？

企业所得税审查的一般方法如下。

（1）获取或编制应交企业所得税明细表，复核其加计数是否正确，并核对其期末余额与报表数是否相符。

（2）审查应纳税所得额的计算是否正确。注意审查税法规定的缴纳所得税的应税收入项目，以及扣除项目列支是否正确。

（3）审查所得税税率的选用是否正确、合法。

（4）审查减免税是否正确，有无超范围、超期限、超审批权限，任意减免所得税情况，应查阅减免税批准文件，必要时与当地税务机关取得联系，进行询问，以确认减免税是否符合规定。

（5）审查所得税的计算是否正确。

（6）审查所得税的会计处理是否正确。

（7）对所得税上缴情况的审查，是否及时足额缴纳税额，有无长期拖欠所得税款情况。

11 代扣代缴个人所得税中常见的错弊有哪些？

个人所得税是国家对本国公民、居住在本国境内的个人的所得和境外个人来源于本国的所得征收的一种所得税。其征税内容包括：工资、薪金所得；个体工商户的生产、经营所得；对企事业单位的承包经营、承租经营所得；劳务报酬所得；稿酬所得；特许权使用费所得；利息、股息、红利所得；财产租赁所得；财产转让所得；偶然所得；其他所得。

在我国，个人所得税的征收方式实行源泉扣缴与自行申报并用法，注重源泉扣缴。所谓源泉扣缴，是指以所得支付者为扣缴义务人，在每次向纳税人支付有关所得款项时，代为扣缴税款的做法。

代扣代缴个人所得税中常见的错弊如下。

（1）支付职工集资利息时代扣代缴个人所得税不足。

职工集资的方式在我国企业中是普遍存在的，一些企业因资金紧张、银行贷款手续烦琐等，经常以职工集资方式筹措资金发展生产，以解燃眉之急。企业向职工集资形成企业对职工的负债，是一种融资行为，要向职工支付集资利息，而集资利息对于职工个人来说属于个人所得，应按“利息、股息、红利”所得（税率 20%）缴纳个人所得税。有的企业在发放集资利息时未按税法规定扣缴个人所得税，有的不代扣代缴，有的扣缴不足。其中，扣缴不足的主要原因是有的单位认为集资利息类似于银行储蓄存款利息，应按 5% 的税率缴纳。中华人民共和国国务院令第 502 号规定：对储蓄存款利息所得征收个人所得税，减按 5% 的比例税率执行。减征幅度的调整由国务院决定。可见，5% 的比例税率明确适用于储蓄存款，因此对单位支付给个人的集资利息，仍然按照 20% 的比例税率代扣代缴个人所得税。

（2）当月分次发放的工资薪金所得未合并计税造成代扣代缴个人所得税不足。

《国家税务总局关于调整个人取得全年一次性奖金等计算征收个人所得税方法问

题的通知》（国税发〔2005〕9号）第五条明确规定：雇员取得除全年一次性奖金以外的其他各种名目奖金，如半年奖、季度奖、加班奖、先进奖、考勤奖等，一律与当月工资、薪金收入合并，按税法规定缴纳个人所得税。由于单次发放的规模相对较小，适用的税率较低或达不到起征点，很多单位通过化整为零，或是不将各种形式的收入所得合并，从而造成个人所得税代扣代缴不足。

需要注意的是，根据《关于个人所得税法修改后有关优惠政策衔接问题的通知》（财税〔2018〕164号）的规定：居民个人取得全年一次性奖金，符合《国家税务总局关于调整个人取得全年一次性奖金等计算征收个人所得税方法问题的通知》（国税发〔2005〕9号）规定的，在2021年12月31日前，不并入当年综合所得，以全年一次性奖金收入除以12个月得到的数额，按照本通知所附按月换算后的综合所得税率表（以下简称月度税率表），确定适用税率和速算扣除数，单独计算纳税，计算公式如下。

应纳税额 = 全年一次性奖金收入 × 适用税率 − 速算扣除数

居民个人取得全年一次性奖金，也可以选择并入当年综合所得计算纳税。自2022年1月1日起，居民个人取得全年一次性奖金，应并入当年综合所得计算缴纳个人所得税。

（3）企业和单位为职工购买的商业保险未扣缴个人所得税。

当前，很多企业把为职工购买商业保险作为一种福利支付形式，但很多单位未代扣代缴个人所得税。国税函〔2005〕318号文件规定：对企业为员工支付各项免税之外的保险金，应在企业向保险公司缴付时（即该保险落到被保险人的保险账户）并入员工当期的工资收入，按工资薪金所得项目计征个人所得税，税款由企业负责代扣代缴。可见，企业为职工购买的商业保险仍是为职工个人支付的，因此应分解并合并到每个员工当月的工资薪金所得征税。

（4）企业和单位向个人发放公务交通、通信等补贴未纳入扣缴个人所得税的范围。

向职工发放公务交通、通信等补贴是一种很普遍的做法，实际上已成为很多单位为职工支付福利的一种形式，在实际工作中，不少单位未将其纳入个人所得税的扣缴范围。依据《国家税务总局关于企业工资薪金和职工福利费等支出税前扣除问题的公告》（国家税务总局公告2015年第34号）规定：列入企业员工工资薪金制度、固定与工资薪金一起发放的福利性补贴，符合《国家税务总局关于企业工资薪金及职工福利费扣除问题的通知》（国税函〔2009〕3号）第一条“关于合理工资薪金问题”规定的，可作为企业发生的工资薪金支出，按规定在税前扣除。不能同时符合上述条件的福利性补贴，应按国税函〔2009〕3号文件第三条规定的职工福利费，按规定计算限额税前扣除。因此，列入企业员工工资薪金制度、随同工资薪金一并发放的交通补贴，可作为工资薪金支出，据实在税前扣除，这种发放方式不需要发票。对凭票报销的交通费补贴，通信费补贴等，应当并入职工福利费用，计算限额税前扣除。

（5）企业和单位为职工提供的免费旅游未纳入扣缴个人所得税的范围。

为职工提供的旅游补贴或直接组织免费旅游、公费旅游是一种常见的做法，实质也是为个人支付的一种福利或奖励，属于个人所得。但在实际工作中，很多单位未将其纳入个人所得税的扣缴范围。财税〔2004〕11 号文件规定：企业和单位对营销业绩突出人员以培训班、研讨会、工作考察等名义组织旅游活动，通过免收差旅费、旅游费对个人实行的营销业绩奖励（包括实物、有价证券等），应根据所发生费用全额计入营销人员应税所得，依法征收个人所得税，并由提供上述费用的企业和单位代扣代缴。其中，对企业雇员享受的此类奖励，应与当期的工资薪金合并，按照“工资、薪金所得”项目征收个人所得税；对其他人员享受的此类奖励，应作为当期的劳务收入，按照“劳务报酬所得”项目征收个人所得税。

（6）企业和单位通过多提工会经费、职工福利费等办法以达到漏缴个人所得税的目的。

很多单位为了增加个人收入而不缴纳个人所得税，将要发放给个人的收入计提到工会经费之中，但并没有真正用到工会活动中去：一部分以现金的形式发给个人，一部分以实物的形式发给个人；还有的单位通过多提职工福利费或通过管理费用等向个人发放过节费、职工医疗补助费、员工住房补贴，未按税法规定记入“工资、薪金所得”项目，扣缴个人所得税。

（7）以报销发票费用的形式变相发放职工的薪酬来达到避税的目的。

不少单位以办公费、路桥费、住宿费等名义和以各种渠道取得的发票入账，套取现金用于发放补贴而不缴个人所得税；一些实行绩效薪酬考核的单位以报销发票费用的形式让职工套取部分绩效工资，以达到降低个人所得税税率并少缴税的双重目的。

12 如何查证代扣代缴个人所得税中的错弊？

个人所得税审查的一般方法如下。

（1）获取或编制应交个人所得税明细表，复核其加计数是否正确，并核对其期末余额与报表数是否相符。

（2）审查“应付职工薪酬”“应交税费——应交个人所得税”等明细账，审查职工薪酬发放单，核实职工的月工资、薪金收入，对达到征税标准的，审查扣缴义务人是否按规定履行代扣税款义务。

（3）审查“生产成本”“管理费用”“销售费用”等明细账，审查企业是否有支付给临时外聘的技术人员的业务指导费、鉴定费，是否有列支的邀请专家的授课培训费、评审费等，是否按规定履行代扣税款义务。

（4）审查“利润分配——应付股利”“财务费用”等账户，核实对支付给个人的股息、红利、利息是否全额计算扣缴税款。在对金融机构检查时，检查支付给个人的储蓄存款利息是否按规定履行代扣代缴税款义务，是否及时解缴代扣税款。

（5）审查直接在各成本、费用账户中列支或通过其他渠道间接支付给员工的各种现金、实物和有价证券等薪酬，是否按规定全部合并到工资、薪金中一并计算应扣缴的税款。

（6）审查企业“应交税费——应交个人所得税”明细账户、员工薪酬收入明细表和《个人所得税扣缴情况报告表》及完税凭证或缴款书，查看账表数额是否相符，代扣税款是否正确、完整，是否按规定期限解缴税款。

第10章

经济责任审计专题

经济责任审计是指由独立的审计机构和审计人员依据党和国家的方针、政策，财经法令、法规、制度以及计划、预算、经济合同等，对经济责任关系主体经济责任的履行情况进行监督、审查、评价和证明的一种审计方式。

01 什么是经济责任审计？如何理解“经济责任”？

按照中国共产党中央委员会办公厅、国务院办公厅2019年7月发布的《党政主要领导干部和国有企事业单位主要领导人员经济责任审计规定》（2019）45号文件的规定，经济责任是指领导干部在任职期间，对其管辖范围内贯彻执行党和国家经济方针政策、决策部署，推动经济和社会事业发展，管理公共资金、国有资产、国有资源，防控重大经济风险等有关经济活动应当履行的职责。可以从以下几个方面把握经济责任的含义。

第一，该责任是一种职责或义务。 经济责任的真正含义应当是当事人在特定的社会生活中所负有的特定的职责或义务， 而不是当事人的行为应当承担的特定后果。

第二，该责任是与职务有关的职责或义务。在社会生活中，当事人应当承担或履行的职责或义务有多种，而经济责任审计中的经济责任是基于当事人担任特定的职务而应当承担或履行的法定或约定的职责或义务，与职务无关的其他责任或义务不在该责任的范畴之中。

第三，该责任是与经济有关的职责或义务。基于当事人特定的职务而产生的职责或义务同样很多， 包括与经济有关的职责或义务和与经济无关的职责或义务（如政治上的职责或义务等）， 经济责任审计中经济责任所包含的是当事人与经济有关的职责或义务。

第四，该责任是当事人应当承担或履行的职责或义务。从一个单位来讲， 由于法定或约定的职务分工不同， 每个人应当承担或履行的职责或义务都不同， 而经济责任审计是针对特定的被审计人进行的， 被审计人的经济责任应当是其应当承担或履行的法定或约定职责或义务。 经济责任审计只评价被审计人的责任， 而对其他人的责任一般不做具体评价。

经济责任审计是中国特色社会主义审计制度的重要组成部分，是强化干部管理监督、规范权力运行的重要措施。各级审计机关要充分认识经济责任审计的政治属性和政治功能，紧扣领导干部经济责任，以公共资金、国有资产、国有资源的管理、分配和使用为基础，恪守审计权力边界，既不能越位，也不能缺位。根据领导干部职责要求，围绕应该干什么、干了什么、干得怎么样等，找准审计切入点和着力点，突出党和国家经济方针政策贯彻落实情况，突出经济社会发展中各类风险防范化解情况，突出重点民生资金使用和项目建设情况。要严格审计质量控制，规范审计程序，依法依规作出审计评价，敢于和善于揭示问题，更好地发挥经济责任的审计作用。

02 经济责任审计的法律依据是什么？

经济责任审计必须依法进行。经济责任审计的法律依据如下。

（1）有关法律，即全国人民代表大会及其常委会制定颁布的与经济责任审计有关的法律，如《中华人民共和国审计法》《中华人民共和国会计法》《中华人民共和国行政处罚法》《中华人民共和国刑法》等有关法律。

（2）中国共产党中央委员会办公厅和国务院办公厅制定的《党政主要领导干部和国有企事业单位主要领导人员经济责任审计规定》（2019）和中审办发〔2021〕5 号《中央审计委员会办公室、审计署关于进一步规范经济责任审计工作有关事项的通知》。

（3）有关行政法规，即国务院制定、颁布的与经济责任审计有关的行政法规，如《国务院关于违反财政法规行为处罚的暂行规定》等。

（4）地方性法规，即省、自治区、直辖市、计划单列市和较大的市的人民代表大会及其常委会制定的地方性法规。

（5）部门规章，即国务院各部门制定、颁布的部门规章，如《审计机关审计报告准则》《审计机关审计人员职业道德准则》等。

（6）党委和政府的其他有关规定，如 ×× 省委办公厅、×× 省人民政府办公厅印发的《×× 省省管领导干部任期经济责任审计实施方法（试行）》等。

（7）有关部门制定的其他有关规定，如中国共产党中央委员会组织部制定的《党政领导干部选拔任用工作条例》、审计署制定的有关经济责任审计的文件和规范等。

同时，关于部门、单位内部管理的领导干部，部门、单位关于经济责任审计的内部规定也是有效的审计依据。

03 哪些领导干部应当接受经济责任审计？

依据中国共产党中央委员会办公厅和国务院办公厅制定的《党政主要领导干部和国有企事业单位主要领导人员经济责任审计规定》（2019）第四条规定，领导干部经济责任审计对象包括。

（1）地方各级党委、政府、纪检监察机关、法院、检察院的正职领导干部或者主持工作 1 年以上的副职领导干部。

（2）中央和地方各级党政工作部门、事业单位和人民团体等单位的正职领导干部或者主持工作 1 年以上的副职领导干部。

（3）国有和国有资本占控股地位或者主导地位的企业（含金融机构，以下统称国有企业）的法定代表人或者不担任法定代表人但实际行使相应职权的主要领导人员；

（4）上级领导干部兼任下级单位正职领导职务且不实际履行经济责任时，实际分管日常工作的副职领导干部。

（5）党中央和县级以上地方党委要求进行经济责任审计的其他主要领导干部。

04 领导干部应当负有哪些直接责任和领导责任？

按照中国共产党中央委员会办公厅、国务院办公厅 2019 年 7 月发布的《党政主要领导干部和国有企事业单位主要领导人员经济责任审计规定》（2019）45 号文件的规定，领导干部应负的经济责任分为直接责任和领导责任。

直接责任是指领导干部对其任职期间的下列行为应当负有的责任。

（1）直接违反有关党内法规、法律法规、政策规定的。

（2）授意、指使、强令、纵容、包庇下属人员违反有关党内法规、法律法规、政策规定的。

（3）贯彻党和国家经济方针政策、决策部署不坚决不全面不到位，造成公共资金、国有资产、国有资源损失浪费，生态环境破坏，公共利益损害等后果的。

（4）未完成有关法律法规规章、政策措施、目标责任书等规定的领导干部作为第一责任人（负总责）事项，造成公共资金、国有资产、国有资源损失浪费，生态环境破坏，公共利益损害等后果的。

（5）未经民主决策程序或者民主决策时在多数人不同意的情况下，直接决定、批准、组织实施重大经济事项，造成公共资金、国有资产、国有资源损失浪费，生态环境破坏，公共利益损害等后果的。

（6）不履行或者不正确履行职责，对造成的后果起决定性作用的其他行为。领导干部直接违反国家财经法规的行为，是指领导干部自己实施或者参与实施的与其担任领导干部的特定职务有关联的违反国家财经法规的行为。

“授意下属人员违反国家财经法规的行为”是指领导干部通过使其下属人员或其他有关人员了解其对某一情况或行为的主观意志或者意愿来阻碍其下属人员或其他有关人员的具体行为，借以实现事实上违反国家法规行为的意志或意愿的做法。

“指使下属人员违反国家财经法规的行为”是指领导干部指挥或者唆使其下属人员实施违反国家财经法规行为的行为。

“强令下属人员违反国家财经法规的行为”是指领导干部命令其下属人员实施违反国家财经法规的行为，当该下属人员提出异议或者遭到下属人员的拒绝时，该领导干部利用其职权强迫其下属必须执行其命令的行为。

“纵容下属人员违反国家财经法规的行为”是指领导干部明知其下属人员实施了或者正在实施违反国家财经法规的行为，而按照其所负职责该领导干部应当予以禁止或对此行为做出处理、处罚而不予禁止或不做处理、处罚的放任、放纵甚至鼓舞的行为。

“包庇下属人员违反国家财经法规的行为”是指领导干部协助违反国家财经法规的下属人员躲避法律的追究，甚至爱护该下属人员使其免于承担因违反国家财经法规而承担相应责任的行为。

领导责任是指尽管领导干部按所在单位管理的内部分工没有直接管理有关部门或事项，但由于该单位的所有行为都在其职责范畴内，进而应负有的有关经济责任。领导干部对履行经济责任过程中的下列行为应当承担领导责任。

（1）民主决策时，在多数人同意的情况下，决定、批准、组织实施重大经济事项，由于决策不当或者决策失误造成公共资金、国有资产、国有资源损失浪费，生态环境破坏，公共利益损害等后果的。

（2）违反部门、单位内部管理规定造成公共资金、国有资产、国有资源损失浪费，生态环境破坏，公共利益损害等后果的。

（3）参与相关决策和工作时，没有发表明确的反对意见，相关决策和工作违反有关党内法规、法律法规、政策规定，或者造成公共资金、国有资产、国有资源损失浪费，生态环境破坏，公共利益损害等后果的。

（4）疏于监管，未及时发现和处理所管辖范围内本级或者下一级地区（部门、单位）违反有关党内法规、法律法规、政策规定的问题，造成公共资金、国有资产、国有资源损失浪费，生态环境破坏，公共利益损害等后果的。

（5）除直接责任外，不履行或者不正确履行职责，对造成的后果应当承担责任的其他行为。

05 经济责任审计工作的指导原则是什么？

“主动稳妥、量力而行、提升质量、防范风险”是经济责任审计工作应当遵循的基本工作原则。

“主动稳妥”是对待经济责任审计工作的基本态度，是推进经济责任审计工作的总体战略。开展经济责任审计是新形势下中国共产党中央委员会、中华人民共和国国务院（以下简称“国务院”）给予审计机关和各级审计部门的重要职责，是加强干部管理和监督、促进党风廉政建设、推进依法行政的重要措施。这不仅是一项业务工作，也是一项政治任务。审计部门必须把经济责任审计工作置于从严治党、推进依法治国的大局之中，从实践“三个代表”重要思想、依法履行审计监督职责的高度，充分认识开展经济责任审计的重大意义，增强责任感和紧迫感，主动探究，勇于实践，切实把主力军的作用发挥好；同时也要保持清醒的头脑，全面、正确地认识经济责任审计工作的地位和作用，从实际动身，扎实工作，用切实、有效的审计成果来体现审计机关不可替代的职能作用。

经济责任审计应当有计划地进行，根据干部管理监督需要和审计资源等实际情况，对审计对象实行分类管理，科学制定经济责任审计中长期规划和年度审计项目计划，推进领导干部履行经济责任情况审计全覆盖。

主动与稳妥是辩证统一的关系。片面强调主动的一面，头脑发热，急于求成，一哄而上，甚至越权越位、大包大揽，或者片面强调稳妥的一面，履行职责不到位，不主动开展工作，消极等待，被动应对，甚至敷衍塞责，都不是科学的态度。

“量力而行”是进行工作部署和安排的基本思路，可以从以下三个方面来认识。

第一，量力而行是由经济责任审计本身的局限性决定的。审计部门的权限和审计手段是有限的，同时经济责任又只是领导干部责任的一个方面。在经济责任审计中，审计部门只能在职权范畴内，在审计手段所能触及的领域内，对领导干部的经济责任履行情形进行审查、界定。

第二，量力而行是合理配置审计资源的要求。当前审计任务重与审计力量不足的矛盾十分突出，运用有限的审计资源去完成繁重的审计工作任务，这一局面在今后相当长的时期内还会存在。要缓解这一矛盾，关键在于合理运用现有资源。这就要求在准确估计审计资源状况的基础上量力而行，科学地配置审计资源，让有限的资源发挥出最大的效益。否则，超出审计资源的承担能力，硬着头皮干，其结果只能是疲于应对，并以牺牲审计质量为代价。

第三，量力而行是指在经济责任审计工作中要突出重点。把有限的审计资源用到“刀刃”上，通过在重点领域、重点项目上集中运用一定的审计资源，来提升审计质量，求得实效。贯彻“量力而行”的原则，要求各级审计机关在工作中要从本地区、本部门的实际动身，准确把握审计对象和审计资源的情形，加大与干部管理部门的和谐沟通，合理确定经济责任审计的重点项目和重点内容。

“提升质量”是对经济责任审计工作的核心要求。审计质量是审计工作的生命线，提升质量是爱护经济责任审计制度生命力的需要。经济责任审计能否真正在干部管理监督中发挥出制度约束作用，这项制度能否保持长久、旺盛的生命力，在相当大的程度上取决于审计质量。审计成果能否得到充分运用，直接取决于审计成果本身的质量如何、是否可用、可用程度有多高。因此，在经济责任审计中必须把提升质量的要求贯穿于审计工作全过程。

“防范风险”是保证经济责任审计制度健康进展的关键所在。真实、准确地反映领导干部履行经济责任的情形，对干部作出实事求是、客观公平的评价，为干部管理和监督部门考核使用干部提供可靠依据，是经济责任审计的基本目标。经济责任审计的政策性强，涉及面广。与常规的财政财务收支审计相比，经济责任审计所处的审计环境更专业、更复杂，审计风险因素更多。如果对被审计领导干部履行经济责任情形判定失误，发表与真实情形不符或评价不当的审计意见，就可能直接阻碍对领导干部的正确使用。经济责任审计的风险不仅仅是审计部门自身的风险，由于审计意见不当还会引发用人风险，并由此给一个部门或单位的发展造成不应有的损失，给党的事业造成损失。只有树立强烈的风险意识，努力防范和减少经济责任审计的风险，才能使这项工作真正成为干部管理和监督工作中一个必不可少的环节，起到既设“关”又设“防”的作用，经济责任审计制度才能真正树立权威，取得连续深入的进展。防范风险，第一要完善审计规范。审计部门应当充分发挥自身主观能动性，在深入探究的基础上，及时总结经济责任审计计划管理、审计范畴、审计方法、审计程序、审计评价、审计结果运用、审计文书格式等方面好的成熟的做法，将这些做法以审计规范的形式确立下来，注重用典型引路。防范风险，还要切实把好审计评价关。审计评价应该要紧紧围绕审计内容进行，坚持审什么评价什么，超出经济责任审计范畴的事项、未经审计的事项、未经查实的问题不做评价。确需在审计报告中引用的数据、资料，要写明该数据、资料来源，表明不是审计核实的结果。审计评价要做到客观公平，对被审计的干部作出相对比较全面的评价要着重回答好几个主要问题，包括干部所在单位的财务收支是否真实、合法，是否存在个人违反决策程序造成损失浪费的问题，领导干部个人是否有经济问题等，同时要把领导责任和直接责任、决策责任和执行责任、集体责任和个人责任、前任责任和现任责任等区分清晰。

“主动稳妥、量力而行、提升质量、防范风险”是一个相互联系的有机整体，不能把它们孤立起来看待，只强调其中一点而忽视其他方面。主动稳妥是总的要求，量力而行、提升质量、防范风险是这一总要求的具体体现。量力而行是工作方法，也是提升质量、防范风险的前提；提升质量、防范风险是量力而行的落脚点。提升质量与防范风险相辅相成，质量越高，风险越小。提升质量是防范风险的重要一环，防范风险要在提升质量上下功夫。消极地防范风险，缩手缩脚，无所作为，审计质量也难以保证，不仅防范不了风险，反过来还会加大风险。

06 经济责任审计工作联席会议的职责是什么？

经济责任审计工作联席会议（或经济责任审计工作领导小组）一般由纪检监察机关和组织、机构编制、审计、财政、人力资源社会保障、国有资产监督管理、金融监督管理等部门组成。召集人由审计委员会办公室主任担任。联席会议在同级审计委员会的领导下开展工作。联席会议下设办公室，与同级审计机关内设的经济责任审计机构合署办公。办公室主任由同级审计机关的副职领导或者相当职务层次领导担任。为了统一组织、分工协作、各司其职，建立经济责任审计联席会议的地方或单位均制定了经济责任审计联席会议的职责或工作制度。联席会议的主要职责一般如下：

（1）研究拟订有关经济责任审计的制度文件。

（2）监督检查经济责任审计工作情况。

（3）协调解决经济责任审计工作中出现的问题。

（4）推进经济责任审计结果运用。

（5）指导下级联席会议的工作。

（6）指导和监督部门、单位内部管理领导干部经济责任审计工作。

（7）完成审计委员会交办的其他工作。

参加联席会议的各部门按照各自职责有所侧重。审计部门主要负责组织实施经济责任审计和对审计查出的被审计领导干部所在单位和其他有关单位违反财经法纪行为依法进行处理、处罚；纪检、监察部门主要负责对审计发现的领导干部违反党纪、政纪等问题进行处理；组织、机构编制、人力资源社会保障、国有资产监督管理、金融监督管理等部门主要负责确定经济责任审计计划并正确、有效地使用审计结果。

07 经济责任审计中纪检、监察部门的主要职责是什么？

在经济责任审计工作中，纪检、监察部门的主要职责如下。

（1）指导、检查所辖地区经济责任审计工作的开展情形。

（2）按照干部监督工作的需要，会同组织、机构编制、人力资源保障、财政、审计、国有资产监督管理、金融监督管理等有关部门，对组织部门提出领导干部年度审计建议名单进行商讨，提出下一年度经济责任审计项目计划建议。

（3）向审计部门通报被审计单位及其领导干部的有关情形。

（4）组织、协调经济责任审计工作，协调解决审计工作中遇到的困难和问题，必要时参与审计实施工作。

（5）依法对审计部门移交的因审计手段限制而难以查清的问题疑点进行检查；对审计查出的严重违法违纪案件线索立案查处；对审计查明的严重违反财经法规以及严重阻碍、拒绝审计的有关责任人员，按照有关规定进行处理，并向联席会议通报查处情形。

（6）将审计结果归入领导干部廉政档案，作为干部遵守廉政规定情形的重要内容。

（7）对下级纪检、监察部门参与经济责任审计工作情形进行监督、检查、指导，并进行情形汇总。

08 经济责任审计中干部管理部门的主要职责是什么？

在经济责任审计工作中，干部管理部门的主要职责如下。

（1）指导、检查所辖地区经济责任审计工作的开展情形。

（2）按照干部管理、监督工作的需要和审计委员会的意见，提出领导干部年度审计建议名单；与纪检、监察、审计部门等部门协商后，于年底前提出下一年度经济责任审计项目计划建议，上报审计委员会审计决定。遇特殊情形，可于年中会同有关部门提出增加审计对象报告。

（3）负责托付审计机关具体实施经济责任审计工作，向审计机关出具经济责任审计托付书。

（4）向审计部门通报被审计单位及其领导干部的有关情形。

（5）组织、协调经济责任审计工作，协调解决审计工作中遇到的困难和问题。

（6）按照需要，对审计查明的严重违反财经法规以及严重阻碍、拒绝审计的有关责任人员，按照有关规定采取必要的组织措施。

（7）将涉及领导干部个人经济责任的有关审计结果归入领导干部档案，作为干部谈话的一项重要内容。在领导干部职务任免、升降和奖惩工作中，充分使用审计结果，并向联席会议通报审计结果运用情形。

（8）对下级组织、人事部门利用审计部门审计结果的情形进行监督、检查、指导，并进行情形汇总。

干部管理部门包括党委组织部门和行政机关的人事干部部门。

09 经济责任审计中审计部门的主要职责是什么？

在经济责任审计工作中，审计部门的主要职责如下。

（1）指导、检查所辖地区经济责任审计工作的开展情形。

（2）将审计委员会批准的年度经济责任审计计划所涉及的审计对象列入年度审计项目计划。

（3）同意托付部门的经济责任审计托付，依法实施经济责任审计。对审计查出的被审计领导干部所在单位和其他有关单位违反财经法纪行为依法进行处理、处罚。

（4）对审计中发觉的严重违法违纪案件线索，移交纪检、监察部门或检察院立案查处；对严重违反财经法规以及严重阻碍、拒绝审计的有关责任人员，移交纪检、监察、组织、人事部门进行处理；对因审计手段限制而难以查清的问题疑点，移交纪检、监察部门进行检查。

（5）组织、协调经济责任审计工作，协调解决审计工作中遇到的困难和问题。

（6）向派出审计组的审计委员会办公室、审计机关提交审计报告。

（7）制定经济责任审计的有关规章制度。

（8）对下级审计机关开展经济责任审计情形进行监督、检查、指导，并进行情形汇总。

（9）对经济责任审计人员进行业务培训，对内部审计机构和社会审计组织承办的经济责任审计事项进行质量监督。

（10）向经济责任审计工作联席会议通报审计情形，负责经济责任审计工作联席会议办公室日常工作。

10 在审计工作中如何处理好经济责任审计与财务收支审计的关系？

依据中国共产党中央委员会办公厅和国务院办公厅制定的《党政主要领导干部和国有企事业单位主要领导人员经济责任审计规定》（2019）第十六条，经济责任审计应当以领导干部任职期间公共资金、国有资产、国有资源的管理、分配和使用为基础，以领导干部权力运行和责任落实情况为重点，充分考虑领导干部管理监督需要、履职特点和审计资源等因素，依规依法确定审计内容。

可见，经济责任审计无论从审计内容还是审计重点上，较之财务收支审计都有较大的深化、提升和拓展。在审计实践中，针对经济责任审计任务集中与审计力量不足的矛盾，同时为了避免重复审计、提升工作效率，经济责任审计要与财务收支审计有机结合。

（1）在计划安排上要通盘考虑，把经济责任审计计划与财务收支审计计划结合起来，避免重复审计。

（2）在制定财务收支审计方案时要充分考虑经济责任审计的要求，注意把涉及经济责任审计方面的内容收集存档，以备经济责任审计时查阅运用；实施经济责任审计也要充分运用往常年度的财务收支审计成果；经济责任审计还能够与财务收支审计一次进点，同时进行，审计终止后分别写出两个审计报告；在实施经济责任审计过程中要以财政财务收支审计为基础，对党政领导干部的经济责任审计是通过对其所在部门、单位财务收支的真实、合法、效益情形的审计，分清领导干部本人应承担的主管责任和直接责任。对企业领导人的经济责任审计是通过对其所在企业的资产、负债、损益的真实性、合法性和效益性的审计，分清领导人员对有关经济活动应当负有的主管责任和直接责任。在此基础上关注党政领导干部和企业领导人员的决策行为和成效以及遵守有关廉政规定的情形。

（3）财政财务收支审计是《中华人民共和国审计法》给予审计机关的职责，也是审计机关长期开展的一项审计工作。把财政财务收支审计成果转化为经济责任审计成果是节约审计资源、提升审计效率的重要方面。在财政财务收支审计时要考虑到经济责任审计的要求，为经济责任审计积存资料，做好预备。

11 审计机构实施经济责任审计的基本程序是什么？

审计机构组织实施经济责任审计的基本程序主要包括以下几个过程。

（1）编制经济责任审计工作方案。审计机构在同意经济责任审计托付后，应当按照经济责任审计的具体要求编制审计工作方案，对审计的组织方式、分工、协作、汇总、处理等事项做出规定，提出要求。应当注意将经济责任审计与财务收支审计、专项资金审计等相结合，利用审计机关、内部审计机构、社会审计组织的审计成果，以提升审计效率。同时考虑是否利用社会审计的力量。

（2）进行审前调查。审计机构在编制审计实施方案前，应当进行审前调查，调查了解被审计单位和被审计领导干部的基本情形。审计机构一方面要对被审计领导干部所在单位及重要有关单位进行审前调查；另一方面要向纪检、监察、组织部门等有关单位进行审前调查。如此，能够深入了解被审计领导干部所在单位和被审计领导干部的有关情形。

（3）编制经济责任审计实施方案。审计机构应当按照托付部门的要求、审计工作方案的要求和审前调查的结果编制审计实施方案。审计机构编制的经济责任审计实施方案应当切实可行。

（4）送达审计通知书。审计机构应当按照审计工作规定，向被审计领导干部及其所在单位或者原任职单位送达审计通知书，抄送同级纪检监察机关、组织部门等有关单位。地方审计机关主要领导干部的经济责任审计通知书，由上一级审计机关送达。

（5）实施经济责任审计。经济责任审计如果采取现场审计的方式进行，一般应召开审计进点会。审计进点会通常由组织、纪检、监察、审计部门联合召开，由被审计领导干部所在单位的有关人员参加。

经济责任审计过程中，应当听取被审计领导干部所在单位领导班子成员的意见。对地方党委和政府主要领导干部的审计，还应当听取同级人大常委会、政协主要负责同志的意见。审计委员会办公室、审计机关应当听取联席会议有关成员单位的意见，及时了解与被审计领导干部履行经济责任有关的考察考核、群众反映、巡视巡察反馈、组织约谈、函询调查、案件查处结果等情况。

（6）审计组提交审计报告。审计组实施审计后，应当向派出审计组的审计委员会办公室、审计机关提交审计报告。审计报告一般包括被审计领导干部任职期间履行经济责任情况的总体评价、主要业绩、审计发现的主要问题和责任认定、审计建议等内容。

（7）审计机关征求审计意见。 审计委员会办公室、审计机关应当书面征求被审计领导干部及其所在单位对审计组审计报告的意见。被审计领导干部及其所在单位应当自收到审计组审计报告之日起 10 个工作日内提出书面意见；10 个工作日内未提出书面意见的，视同无异议。审计组应当针对被审计领导干部及其所在单位提出的书面意见，进一步研究和核实，对审计报告作出必要的修改，连同被审计领导干部及其所在单位的书面意见一并报送审计委员会办公室、审计机关。

（8）审计机关审定并出具审计报告。 审计委员会办公室、审计机关按照规定程序对审计组审计报告进行审定，出具经济责任审计报告；同时出具经济责任审计结果报告，在经济责任审计报告的基础上，简要反映审计结果。经济责任审计报告、经济责任审计结果报告等审计结论性文书按照规定程序报同级审计委员会，按照干部管理权限送组织部门。根据工作需要，送纪检监察机关等联席会议其他成员单位、有关主管部门。

12 什么是经济责任审计的回避制度？

回避制度是为了避免国家机关工作人员以权谋私、违法行政，保证行政行为的客观公平性而设定的一项法律制度，有关行政法律都作出了专门的制度性规定。《中华人民共和国审计法》及实施条例和《中华人民共和国国家审计准则》（2010）等对审计机关和审计人员在审计工作中应当遵守的回避制度也作出了专门的规定。具体地讲，审计人员办理审计事项，遇下列情形之一的，应当自行回避。

（1）与被审计单位负责人和有关主管人员之间有夫妻关系、直系血亲关系、三代以内旁系血亲以及近姻亲关系的。

（2）与被审计单位或者审计事项有经济利益关系的。

（3）与被审计单位或者审计事项有其他利害关系，可能阻碍公平执行公务的。

审计人员的回避能够通过以下方式提出。

一是审计人员认为自己应当回避的，能够由审计人员自己提出，即审计人员自行回避。

二是由审计机构作出，当审计机构认为审计人员在实施经济责任审计时应当回避，即可作出有关审计人员实行回避的决定。

三是被审计的领导干部或被审计领导干部所在单位及其他具有利害关系的单位或个人如果认为审计人员符合回避的法定条件应当回避的，有权依法申请审计机构要求有关审计人员回避。

13 领导干部经济责任审计计划是如何确定的?

制定切实可行的经济责任审计计划是保证经济责任审计顺利进行和保证审计质量的基础和前提。

经济责任审计工作计划应集中管理、统一安排，并在保证审计质量的前提下，有重点地选择确定。年度经济责任审计项目计划的制订程序如下。

（1）审计委员会办公室商同级组织部门提出审计计划安排，组织部门提出领导干部年度审计建议名单。

（2）审计委员会办公室征求同级纪检监察机关等有关单位意见后，纳入审计机关年度审计项目计划。

（3）审计委员会办公室提交同级审计委员会审议决定。对属于有关主管部门管理的领导干部进行审计的，审计委员会办公室商有关主管部门提出年度审计建议名单，纳入审计机关年度审计项目计划，提交审计委员会审议决定。

14 审计机构应当如何进行审前调查?

审计机构在编制经济责任审计实施方案前，应当进行审前调查，了解被审计单位和被审计的领导干部的有关情形。

（1）审计机构应当到被审计单位进行审前调查。审计机构能够要求被审计单位和被审计的领导干部提供下列资料。

①机构设置、人员编制和被审计单位的其他有关情形。

②职责范畴或者业务经营范畴。

③内部审计机构和社会审计机构出具的审计报告。

④财务会计机构及其工作情形。

⑤有关的内部控制及其执行情形。

⑥ 有关的重要会议记录和有关的文件。

⑦与审计工作有关的电子数据、数据结构文档。

⑧ 其他需要了解的情形。

（2）审计机构应当与干部管理部门沟通，进行审前调查，听取干部管理部门的意见，了解被审计的领导干部的有关情形。干部管理部门应将所把握的被审计领导干部的基本情形、有关违法违纪情形、有关群众举报情形和其他应当关注的重要问题及时通报审计机构。

（3）审计机构应当到纪检、监察部门进行审前调查，了解纪检、监察部门所把握的被审计领导干部有关违法违纪问题的线索、有关群众举报情形和其他应当关注的重要问题，并听取纪检、监察部门的意见和建议。

（4）审计机构在必要时也可以到其他有关单位，或者与有关人员进行审前调查。

（5）审计机构在进行审前调查时，还应该同时收集、了解与审计事项有关的法律、法规、规章、政策和其他文件资料。对曾经审计过的单位，应当注意查阅了解过去审计的情形，利用原有的审计档案资料。审计机构进行审前调查必须依法进行。审计机构在进行审前调查时，被审计的领导干部和其他有关人员、被审计的领导干部所在单位和其他有关单位有义务进行配合，如实提供有关情形。

15 经济责任审计实施方案包括哪些内容?

审计机构应在审前调查的基础上制订切实可行的审计实施方案。审计机构在编制审计实施方案时，应当按照重要性和慎重性原则在评估审计风险的基础上，围绕审计目标确定审计的范畴、内容、步骤和方法。审计方案应明确审计目标、审计范畴、审计重点、审计要求、审计组织、审计方式、延伸审计单位、其他审计事项等。审计实施方案的主要内容如下。

（1）编制的依据。

（2）被审计单位的名称和基本情形。

（3）审计目标。

（4）审计的范畴、内容和重点。

（5）审计要求。

（6）审计组织。

（7）审计方式。

（8）延伸审计单位。

（9）预定的审计工作起止日期。

（10）审计组组长、审计组成员及其分工。

（11）编制的日期。

（12）其他有关内容。

重大审计项目的审计方案应征求托付部门的意见，并报请主要领导同意。审计组在实施审计时，应当对被审计单位有关内部控制进行测试、分析和评价，进一步确定审计重点、步骤和方法，必要时应该调整审计实施方案。审计组在实施审计过程中，如果发觉审计实施方案中有不符合实际需要的内容时，应该根据具体情形按照规定进行修改和补充。审计组调整审计实施方案时，应当向审计组所在部门负责人讲明调整理由，提出调整建议，一般事项报经审计组所在部门负责人批准后实施，重要事项报经审计机构领导批准后实施。

16 被审计的领导干部应当向审计组提供哪些材料?

审计机构在进行审前调查或者实施经济责任审计时，有权对被审计领导干部进行调查。被审计领导干部应当如实提供有关材料。依据中国共产党中央委员会办公厅和国务院办公厅制定的《党政主要领导干部和国有企事业单位主要领导人员经济责任审计规定》（2019）第二十六条，被审计领导干部及其所在单位，以及其他有关单位应当及时、准确、完整地提供与被审计领导干部履行经济责任有关的下列资料。

（1）被审计领导干部经济责任履行情况报告。

（2）工作计划、工作总结、工作报告、会议记录、会议纪要、决议决定、请示、批示、目标责任书、经济合同、考核检查结果、业务档案、机构编制、规章制度、以往审计发现问题整改情况等资料。

（3）财政收支、财务收支相关资料。

（4）与履行职责相关的电子数据和必要的技术文档。

（5）审计所需的其他资料。

17 审计机构在实施经济责任审计过程中应该采取哪些方法收集了解有关情形?

审计机构实施经济责任审计有权按照《中华人民共和国审计法》给予的权限收集了解有关情形，有关单位和人员有义务予以配合。审计人员在实施经济责任审计时，通常运用以下方法取得证明材料。

（1）审查会计凭证、会计账簿和会计报表。

（2）查阅与审计事项有关的文件、资料。

（3）检查现金、实物和有价证券。

（4）向有关单位和个人进行调查。

（5）其他常用的调查取证方法。

在经济责任审计中，审计人员还可以运用以下审计方法收集了解有关情形。

（1）查阅党委、政府及有关部门与审计事项有关的文件、会议记录、纪要、函件、通知等有关资料，以把握有关领导干部的有关材料。

（2）分别对副职、中层领导、职工代表及有关人员进行个别谈话、咨询，广泛听取他们对被审计领导干部的反映和评价。

（3）召开基层干部职工座谈会，倾听他们对被审计领导干部的评价，并了解有关情形。

（4）对领导干部进行民主测评，就领导干部经济责任审计内容中的有关问题，以咨询问卷的形式进行审计调查。

经济责任审计的上述方法大致可归纳为六个结合：审计与鉴证相结合，内查与外查相结合，审计与座谈相结合，查账与查物相结合，详查与抽查相结合，审计调查与组织、纪检、监察部门调查相结合。审计机构按照与领导干部履行经济责任的关联性，切实进行审计取证和责任界定。

18 党政领导干部经济责任审计主要审计哪些内容?

审计机构应紧紧围绕领导干部所负经济责任的有关事项，并按照干部管理部门的具体要求和领导干部所在部门、单位的实际情形以及可投入的审计力量来确定审计重点。审计机构应以被审计领导干部所在部门、单位的财政财务收支为基础，注重对与经济进展紧密有关的重大经济事项和国有资产管理情形进行审计。

依据中国共产党中央委员会办公厅和国务院办公厅制定的《党政主要领导干部和国有企事业单位主要领导人员经济责任审计规定》（2019）第十七条，地方各级党委和政府主要领导干部经济责任审计的内容包括如下。

（1）贯彻执行党和国家经济方针政策、决策部署情况。

（2）本地区经济社会发展规划和政策措施的制定、执行和效果情况。

（3）重大经济事项的决策、执行和效果情况。

（4）财政财务管理和经济风险防范情况，民生保障和改善情况，生态文明建设项目、资金等管理使用和效益情况，以及在预算管理中执行机构编制管理规定情况。

（5）在经济活动中落实有关党风廉政建设责任和遵守廉洁从政规定情况。

（6）以往审计发现问题的整改情况。

（7）其他需要审计的内容。

依据中国共产党中央委员会办公厅和国务院办公厅制定的《党政主要领导干部和国有企事业单位主要领导人员经济责任审计规定》（2019）第十八条，党政工作部门、纪检监察机关、法院、检察院、事业单位和人民团体等单位主要领导干部经济责任审计的内容包括如下。

（1）贯彻执行党和国家经济方针政策、决策部署情况。

（2）本部门本单位重要发展规划和政策措施的制定、执行和效果情况。

（3）重大经济事项的决策、执行和效果情况。

（4）财政财务管理和经济风险防范情况，生态文明建设项目、资金等管理使用和效益情况，以及在预算管理中执行机构编制管理规定情况。

（5）在经济活动中落实有关党风廉政建设责任和遵守廉洁从政规定情况。

（6）以往审计发现问题的整改情况。

（7）其他需要审计的内容。

依据中国共产党中央委员会办公厅和国务院办公厅制定的《党政主要领导干部和国有企事业单位主要领导人员经济责任审计规定》（2019）第二十条，有关部门和单位、地方党委和政府的主要领导干部由上级领导干部兼任，且实际履行经济责任的，对其进行经济责任审计时，审计内容仅限于该领导干部所兼任职务应当履行的经济责任。

19 企业领导人员经济责任审计主要审计哪些内容?

依据中国共产党中央委员会办公厅和国务院办公厅制定的《党政主要领导干部和国有企事业单位主要领导人员经济责任审计规定》（2019）第十九条，国有企业主要领导人员经济责任审计的内容包括如下。

（1）贯彻执行党和国家经济方针政策、决策部署情况。

（2）企业发展战略规划的制定、执行和效果情况。

（3）重大经济事项的决策、执行和效果情况。

（4）企业法人治理结构的建立、健全和运行情况，内部控制制度的制定和执行情况。

（5）企业财务的真实合法效益情况，风险管控情况，境外资产管理情况，生态环境保护情况。

（6）在经济活动中落实有关党风廉政建设责任和遵守廉洁从业规定情况。

（7）以往审计发现问题的整改情况。

（8）其他需要审计的内容。

20 如何审计领导干部遵守廉政规定情形?

审查领导干部廉洁自律情形应当围绕其所在单位或与领导干部分管的单位、 项目及关联单位的财务收支进行。

（1）审计组应该采取召开座谈会、 设置意见箱、 公布联系电话、 征求有关单位（个人） 的意见、 进行民主测评等方式， 了解与审计事项有关的情形。

（2）审计组应该通过对领导干部所在单位或其分管的单位、 项目及关联单位的财政财务收支的检查， 对所获取的有关情形或线索进行选择， 对重要情形或线索进行进一步核查。

（3）审计组应该按照有关规定对领导干部遵守廉政规定的有关情形重点核查。

①审查领导干部及其亲属是否有长期借用公款未及时归还以及长期占用企业资产的情形。

② 审查领导干部是否未经批准， 擅自出国考察， 或以出国考察之名， 公费出国旅行。 审查企业进展规划和现状、 出国考察计划和目的、 出国考察报告等。

③审查领导干部任期内个人所得情形。 企业领导干部任期内个人所得（含工资、

福利、资金、补贴等）是否按国家有关规定确定，与职工平均收入的差距是否合理，是否依法缴纳个人所得税；有无从下属单位领取酬劳的情形，或存在有其他不正当所得等问题。

④审查领导干部有无用公款装私房的情形；企业领导干部有无用公款为自己购置商品房，分配给自己使用的情形；有无不适当地超标准装修办公室，购置或调换标准的小轿车等情形。

⑤审查领导干部有无利用职权收受和索取企业内部及企业之外有关人员的礼金、回扣等贿赂的问题。

⑥审查领导干部有无通过子女及亲属从事与企业生产经营有关的经营活动牟取私利的问题。

⑦审查领导干部有无转移、挪用侵占企业资产为个人或小集体牟取私利的问题。

此外，对有关单位或个人反映的与领导干部任期经济责任无关的问题，审计部门应当及时按照有关规定采取恰当的方式交有关部门处理。

21 经济责任审计评价的基本原则是什么？

依法评价、实事求是、客观公平是经济责任审计评价的基本原则。审计机构进行经济责任审计评价必须依法进行，不能超出规定的审计职权范畴进行评价，更不能违反有关法律、法规和有关规定进行评价，否则，即属违法行为，审计机构应承担相应的法律责任。审计机构和审计人员进行经济责任审计评价要依据审计查证的事实进行，审计机构不能作出没有事实依据的判定，更不能虚造、编造或掩盖、隐匿事实，有意夸大或缩小事实，要按照事物或行为具体情形和客观规律作出判定。审计评价应当客观公平，始终保持审计机构和审计人员的独立性，不能借以牟取私利或者故加偏袒，更不能掺杂审计人员的主观因素、个人好恶和心理情感等。

需要特别提出的是，审计评价时要强调“三个区分开来”。依据中国共产党中央委员会办公厅和国务院办公厅制定的《党政主要领导干部和国有企事业单位主要领导人员经济责任审计规定》（2019）第四十三条，审计评价时，应当把领导干部在推进改革中因缺乏经验、先行先试出现的失误和错误，同明知故犯的违纪违法行为区分开来；把上级尚无明确限制的探索性试验中的失误和错误，同上级明令禁止后依然我行我素的违纪违法行为区分开来；把为推动发展的无意过失，同为牟取私利的违纪违法行为区分开来。对领导干部在改革创新中的失误和错误，正确把握事业为上、实事求是、依纪依法、容纠并举等原则，经综合分析研判，可以免责或者从轻定责，鼓励探索创新，支持担当作为，保护领导干部干事创业的积极性、主动性、创造性。

22 经济责任审计评价应注意哪些问题？

审计机构和审计人员在进行审计评价中应注意以下问题。

（1）审计评价应当紧紧围绕被审计领导干部的有关经济责任进行，与被审计的领导干部无关的行为和事项不评价。 经济责任审计由于其自身的专门性和内容的特定性，要求其紧紧围绕与被审计领导干部的有关经济责任进行，其审计内容和审计评价内容应当与财政财务收支审计等有所区别，与被审计的领导干部无关的行为和事项不评价，不将其作为经济责任审计评价和审计结果报告的内容。

（2）审计评价应当在审计事项范畴内进行，与审计事项无关的行为和事项不评价。 由于经济责任审计所涉及的行为和事项很多，审计机构不必将经济责任审计所涉及的全部内容和审计结果都纳入审计评价的范畴，而只需要在已确定的经济责任审计事项的范畴内进行审计评价。经济责任审计评价范畴不宜过宽，更不能超出审计的职权范畴作出审计评价。

（3）审计评价要依据审计报告所列的事实进行，审计证据不充分的事项不评价。 首先，经济责任审计评价必须依据经审计查证的客观事实作出；其次，审计查证的事实必须足以证明所作出的审计评价；再次，作为审计评价依据的审计证据必须有效，即证据本身必须符合法定或规定的要求，证据的取得必须合法。审计证据不充分的事项不评价，否则将构成审计风险。

（4）审计评价要依据重要性原则进行，对一般性的问题应该不做评价。 由于被审计的领导干部所负经济责任的复杂性，经济责任审计的内容也相当复杂，将经济责任审计的所有内容都加以评价并写入经济责任审计结果报告，会造成经济责任审计结果报告过于繁复而阻碍其效用。因此，经济责任审计结果报告应当详略得当、重点突出，依据重要性原则进行审计评价，着重评价经济责任审计的重点内容，对一般性问题应该不做评价。

（5）审计评价既要反映被审计的领导干部的问题，又要反映其有关业绩，审计评价要避免相互矛盾。 经济责任审计应当较全面地反映领导干部履行经济责任的情形，既要反映被审计的领导干部的问题，又要反映其有关业绩，否则，仅评价其问题或仅评价其业绩都会有失偏颇，造成经济责任审计评价的不充分和不恰当。但同时应注意，审计评价不能相互矛盾，正反两方面的评价不能相互冲突。

（6）审计评价要注意用语规范，表意明确。审计评价语言应简明平实，用词、用意应准确，切忌含糊其词、模棱两可，更不能加入方言土语。

23 经济责任审计评价的方法有哪些？

依据中国共产党中央委员会办公厅和国务院办公厅制定的《党政主要领导干部和国有企事业单位主要领导人员经济责任审计规定》（2019）第三十八条，审计委员会办公室、审计机关应当根据不同领导职务的职责要求，在审计查证或者认定事实的基础上，综合运用多种方法，坚持定性评价与定量评价相结合，依照有关党内法规、法律法规、政策规定、责任制考核目标等，在审计范围内，对被审计领导干部履行经济责任情况，包括公共资金、国有资产、国有资源的管理、分配和使用中个人遵守廉洁从政（从业）规定等情况，作出客观公正、实事求是的评价。

经济责任审计评价的主要方法如下。

（1）业绩比较法。该方法包括纵向比较法（即上任时与离任时业绩比较法或先确定比较基期再将比较期与之对比的方法）和横向比较法（将有关业绩与同行业一样状况的业绩进行比较的方法）。

（2）量化指标法。即运用能够反映领导干部履行经济责任情形的有关经济指标，分析其完成情形，分析有关经济责任的方法。

（3）环境分析法。将领导干部履行其经济责任的行为放入有关的社会政治经济环境中加以分析，作出实事求是的客观评价。

（4）主客观因素分析法。即对具体行为或事项进行主客观分析，推究其具体的主客观成因，分析该具体行为或事项是成因于领导干部主观过错或主观制造力，或是成因于客观因素的阻碍，进而作出审计评价。

（5）责任区分法。该方法包括区分现任责任与前任责任、个人责任与集体责任、主管责任与直接责任、管理责任与领导责任等，正确区分不同责任之间的界限和不同责任人之间的界限，使审计评价做到责任清晰、明确。

（6）其他有效的评价方法。经济责任审计评价的方法专门多，既包括上述几种主要方法，也包括上述方法的综合运用。随着经济责任审计工作的持续深入和经济责任审计技术的日益成熟，经济责任审计评价的方法也将随之得到持续改进和提升，经济责任审计评价的方法没有特定的范畴，是审计人员在经济责任审计实践中持续探究和改进现有审计方法的结果。

24 在经济责任审计中，遇到有审计手段难以解决的问题怎么办?

在经济责任审计中，审计人员可能遇到或者查出各种情形，其中一些是通过审计手段能够解决的，另一些可能是审计手段所不能有效解决的，而必须求助于其他有关部门加以解决。依据中国共产党中央委员会办公厅和国务院办公厅制定的《党政主要领导干部和国有企事业单位主要领导人员经济责任审计规定》（2019）第二十九条，经济责任审计过程中，可以依规依法提请有关部门、单位予以协助。有关部门、单位应当予以支持，并及时提供有关资料和信息。下面就经济责任审计中经常遇到的一些审计手段难以解决的问题及其处理方法加以简要叙述。

（1）如果审计发现重大问题线索，由审计委员会办公室按照规定向审计委员会报告。

（2）如果审计发觉被审计领导干部或者其他有关人员存在违法违规行为，应当移交纪检监察机关的，审计机构应当按照有关规定及时将审计发觉的有关问题移交纪检、监察部门。

（3）如果在经济责任审计过程中，审计人员遇到有关干部管理方面的问题，审计机构无法解决的，审计机构应及时与组织、人事部门联系，要求组织、人事部门予以配合，解决有关问题。

（4）如果审计查出的被审计的单位、被审计领导干部或者其他人员的问题，必须由其上级主管部门或者干部管理部门进行处理的，且该问题必须尽快加以解决的，审计机构能够在审计实施过程中要求被审计单位的上级部门或干部管理部门及时加以解决。

（5）如果审计遇到的与经济责任审计无关的但应由其他部门进行处理的问题，审计机构应当采取恰当的方式，及时将该问题转交有关部门处理。

25 经济责任审计结果报告应包括哪些内容？

按照当前经济责任审计进展的一般状况和整体要求，在通常情形下经济责任审计结果报告应当包含以下内容。

（1）审计依据，包括实施该经济责任审计项目的法律法规依据和托付、授权等依据，以表明审计机关进行该项经济责任审计的合法性。

（2）审计的基本情形，包括审计范畴、审计内容、审计方法等。审计的基本情形主要是明确该项经济责任审计工作的具体开展情形和审计实施的整体状况。其中，审计范畴主要包括审计的期间或时刻范畴和审计的对象范畴，以划分出审计事项和非审计事项的界限，也表明审计机关发表经济责任审计意见的总体范畴和审计机构或审计人员承担审计责任的范畴。审计内容是写明总体的审计对象，是审计取证和发表审计意见的基础和针对对象，也表明了审计机构或审计人员承担审计责任的范畴，同时借以向经济责任审计结果报告的使用者表明该报告的使用范畴。审计方法是讲明审计人员是采纳何种专业审计方法来审计该经济责任审计项目的，旨在表明审计人员所使用的具体审计方式和手段，以讲明其具体的审计风险，以提示经济责任审计结果报告的使用者在使用该报告时应加以具体的分析和对其使用范畴、方式加以必要的限制。

（3）被审计的领导干部的基本情形，包括其在单位所任职务、任职时刻或期间、要紧职责等情形，以告知报告的使用者被审计的领导干部的基本情形。

（4）审计结果，即采取写实的方式描述审计方案所列审计内容的查证结果，该部分应通过审计查明的事实表明被审计的领导干部所在单位的具体情形（包括总体状况、经营管理、财务收支等）和被审计领导干部履行经济责任的情形。

（5）审计评价，即对被审计的领导干部履行经济责任情形的审计评价。该部分是经济责任审计结果报告的主体部分，通过审计评价，应当清晰、准确地表明被审计领导干部的经济责任的履行情形。

（6）责任界定，即被审计的领导干部对所在地区（单位）存在的违反财经法规和损失浪费等问题应当承担的直接责任或主管责任。

（7）必要的审计建议和其他必要的内容。向报告使用者提出的必要的针对领导干部本人或对报告使用者的审计建议能够写进经济责任审计结果报告，而针对被审计的领导干部所在单位的审计建议除基于专门的考虑外，一般不写入经济责任审计结果报告。

此外，审计机构可按照经济责任审计的具体情形或者根据部门的专门要求增加必要的内容。如应当写明的审计处理、处罚情形或被审计领导干部及其所在单位自行纠正问题的情形等。

26 在经济责任审计中发觉被审计领导干部所在单位的问题应该如何进行处理、处罚?

依据中国共产党中央委员会办公厅和国务院办公厅制定的《党政主要领导干部和国有企事业单位主要领导人员经济责任审计规定》(2019)第三十五条，被审计领导干部所在单位存在的违反国家规定的财政收支、财务收支行为，依法应当给予处理处罚的，由审计机关在法定职权范围内作出审计决定。

(1)审计处理。审计处理是指审计机构对违反国家规定的财政收支、财务收支行为采取的纠正措施。审计处理的种类如下。

①责令限期缴纳、上缴应当缴纳或上缴的收入。

②责令限期退还被侵占的国有资产。

③责令限期退还违法所得。

④责令冲转或者调整有关会计账目。

⑤依法采取的其他处理措施。

(2)审计处罚。审计处罚是指审计机构依法对违反国家规定的财政收支、财务收支行为和违反《中华人民共和国审计法》的行为采取的处罚措施。审计处罚的种类如下。

①警告、通报批判。

②罚款。

③没收违法所得。

④依法采取的其他处罚措施。

审计机构作出审计处理、处罚决定，应当遵循公平、公正、公布的原则。审计处理、处罚由审计机构依法实施，审计机构不得托付其他组织或者个人实施审计处理、处罚。

27 领导干部对经济责任审计结果有异议怎么办?

依据中国共产党中央委员会办公厅和国务院办公厅制定的《党政主要领导干部和国有企事业单位主要领导人员经济责任审计规定》(2019)第三十二条，被审计领导干部及其所在单位应当自收到审计组审计报告之日起 10 个工作日内提出书面意见；10 个工作日内未提出书面意见的，视同无异议。审计组应当针对被审计领导干部及其所在单位提出的书面意见，进一步研究和核实，对审计报告作出必要的修改，连同被审计领导干部及其所在单位的书面意见一并报送审计委员会办公室、审计机关。

依据中国共产党中央委员会办公厅和国务院办公厅制定的《党政主要领导干部和国有企事业单位主要领导人员经济责任审计规定》（2019）第三十六条，经济责任审计项目结束后，审计委员会办公室、审计机关应当组织召开会议，向被审计领导干部及其所在单位领导班子成员等有关人员反馈审计结果和相关情况。联席会议有关成员单位根据工作需要可以派人参加。

第三十七条规定，被审计领导干部对审计委员会办公室、审计机关出具的经济责任审计报告有异议的，可以自收到审计报告之日起 30 日内向同级审计委员会办公室申诉。审计委员会办公室应当组成复查工作小组，并要求原审计组人员等回避，自收到申诉之日起 90 日内提出复查意见，报审计委员会批准后作出复查决定。复查决定为最终决定。

地方审计机关主要领导干部对上一级审计机关出具的经济责任审计报告有异议的，可以自收到审计报告之日起 30 日内向上一级审计机关申诉。上一级审计机关应当组成复查工作小组，并要求原审计组人员等回避，自收到申诉之日起 90 日内作出复查决定。复查决定为最终决定。

28 干部管理部门如何运用审计结果？

干部管理部门运用经济责任审计结果， 确实是要把审计机制引入对领导干部的考察考核中， 运用经济手段对领导干部履行职责和廉洁自律情形进行有效监督， 从而提升干部选拔任用工作水平。干部管理部门在运用经济责任审计结果时， 一般应当坚持实事求是、 客观公正的原则， 违纪必究、 违法必惩的原则， 奖惩得当、 注重实效的原则， 综合协调、 分工负责的原则。

干部管理部门要将领导干部经济责任审计结果以及整改情况作为考核、任免、奖惩被审计领导干部的重要参考。

（1）运用审计结果发掘和选拔优秀干部。 通过认真分析干部考核和经济责任审计结果， 对那些从事经济工作能力强、 敢于负责、 善于管理、 依法行政、 严于律己、 政绩突出、 群众公认的优秀干部， 要有重点、 有针对性地纳入视野进行培养，有的还要及时擢升、 大胆重用， 形成良好的用人导向。

（2）运用审计结果调整不胜任现职干部。 对于经济责任审计中发现问题较多的干部，要结合考察情形综合分析，按照不同情形作出不同安排。对于基本素养好，但不适宜从事现职岗位工作的干部，要交流到其他合适岗位上任职；对于缺乏总览全局和综合协调能力，但在某一专业工作方面能力比较突出、体会比较丰富的要紧领导干部，要安排其负责某一方面的工作；对于综合素养不高、工作实绩不行、自我要求不严的干部，要大胆予以降职或免职。

（3）运用审计结果教育和处理干部。 针对干部考核和经济责任审计中发现的问题，有针对性地对干部进行批判教育和组织处理。对经济责任审计结果中反映的一般性问题，如工作不务实、执法不严格、作风不民主、决策不合理、单位内部管理放松的领导干部，应本着教育挽救的方针，由上级党组织进行谈话，严肃批判，口头警示；对问题较多但够不上党纪政纪处分的领导干部，应予以诫勉，限期改正错误；对严峻违纪的，由纪检机关进行立案查处；对触犯刑律的，要移交司法机关依法惩戒。

（4）运用审计结果建立和完善干部监督管理制度。 针对经济责任审计中发觉的苗头性、普遍性和倾向性的问题，要深刻剖析其发生的根源，有针对性地制定出台加大和改进干部监督管理的规章制度，从而加强领导班子和领导干部的思想政治建设和作风建设。

（5）对审计发现的典型性、普遍性、倾向性问题和提出的审计建议及时进行研究，将其作为采取有关措施、完善有关制度规定的重要参考。